首批国家级一流课程"网络金融"配套教材
财经商贸类系列教材
"互联网+"新形态一体化教材

互联网金融
HULIANWANG JINRONG

主编 徐 勇 廖俊峰

上海交通大学出版社
SHANGHAI JIAO TONG UNIVERSITY PRESS

内容提要

在互联网蓬勃发展的背景下，金融业与互联网产业相互融合，携手迈进互联网金融时代。在这一背景下，本教材从行业变革、业务创新、系统技术、监管运营和法律法规等角度，多方面、全方位地对互联网金融行业进行了梳理和讲解，教材内容共分为十三章，包括互联网金融概述，货币的发展及创新，银行的互联网化，证券业的互联网化，保险业的互联网化，支付的互联网化，互联网金融创新业务与理财，移动互联网环境下的金融业务，互联网金融安全与技术，互联网金融的风险、征信与监管，大数据、物联网、云计算在金融领域的应用，互联网金融企业运营与营销：入口和中心节点，互联网金融相关法律法规。

图书在版编目（CIP）数据

互联网金融 / 徐勇，廖俊峰主编 . — 上海：上海交通大学出版社，2022.11
　　ISBN 978-7-313-28032-9

Ⅰ. ①互… Ⅱ. ①徐… ②廖… Ⅲ. ①互联网络—应用—金融—研究 Ⅳ. ① F830.49

中国版本图书馆 CIP 数据核字（2022）第 224328 号

互联网金融
HULIANWANG JINRONG

主　　编：徐　勇　廖俊峰	地　　址：上海市番禺路 951 号
出版发行：上海交通大学出版社	电　　话：6407 1208
邮政编码：200030	
印　　制：北京荣玉印刷有限公司	经　　销：全国新华书店
开　　本：787mm×1092mm　1/16	印　　张：16
字　　数：350 千字	
版　　次：2022 年 11 月第 1 版	印　　次：2022 年 11 月第 1 次印刷
书　　号：ISBN 978-7-313-28032-9	
定　　价：49.80 元	

版权所有　侵权必究
告读者：如发现本书有印装质量问题请与印刷厂质量科联系
联系电话：010-6020 6144

前 言

在互联网蓬勃发展的背景下，金融业与互联网产业相互融合，携手迈进互联网金融时代。新的时代对金融相关专业的教育教学和人才培养提出了新的要求。早在2005年，国内就有学校开设了"互联网金融"（原课程名称为"网络金融"）课程，本教材的两位主编从2005年开始合作，共同给电子商务和金融专业的学生讲授该课程，并分别编写了一系列教材，其中《网络金融实用教程》入选普通高等教育"十一五"国家级规划教材。2016年，"互联网金融"课程在国家高等教育智慧教育平台开设了在线课程，至今已有超过两万名学员报名学习。2020年，"网络金融"课程被认定为首批国家级一流课程，为了让该课程的学习者能更好地学习，我们配套编写了本教材。

本教材内容共分为十三章，包括互联网金融概述，货币的发展及创新，银行的互联网化，证券业的互联网化，保险业的互联网化，支付的互联网化，互联网金融创新业务与理财，移动互联网环境下的金融业务，互联网金融安全与技术，互联网金融的风险、征信与监管，大数据、物联网、云计算在金融领域的应用，互联网金融企业运营与营销：入口和中心节点，互联网金融相关法律法规。本教材从行业变革、业务创新、系统技术、监管运营和法律法规等角度，多方面、全方位地对互联网金融行业进行了梳理和讲解。

本教材既可作为经济类、金融类和电子商务类等专业学生的教材，也可作为对互联网金融相关知识感兴趣的学习者的参考书。"互联网金融"与行业紧密相连，具有很强的实践性和前沿性。近年来，互联网金融行业发展迅猛。若教材中有不妥之处，恳请各位读者原谅并批评指正，以便我们进行后续的修订。

编　者

目　录

第1章　互联网金融概述　　001

1.1　"互联网＋"概述　　002
1.2　互联网思维　　003
1.3　移动互联网思维——"5F"思维　　007
1.4　互联网金融概况　　008
1.5　金融电子化　　010
1.6　互联网金融面临的挑战　　011
1.7　互联网金融的未来趋势　　012

第2章　货币的发展及创新　　019

2.1　货币形式的演变　　021
2.2　电子货币概述　　023
2.3　去中心化货币与超主权货币　　031
2.4　未来的世界货币格局　　033

第3章　银行的互联网化　　039

3.1　电子银行　　040
3.2　电话银行　　042
3.3　自助银行　　043
3.4　网络银行　　044

3.5 手机银行 049
3.6 互联网金融对传统银行的冲击 051

第4章 证券业的互联网化 059

4.1 证券市场的互联网化 060
4.2 互联网证券服务 062
4.3 网上证券交易 063
4.4 网上路演 066
4.5 网上发行 067
4.6 证券经纪业务 068
4.7 网上证券信息服务 069
4.8 程序化交易 070

第5章 保险业的互联网化 081

5.1 保险 083
5.2 保险业的电子化创新 085
5.3 "互联网+保险" 088

第6章 支付的互联网化 097

6.1 电子支付系统 098
6.2 第三方支付：从夹缝中突破 112
6.3 电子交易系统 118

第7章 互联网金融创新业务与理财 133

7.1 熊彼特的创新理论 135
7.2 互联网金融创新业务（1）：边缘创新 136
7.3 互联网金融创新业务（2）：网络众筹与支付创新 141
7.4 互联网理财：一站式与混业经营 143

目 录

第8章　移动互联网环境下的金融业务　　151

8.1　移动支付　　152
8.2　三种第三方支付模式及其对比　　155
8.3　"O2O"概念　　157
8.4　移动金融　　158

第9章　互联网金融安全与技术　　165

9.1　互联网金融安全问题　　166
9.2　构建相对安全的网络环境　　168
9.3　构建安全交易环境的安全技术和措施　　173
9.4　成本与安全的平衡　　179
9.5　网络社会的安全　　179

第10章　互联网金融的风险、征信与监管　　185

10.1　什么是金融监管　　186
10.2　金融监管的重要性　　189
10.3　银行业监管　　190
10.4　证券业监管　　192
10.5　保险业监管　　194
10.6　金融监管信息系统　　196
10.7　P2P　　197
10.8　互联网金融的风险　　199
10.9　风险控制——征信　　201
10.10　大数据征信的实践　　203

第11章　大数据、物联网、云计算在金融领域的应用　　211

11.1　大数据的定义与特征　　212
11.2　大数据的应用　　214
11.3　物联网　　215

11.4	云计算	216
11.5	大数据、物联网和云计算的关系	218

第12章 互联网金融企业运营与营销：入口和中心节点　　223

12.1	互联网金融和传统金融业的对比	224
12.2	互联网金融的宏观政策	225
12.3	支付行业的运营与竞争	228

第13章 互联网金融相关法律法规　　233

13.1	互联网金融相关法律法规	234
13.2	大陆法系对比英美法系及相关案例	237
13.3	互联网金融业务遇到的法律问题	238

参考文献　　245

第 1 章

互联网金融概述

知识目标

（1）了解"互联网+"的概念。
（2）掌握互联网思维和移动互联网思维。
（3）了解互联网金融框架。
（4）了解几个主要的金融行业的电子化。
（5）了解互联网金融面临的挑战。

素质目标

培养在互联网金融中创新的精神。

> **案例导入**

互联网金融发展新时代来临

无人售货超市的出现、人脸支付的火爆都说明互联网金融正在以一种更加新奇的方式影响人们的生活。互联网金融以较低的门槛、高额的回报、轻松便捷的投资方式、多样化的金融参与方式等改变着人们对金融行业的原有认知。

不过，虽然互联网金融给人们的生活带来了诸多便利，但是其在实际操作过程中一些不规范、不合理的操作的存在同样让它饱受质疑，甚至还引发了一些监管政策的出台。P2P 网络借贷平台经营者的跑路、投资者利益的难以兑现等问题都成为制约互联网金融朝着健康方向发展的因素。尽管如此，互联网金融发展的脚步并没有减慢，在各种新技术的轮番影响下，互联网金融开始朝着更加"炫酷"的方向发展。

新技术不断涌入，互联网金融呈现出更加"炫酷"的发展状态

在"互联网+"时代，金融行业受到的影响可能仅仅停留在获取用户的方式和方法、金融产品从线下转移到线上的方面，并没有过多地涉及金融行业本身。从逻辑上讲，互联网金融仅仅是拓展金融行业的一个渠道而已，并没有涉及太多其他层面的东西，金融行业的本质还没有发生太多改变。

之后，以大数据、智能科技为代表的新技术开始对金融行业产生影响。它们与金融行业的结合通常以解决金融行业的痛点为突破口。通过解决这些痛点，互联网金融得以以一种更加"炫酷"的方式再次出现在人们面前，并给人们的生活带来改变。

金融的本质开始发生改变，将会出现更多后续的概念

后互联网金融时代的一个很大的特点就是金融的本质正在发生改变。与此同时，金融行业开始有一些新的概念不断出现，"智能投顾""大数据风控""生物识别支付"……这些将技术与金融行业知识相结合的词汇出现在人们的视野中。这些新事物的出现直接表明，金融行业的变革已经从互联网金融时代的外部表层深入到内部结构了。

在这一场新的变革里，互联网巨头们借助已经积累下来的流量优势，开始了借助新的方式实现流量变现的新逻辑。互联网巨头们只是开启了一个金融行业的新时代，随着这种脉络的逐步清晰，更多的企业将会加入到这种改变的过程中，从而给人们的生活带来更多改变。

（资料来源：http://www.woshipm.com/it/744498.html，有删改）

1.1 "互联网+"概述

1.1.1 "互联网+"概念的提出

在我国，"互联网+"概念的提出最早可以追溯到 2012 年 11 月易观国际集团董事长兼首席执行官于扬在易观第五届移动互联网博览会上的发言。2013 年，"余额宝"的横空出世使得这一年成为人们普遍认可的互联网金融爆发元年，从此之后，"互联网+"成为大家经常挂在嘴边的名词。

1.1.2 "互联网+"概念的解读

"互联网+"从字面上可以理解为互联网与其他行业的结合，但实际上，"互联网+"是一种新的经济形态，依托互联网信息技术实现互联网和传统行业的黏合，以优化生产要素、更新业务体系、重构商业模式等途径来实现经济转型和升级，如图1-1所示。"互联网+"的目的是充分发挥互联网的优势，将互联网和传统产业进行深入融合，进而促成产业升级，以提升经济生产力，最终实现社会财富的总体增加。

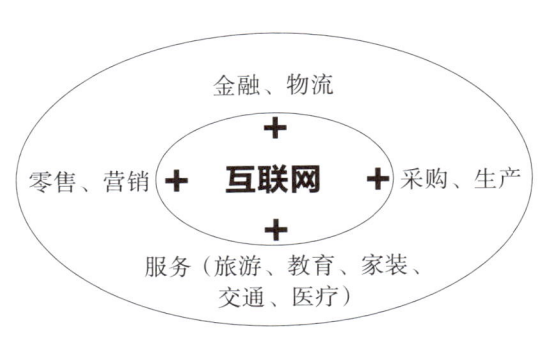

图1-1 互联网与传统产业的可加性

2015年3月5日，在第十二届全国人民代表大会第三次会议上，时任国务院总理的李克强在政府工作报告中提出"互联网+"行动计划。"互联网+"成为一项国家层面的战略，这进一步推动了互联网和传统行业的融合。

但实际上，互联网和传统行业的融合在很多行业进行得并不是很成功，如P2P众贷网上线仅一个月就宣布破产，谷歌钱包市场难以推进，保险电子商务站点InsWeb因长期亏损而被收购等。为了避免这些问题，我们需要深入地理解"互联网+"这个概念。

"互联网+"中的"+"代表的是一种深入的融合，表明"互联网+"行动计划的目的是实现互联网和其他传统行业的融合，而不是在不同产业间开展一项新的计划。"互联网+"作为一个整体的概念，其深刻的意义是通过互联网对传统产业进行改造，从而实现传统产业的升级。"互联网+"不仅仅是互联网与传统产业的简单叠加，而且是根据互联网的发展水平与传统产业的实际情况，取长补短，从而实现两者真正意义上的融合，使互联网和传统产业都得到质的飞跃。

1.2 互联网思维

1.2.1 互联网的核心规律

互联网思维背后的核心规律有两个：经济规律和技术规律。掌握好这两个规律，才能更好地将互联网与传统行业进行融合。

经济规律就是在互联网环境下，相应产品复制和传递的边际成本是无限减少的。比如一个软件，当只有一个用户下载的时候，每个用户的成本是1万元，但是当有10万个、100万个甚至1000万个用户下载这个软件的时候，其边际成本不断减少，甚至趋近于零，这就是互联网的经济规律。

互联网的技术规律指的是一种网络倍增效应。通过网络，世界各地的产品或者服务都可以展现出来，可以得到更多人的关注，这样的现象就属于网络倍增效应。

理解了经济规律和技术规律才能够更好地理解"互联网+"，才能更好地组织互联网和传统行业的结合，从而体现出增量而不是减量的特征。

1.2.2 互联网9大思维模式

互联网思维是一种以用户为中心的思维，在互联网环境下，它得到了迅猛的发展，具体表现为互联网与各个行业的结合。

互联网思维准确来说是在目前大数据、云计算的互联网技术环境下，对市场、用户、产品乃至产业的价值链、商业的生态进行重新审视的一种思维方式。

如图1-2所示，互联网思维可以分为4个大类，有9大特征，即9大思维模式，这9大思维模式贯穿在企业的整个生产过程中。

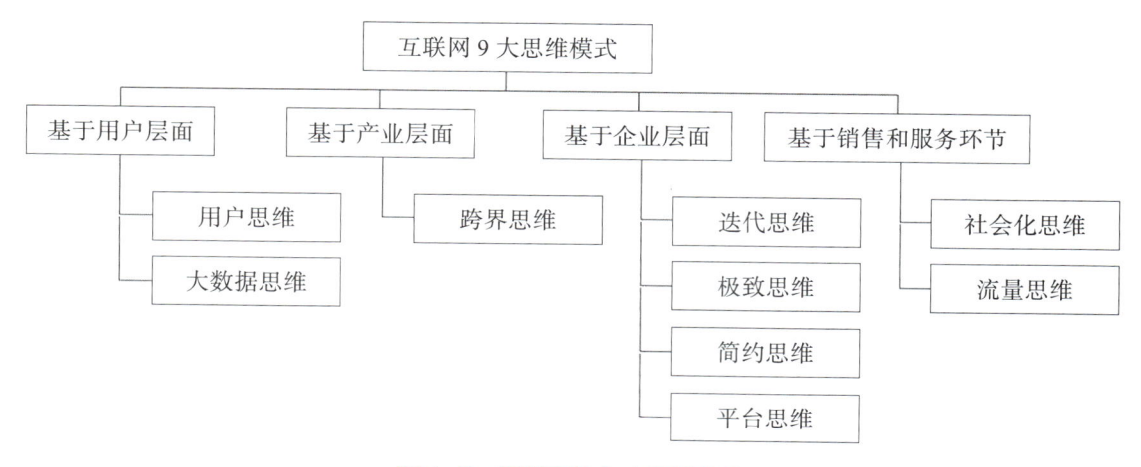

图1-2 互联网的9大思维模式

第一大类是基于用户层面的思维，包含两种具体的思维模式。

（1）用户思维。用户思维指从用户的角度出发，衡量整个产品的设计、售前体验、销售流程及售后服务与关怀等环节，以达到良好的用户满意度。

（2）大数据思维。大数据思维就是着眼于用户在互联网上进行消费、浏览等行为的时候留下的痕迹。通过互联网，企业能够把与用户行为相关的数据收集起来，从而分析用户的一些特征，得出一些相应的规律，最后以这些数据呈现出的规律为基础，去完善产品的设计、销售和服务等，企业甚至可以从大数据角度去总结用户的信用等这些深层次的信息。

第二大类的思维是基于产业层面的思维，具体来讲，就是跨界思维。

"跨界"指的是互联网和其他行业的合作。企业基于自身的产品或业务，整合其他行业与之相关联的产品和服务。比如某乳制品企业与某互联网公司合作推出二维码可追溯"精选牧场"牛奶，将牧场放到了"云端"，利用互联网进行跨界营销。需要注意的是，跨界思维需要考虑很多层面的问题，如果没有考虑周全，它不一定能够成功。

第三大类的思维是基于企业层面的思维，是从整个产品的研发、生产和服务进行考虑的。在这个层面上有4种思维。

（1）迭代思维。互联网时代的节奏非常快，如果要等到新的产品开发到非常完美的时候再推出，那时类似的产品早就出现并占领市场了。就像大家所熟知的操作系统，都是推出以后不断地打补丁、不断地完善。现在智能手机里的应用都需要不时地进行升级，这个就是所谓的"迭代"，即把一个产品先推出来，然后不断进行完善的过程。迭代思维模式使得产品设计、服务支持等在各个层面发生变化。

（2）极致思维。极致思维是关于产品和服务体验的思维，把用户体验做到极致，超越用户的预期。只有做到了极致，才能赢得用户的"芳心"。

（3）简约思维。简约思维指的是互联网产品在开发的时候，不是要考虑把所有的功能都糅合进产品里，把产品做得很完整、很复杂，而是要追求简单，将一个方向的功能做到最好。

（4）平台思维。从产品推广的层面，即从战略和商务模式角度出发，在互联网环境下要进行产品的开发、推广，首先要基于一个平台。这个平台把很多不同行业的企业及其产品引进来，并且只提供这个平台的服务，这样的平台服务就是平台思维的表现。

第四大类的思维基于销售和服务环节，包含社会化思维和流量思维。

（1）社会化思维。社会化思维指的是组织、利用社会化工具、社会化媒体、社会化网络，重塑企业和用户的沟通关系，以及组织管理和商业运作模式的思维方式。在传统商业中，消费者以点的形式存在，与公司是垂直参与的关系；在社会化商业中，消费者以网的形式存在，与公司是水平参与的关系。用户即媒介，用户可以参与和创造内容，是一种可互动式的存在。

（2）流量思维。流量思维是指在互联网推出产品或者服务的时候，最先需要做的是吸引用户的眼球。互联网经济实际上是眼球经济、流量经济，没有流量，就没有最终的产品，就不能取得最后的成功。所以很多互联网企业最初都大量地"支出"，目的就是为了得到点击、博得眼球、得到流量。流量思维在互联网时代，以及之后出现的移动互联网时代表现得最为明显。

以上就是互联网的9大思维模式，这9个互联网思维模式贯穿互联网的整个价值链，存在于企业生态环境建设的所有环节中。

1.2.3 互联网的9大产品精神

基于互联网环境的产品开发，慢慢发展出了与互联网9大思维模式相对应的9大产品精神。

1. 关注用户的使用感受

在互联网时代推出产品首先要关注用户的使用感受，关注产品提供服务的整个过程中的数据，并以数据为导向，优化产品和服务。

关注用户体现在多个方面，其中一个重要方面是以用户的痛点为契机，去开发不同的产品，从而解决用户的痛点。比如：用户使用手机的时候经常会出现流量不足的问题，这导致他们不敢使用一些消耗大量流量的应用，这就是用户的一个痛点。这时一些产品从用户的这个痛点出发，帮助用户减少流量的使用，提醒用户流量的使用情况，或者降低甚至减免用户使用流量的费用。这一个痛点就引发出几个不同的产品开发的思路。关注用户的使用感受，就一定要从用户最想解决的问题出发，以这个为契机开发相应的产品。

2. 让用户决定产品

让用户决定产品，或者让用户参与产品的研发，可以进一步提升用户的参与感，使用户得到满意的产品或服务。例如，联想在研发新的手机系列时，会在自己的在线社区公开征集用户建议，邀请他们与手机研发人员直接在线下沟通，让用户真正参与该系列最新款手机的设计。但需要注意的是，能让一个用户满意的产品不一定能够让大部分用户满意。

3. 快速迭代

在互联网时代，环境是在飞速地变化着的。企业没有足够的时间对产品进行完全的需求分析和测试，用户也不能完全地表达自己的需求，所以产品需要通过迭代的方式不断地试错和不断地完善。企业不能等到产品打磨到完美的时候再将之推出，而是只要产品达到一定的目标水平就马上将它推出，通过用户在使用过程中的反馈和纠错对产品进行快速的迭代。每一次迭代都是一次创新和改进。现在手机里各类 App 经常需要升级，这就是快速迭代的一个典型例子。快速迭代可以不断缩短产品的周期，产品的每一版本都只做一个功能、一种改进，进而测试用户的一些行为，得到用户的一些数据，为下一次产品的迭代做好准备。

4. 清晰的定位

在互联网环境下推出的产品需要一个非常清晰的定位，产品不可以任何功能都不做，也不能所有功能都做。具体来说，在推出产品的时候，要准确地将产品定位，即明确产品是做什么样的、切入点是什么、解决什么问题、面向的用户有哪些，避免推出的产品功能过于宽泛而失去了明确吸引用户的点。

5. 重视细节

无论开发什么产品都需要关注细节。"细节决定成败"，因为忽视细节，很多企业在不经意间犯了足以颠覆全局的错误。用户的抱怨和困扰可能来自产品的各个细小环节，每个不注意的地方都可能存在让用户挠头和不解的问题。往往在产品团队不留意的时候，用户已经因为失望而离开。因此，一个开发产品的团队必须重视产品的所有细节，任何一个细节没有做好，都可能导致用户体验感差，进而导致产品一经推出便被用户放弃。

6. 追求简约

实际上，追求简约不只是简单地追求减少和删除内容，而是应该恰到好处地展现产品的核心理念，使用户聚焦产品的核心功能。产品变复杂为简单，在合适的时间加上合适的细节可以让用户使用起来更加轻松、更加愉悦。

7. 打破陈规

在互联网时代，很多企业从不同的角度结合各种不同的东西，开发出更新的产品。在产品设计的过程中，设计者从某种思维模式跳到另外一种思维模式，从而设计出新的产品。网上的百科全书实际上是基于原来的百科全书推出来的，但是网上的百科全书不同于传统百科全书，网上的百科全书是由网上成千上万的用户一起编辑的，融合了大众的智慧。

8. 整合领域

整合领域对应的就是跨界思维，即将不同的行业进行整合的思维模式。以华为手表为例，它融合了计时、网上浏览、健康监测、通信等内容，这实际上就是不同领域的整合。微信也是一个多种产品的融合，从朋友圈、微信支付，再到现在的一些商业的行为等，实际上微信已经成为一个整合众多功能的产品。

9. 洞察未来

洞察未来即洞悉整个互联网发展的趋势，包括产品开发和服务的发展趋势。企业只有预测到产品将来的走势，尤其是清晰地把握产品的生产周期和生命周期，才能够把握市场未来的走向，否则就可能永远落后于别人。

1.3 移动互联网思维——"5F"思维

智能手机出现后，人们进入移动互联网时代。移动互联网与传统的互联网在基础技术上有许多相同的地方，但移动互联网具有与传统互联网不一样的思维模式，主要有以下5种思维模式，简称"5F"思维。

1.3.1 碎片化（Fragment）思维

碎片化主要体现在两个方面：地点的碎片化和时间的碎片化。地点的碎片化体现在用户可以在任意地点打开手机等移动互联网设备，连接互联网进行浏览或购物，如在床上、公交车上、出租车上、食堂里、办公室里都可以。同样的，时间的碎片化体现在用户可以在任意时间使用移动互联网设备，如等公交车时，等餐时，睡觉前这些零碎而又短暂的时间。

1.3.2 粉丝（Fans）思维

微博时代开始以后，"粉丝"这个名词频繁地出现在广大互联网用户的视野中，粉丝指的不仅仅是普通的用户，还是对品牌有着极高忠诚度的优质目标消费者。在移动互联网的环境下，"得粉丝者得天下"，当品牌推出相应的产品和服务时，粉丝群不仅能够帮助品牌提高销量，还能够为品牌带来正向的口碑传播。充分发挥粉丝思维，打造粉丝群体，可以从3个方面着手：①重新定义产品理念和价值主张，从而吸引粉丝；②将品牌的思维部落打造成粉丝温暖的精神家园；③激发粉丝的热情，让粉丝有参与产品的设计和制造的感觉。

1.3.3 焦点（Focus）思维

产品要聚焦、定位在某一点上，这个点就是所谓的焦点。在移动互联网时代，企业推出产品之前有很多方面需要考虑，考虑不做什么比考虑做什么更重要。建立焦点思维，首先要考虑如何做减法，聚焦能做的并且能做好的那一点，即焦点战略；其次需要考虑怎么将焦点战略做到极致。自身的优势在哪里就专注于哪里，不要把不是强项的东西都拿来自己做。

1.3.4 快步（Fast）思维

快步思维承接了上文所讲的互联网思维中的快速迭代，体现在决策要快、产品推出要快、产品迭代要快、创新速度要快、变革要快以及市场反应速度要快。在移动互联网背景下，互联网公司推出产品的节奏是以周甚至天来计的，只有快步地占领市场才能够将竞争对手打垮，从而占有先机。

1.3.5 第一（First）思维

有人说互联网时代是百花齐放的时代，但在移动互联网时代，产品之间的竞争性及相互代替性更强，碎片化的思维导致消费者往往只会记住行业的翘楚，因此，要勇于打破用户的思维定式，做第一个吃螃蟹的人，以颠覆性的变革来刷新行业上限，抢占行业先机，夺取用户。

移动互联网金融主要是提供互联网环境下的一些金融服务。金融服务大体上有4类：支付、融资、风险管理、投资理财。解决支付的有网络银行、第三方支付；解决融资的有P2P借贷平台、众筹平台、网络资产的交易平台以及网络微贷款平台；进行风险管理的有网络保险、网络征信等；进行投资理财的有网络基金、网络证券、网络理财等。除了以上4类互联网金融服务模式，还有一些特殊的互联网金融服务，如针对金融产品的搜索引擎。

1.4 互联网金融概况

1.4.1 从网络金融到互联网金融

根据"互联网+"概念，互联网和金融相结合即"互联网金融"。"互联网金融"这个概念真正意义上是在2013年随着余额宝的出现而产生的，但是将金融的服务和产品搬上互联网，这在更早的时候就发生了，如1995年诞生的美国安全第一网络银行（SFNB），以及1997年我国招商银行推出的"一网通"，这些就是传统意义上的"网络金融"。

"网络金融"这个概念已经出现很久了，而新出现的概念——"互联网金融"并不是从根本上颠覆网络金融，而是在某一层次上将金融和互联网的结合进行提升，即基于互联网的思路和互联网的思维，再加上金融的核心功能。

根据中国互联网金融协会的定义，互联网金融是指传统金融机构与互联网企业利用互联网技术和信息通信技术实现资金融通、支付、投资和信息中介服务的新型金融业务模式。

互联网金融不是一蹴而就的，自二十世纪七八十年代开始就不断有金融企业利用信息技术改造自己的信息系统，在一定程度上实现电子化。随着互联网的普及，一些金融企业把金融的一些功能、产品、服务通过互联网提供给用户使用，即所谓的网络金融。相对而言，网络金融更多的是指运用网络和信息技术去支持传统金融的服务和产品。而互联网金融是网络金融的一个提升，是在网络金融的基础上加上互联网的思维模式。互联网金融的核心是从互联网的角度去构建金融的一些新的产品和服务，如一些基于互联网的新型保险等。这些实际上是从互联网的角度出发，基于大数据的支持而实现的创新的金融产品、服务和业务。所以从某种角度来看，互联网金融是传统网络金融的升级，或者说是第2代的网络金融。

举例来说，在电商平台购买东西时，买家担心未来退货时会产生需要自己支付的运输费用，针对这一担忧，退货运费险应运而生。这种基于互联网消费行为和技术的保险产品、金融产品、金融服务就属于互联网金融范畴。

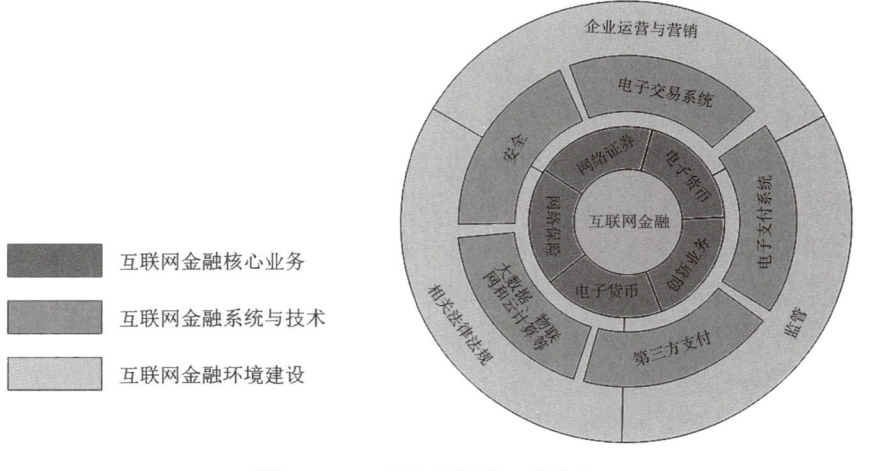

1.4.2 互联网金融的研究范围

互联网金融的研究范围主要分为3大部分：互联网金融核心业务、互联网金融系统与技术、互联网金融环境建设，如图1-3所示。

互联网金融的核心业务除了我们熟知的网络银行、网络保险、网络证券和电子货币，还增加了互联网金融的创新业务；互联网金融系统与技术主要有第三方支付、电子支付系统、电子交易系统、安全和以大数据、物联网、云计算为代表的新一代互联网技术；互联网金融环境建设包括监管、相关法律法规以及企业运营与营销。

图1-3 互联网金融的研究范围

1.5 金融电子化

1.5.1 金融电子化概述

互联网金融，包括之前提到的网络金融，都是金融电子化的一部分。迄今为止，整个金融行业都在电子化。金融行业的电子化最早可以追溯到二十世纪六七十年代的电子资金划拨，后来纳斯达克市场建立了完全电子化的股票市场，券商、保险行业、货币也逐步实现电子化。

金融电子化是指采用现代通信技术、计算机技术、网络技术等现代化技术手段，提高金融服务业的工作效率，降低经营成本，实现金融业务自动化、业务管理信息化和金融决策科学化，从而为客户提供更加快捷、方便的服务，达到提升市场竞争力的目的，是迅速发展的电子科学和金融行业融合的产物。金融电子化的内容主要包括设置金融电子化管理机构、制定金融电子化发展规划、建立金融信息系统、制定金融电子化标准与管理制度以及进行金融电子化人才的培养。

金融电子化时刻影响着我们的生活，比如：我们使用公交卡搭乘公交车的时候，简单的刷卡动作背后可能是无线射频识别（RFID）技术和一套复杂的支付系统；我们在POS机或ATM机上支付、取钱或转账的时候，背后是庞大的银行系统的支持。为什么金融能够实现电子化呢？要探究这个问题，我们就必须了解金融业的要素之一——数据。绝大多数的金融业务实际上都是数据的计算，如当用户进行股票交易的时候，其实质就是数据的流通转移，所以在股票市场中，分析、下单、委托等各种操作都可以直接通过互联网完成。因此，金融电子化是历史发展的必然结果。近几年，银行业、证券业、保险业等一些主要金融行业都在朝着电子化方向发展。

1.5.2 金融电子化中的问题

金融业是非常适合电子化的行业，但金融的电子化过程并不是一帆风顺的。如果每天仅仅只有几十笔、几百笔的交易，那构建一个相应的金融系统是非常简单的，但在实际的金融生活中每天会发生几十万甚至上亿笔交易，构建合适且可行的金融系统是非常困难的，需要非常强大的技术力量和数据分析能力的支持。

举例来说，每天数以亿计的交易在银行之间发生，若想要在其中找到在洗黑钱的交易是十分困难的；在证券市场，每天可能有上万亿笔的交易，要抓出其中的内幕交易，背后的系统需要相当庞大；或者一些欺诈短信，以及钓鱼软件、钓鱼网站等，金融系统应该帮助用户将它们分辨出来进而警示用户。想要解决这一系列的问题，事实上有大量的技术难题需要攻克。

可以说，金融业就像一棵参天大树，它有茂盛的枝叶和茁壮的树干，但埋藏在地底下的那些看不见的部分——业务背后强大的系统、辛劳的金融从业人员是整个金融业的根基。

1.6 互联网金融面临的挑战

1.6.1 安全问题

全世界第一家网络银行叫作"安全第一网络银行",这样一个直接的名字说明了安全在互联网金融中的重要性。用户把看得见摸得着的钱存放在传统银行里,他们可以看到银行门口的保安以及密不透风的保险库,这在一定程度上提升了用户的安全感。但在网络银行中,钱变成了屏幕上的几个数字,每笔资金的流动都只以信息流的形式存在,这在一定程度上让很多不法分子有了可乘之机。

在互联网交易中,除了资金的安全问题,还有个人信息的安全问题、交易信息的安全问题、账户信息的安全问题……这种种的安全问题困扰着互联网行业和金融行业。可以说,安全是互联网金融的永恒话题。

1.6.2 监管挑战

无论是在传统金融还是在互联网金融中,都存在洗黑钱、非法交易、内幕交易等违法行为,如何准确识别这些行为是一个棘手的问题,尤其是在信息的产生和流通更加快速和便捷的互联网金融领域。监管部门有义务在这类风险发生之前有所察觉,警示用户,并阻止这类风险的发生,从而使得整个互联网金融的环境更加规范、透明、有安全感。从监管手段的角度出发,如何利用先进的技术手段在互联网金融产生的大量数据中挖掘出潜在的风险,帮助监管部门进行防范和治理,这是亟待解决的问题。

1.6.3 信用风险

信用问题与我们的生活息息相关,申请信用卡、贷款买房和买车都牵涉信用的问题。传统的征信系统最早是各个银行各自建立的信用系统,但这种做法导致了信息孤岛的问题,在某一银行出现信用问题的用户依然能够在其他银行办理业务。后来中国人民银行(中央银行,简称央行)建立了一个统一的征信系统,将各个银行的信用信息进行统一,信息孤岛问题才得到解决。但随着互联网金融的发展,大量用户的行为产生在支付宝等非银行机构里,这导致征信系统的监控效果被大大减弱。于是,中国人民银行开始给支付宝这些第三方支付企业发放支付许可证,把很多游离于原有体制外的用户行为都纳入监管体系内,使更多的用户行为都可以纳入信用评估和信用风险防范的机制中。在 2019 年 5 月面世的新版个人征信系统中,除了原有的个人基本信息、银行信贷交易信息,非银行信用信息也被纳入个人信用的考察范围之内。之后,中国人民银行的征信系统又把融资担保信息也纳入了其中。

1.7 互联网金融的未来趋势

1.7.1 传统金融与互联网的融合

第三方支付企业对传统商业银行造成了很大的冲击。例如，蚂蚁金服开创的互联网理财产品——余额宝吸收了本应存在商业银行的居民小额存款，这强烈冲击了传统商业银行的活期存款业务。所以，传统金融企业为了适应经济发展的趋势和要求，需要结合互联网的技术，在市场、制度、业务、组织结构等方面不断进行金融创新，以更好地迎合互联网金融环境下用户的需求。例如，招商银行推出了基于移动互联网平台和行内外大数据技术的"闪电贷"等一系列金融创新产品、广发证券自主研发了基于大数据和人工智能的智能投顾服务"贝塔牛机器人投顾"……传统的银行、证券公司和保险公司变得越来越智能化。毕竟，传统的金融行业本身就是互联网金融的开拓者。

1.7.2 互联网平台与金融的融合

传统金融行业与互联网科技的融合催生了互联网金融，之后，互联网金融又和互联网的很多平台相融合。很多互联网平台积累了大量用户，有着大量的信息和资金流通，于是这些互联网平台也开始涉足金融服务。首先是以阿里巴巴和京东为代表的电子商务平台，基于每天巨额的交易量产生的巨大的资金沉淀，推出了"蚂蚁金服"和"京东金融"；其次是以微信为代表的社交平台，基于"强社交关系"推出支付业务"微信支付"，顺势推出"理财通"等一系列理财服务；最后还有以小米为代表的手机厂商，利用自身生态圈内大量用户的行为数据，分析用户的信用，进军金融业，推出"小米借贷"等金融产品……凭借用户、信息、技术等优势，互联网金融和互联网的各个平台之间开始了广泛的融合。

1.7.3 互联网金融与传统金融的融合

前文已经讲到，互联网金融有很多创新，但这些创新只是一个抽象的概念，它需要把这些创新的业务落到实处。以余额宝为例，"蚂蚁金服"并不仅仅是推出了一项产品以吸引用户的闲散资金，在这背后有天弘基金将吸收到的资金进行投资以得到收益。所以，在互联网金融创新的背后往往还需要传统金融作为其落地的桥梁。

所以，传统金融和互联网金融并不是相互对立的，而是互补的。互联网金融蚕食了传统金融很多市场，使得传统金融面临着很多改革，它们之间虽然有竞争，但是更多的是融合。互联网金融有各种创新业务，它能够更好地通过信息媒介把需求和供给联系起来，可以更好地利用数据去分析人们的行为；而传统金融有更强大的线下渠道，更了解人们原有的偏好。所以，这两个渠道最终一定会融合，而且已经在融合中了。传统金融和互联网金融之间的共生和共同成长是互联网金融最重要的主题之一。

拓展阅读

"互联网+"是指在信息时代、知识社会的创新形态推动下由互联网发展而来的新业态，也是在知识社会创新2.0推动下由互联网形态演进、催生的经济社会发展新形态。随着科学技术的发展，金融行业利用信息和互联网平台使得互联网与传统金融行业进行融合，利用互联网具备的优势、特点创造新的发展机会。"互联网+"通过其自身的优势对传统行业进行优化、升级、转型，使得传统行业能够适应当下的发展，从而最终推动社会的整体进步。

互联网金融就是互联网技术和金融功能的有机结合，依托大数据和云计算在开放的互联网平台上形成的功能化金融业态及其服务体系，包括基于网络平台的金融市场体系、金融服务体系、金融组织体系、金融产品体系以及互联网金融监管体系等，并具有普惠金融、平台金融、信息金融和碎片金融等相异于传统金融的金融模式。在2014年9月的夏季达沃斯论坛上，时任国务院总理的李克强提出"大众创业、万众创新"战略。互联网金融便是金融行业的巨大创新，其以轻应用、碎片化、及时性理财的属性，为中国的中小企业提供了极大的助推作用，为"大众创业、万众创新"提供了金融上的支持。

然而，随着互联网金融行业的发展，不少问题开始涌现。随着对互联网金融认识的深入，政府也开始对互联网金融提出更加科学、更加严格的监管。因此，大学生要把握时代的脉搏，培养"崇尚科学、追求真知、勤奋学习、锐意创新、迎接挑战"的责任感和使命感，在发展中创新，在创新中发展，增强创新意识，提高综合素质，服务社会，造福人民。

课堂练习

一、判断题

1. 所谓互联网思维，其核心是互联网而非思维，是以用户为中心的思维在互联网迅猛发展的环境下的表现。（　　）

2. 互联网产品精神包括关注用户、数据导向、快速迭代、清晰定位、重视细节、追求简约、打破陈规、整合领域、洞悉未来。（　　）

3. "互联网+"是一种新的经济形态，依托互联网信息技术实现互联网和传统行业的黏合，以优化生产要素、更新业务体系、重构商业模式等途径来实现经济转型和升级。（　　）

4. 在互联网时代推出一个产品时，一定要在产品很完美、很完整时才推出来。（　　）

5. 从移动互联网的角度看，用户的金融服务需求大体上分为4类：支付、融资、风险管理、投资理财。（　　）

6. "互联网+"模式将依靠创新驱动，推动经济结构优化，向产业服务化方向调整。（ ）

7. 互联网的核心即为两个规律，分别是技术规律和经济规律。（ ）

8. 互联网思维实际上是贯穿整个价值链，存在于企业生态环境建设的整个环节中的。（ ）

9. 在互联网时代，信息化正在回归"信息为核心"这个本质。（ ）

10. 碎片化思维是移动互联网应用中非常关键的思维。（ ）

二、单选题

1. 随着网络的快速发展，互联网思维已慢慢成为新时代的人们必须具备的思维。在消费者个性化需求更加普遍的时代，互联网思维应该将（ ）放在首位。

　　A. 以用户为中心　　　　　　　　　B. 商业民主化
　　C. 大规模生产、大规模销售和大规模传播　　D. 快速便捷

2. "互联网+"的本质是传统产业的（ ）。

　　A. 信息化　　　　　　　　　B. 在线化、数据化
　　C. 现代化　　　　　　　　　D. 工业化

3. 互联网的核心实际上是两大规律，分别为经济规律和（ ）。

　　A. 技术规律　　　　　　　　B. 网络规律
　　C. 信息规律　　　　　　　　D. 创新规律

4. "5F"思维模式包括碎片化思维模式、粉丝思维模式、焦点思维模式、第一思维模式和（ ）。

　　A. 快步思维模式　　　　　　B. 大数据思维模式
　　C. 迭代思维模式　　　　　　D. 简约思维模式

5. 2014年10月16日，阿里小微金融服务集团以（ ）服务集团的名义正式成立，旗下的业务包括支付宝、余额宝、招财宝等。

　　A. 蝴蝶金融　　　　　　　　B. 蜻蜓金融
　　C. 蚂蚁金融　　　　　　　　D. 蜗牛金融

6. 关于迭代思维，下列说法错误的是（ ）。

　　A. 要从细微的用户需求入手，贴近用户心理，在用户参与反馈中前进
　　B. 快速地对消费者需求做出反应，产品才更容易贴近消费者
　　C. "敏捷开发"是互联网产品开发的典型开发论
　　D. 力求产品完美，不允许有任何不足

7. 对用户思维的理解，下列选项错误的是（ ）。

　　A. 让用户参与品牌传播是用户体验至上的法则运用

B. 在品牌和产品规划层面，用户需要什么，我们就提供什么是参与感法则的运用

C. 从公司盈利的角度来衡量整个产品的设计和营销策略等

D. 以用户为中心

8. （　　）即在互联网产品开发阶段，品牌定位要明确，产品外观要简洁，操作流程要简化。

  A. 用户思维   B. 极致思维

  C. 简约思维   D. 流量思维

9. （　　）是基于产业层面将两个产业组合起来，从多角度、多视野来看待问题和解决问题。

  A. 跨界思维   B. 大数据思维

  C. 用户思维   D. 简约思维

10. （　　）时代，即"互联网+"的未来，即从IT、互联网到企业、产业，所有事物和经营活动都进行数字化融合。

  A. "企业+"   B. "产业+"

  C. "智慧+"   D. "金融+"

三、材料分析题

Maxwell Health——员工福利购买平台

  公司福利机制已成为公司吸引和激励员工的重要方案之一，许多大型互联网企业都以良好的员工福利机制而被人称道。在美国，员工福利体系更加成熟，不仅包括传统的健康保险，还包括其他的保障计划等。公司通常将这些产品打包提供给员工。

  Maxwell Health是一家为员工提供挑选和购买员工福利方案的平台，其特色在于让购买员工福利像在电商平台上挑选商品一样直观和简单。该平台定位于中小企业市场，直接与企业合作，大大提高了企业的管理效率。

  Maxwell Health简化了企业和员工购买和管理福利的流程。员工只需使用公司的网站和应用程序就可以购买福利，他们在Maxwell Health网站选择适合自己的福利方案的过程更像是网上购物，有一系列的方案可以选择，包括牙科、人身保险、眼科等。Maxwell Health帮助员工简化了福利的购买程序，减少了企业的支出，所有的流程都在线上完成。

  员工不仅可以选择传统福利方案，还可以选择与其情况和需求更匹配的其他产品。例如健康管理手环Fitbit、儿童护理方案和身份保护险等。所有方案的内容都详细地展示给员工。员工可以看到雇主为其提供了哪些不需要自己额外支出的产品，或为其提供的购买额度。员工也可以另外自行购买。

保险产品供应方面，Maxwell Health 并不直接和保险公司合作，而是和保险经纪商合作提供产品。购买方面，Maxwell Health 对接雇主，由雇主选择提供给员工哪些福利产品，员工在雇主提供的额度内选择不同的产品，这些产品经过打包成为公司福利。Maxwell Health 不参与产品设计，也不参与产品定价，它提供的就是一个平台，并将所有的产品分类呈现，让所有产品的条款和用途更加清晰、透明。员工在了解产品的情况下自行选择产品，降低了因信息不对称而导致的风险。

（资料来源：https://www.weiyangx.com/196635.html，有删改）

思考并讨论，完成以下题目：

1. 结合互联网产品思维，谈谈 Maxwell Health 是如何取得成功的。
2. Maxwell Health 是如何发挥平台优势的？

参考答案

一、判断题

1~5　×　√　√　×　√

6~10　×　√　√　√　√

二、单选题

1~5　ABAAC

6~10　DCCAC

三、材料分析题

1. Maxwell Health 十分关注用户的使用感受，能够牢牢抓住用户的特点，减少无效的个人医保支出，增加保险条款的透明度和可解释性，增加更多可选择和补充的福利计划。Maxwell Health 抓住市场痛点，获得市场欢迎。

2. Maxwell Health 的市场定位清晰。从创立之初，Maxwell Health 的目标用户一直都是中小企业用户，由于中小企业对于员工购买和管理福利的承受能力较低，会更加倾向于将该项服务外包以降低成本，而 Maxwell Health 抓住这一需求，从而获得大量用户。

Maxwell Health 善于整合资源，提供员工福利购买平台，和保险经纪商合作提供产品，对接雇主，由雇主选择提供给员工哪些福利产品，员工在雇主提供的额度内选择不同的产品，这些产品经过打包成为公司福利。

第 2 章

货币的发展及创新

知识目标

（1）了解货币的发展史。
（2）掌握电子货币的相关概念。
（3）了解去中心化货币和超主权货币的概念。

素质目标

培养强健民族数字货币未来的意识。

案例导入

央行数字货币离我们还有多远？

互联网技术的日新月异不仅改变了现有的金融业态，还将在货币领域掀起颠覆性的改革。随着央行数字货币研究的不断深入与应用技术的成熟，甚至有人提出了数字货币取代纸币的可能性。

何为央行数字货币？

"从概念上来讲，大家头脑当中的数字货币概念都是不一样的，央行用的研发的名字叫'DC/EP'，DC——digital currency，是数字货币；EP——electronic payment，是电子支付。"央行前行长周小川在两会新闻发布会上表示。

中南财经政法大学金融协创中心研究员李虹含指出，法定数字货币以国家信用为价值支撑，有价值锚定，具有非法定数字货币无法比拟的优势。此外，法定数字货币有信用创造功能，对经济有实质性作用。

如何改变支付模式？

姚前曾在《数字金融12讲》一书中解读，数字货币本身就是货币，传递的是价值本身，这意味着其流转可以把后台清算、结算的很多环节都省掉。

李虹含认为，在微观层面上，法定数字货币可通过实现点对点交易，加快资金周转速度，提高资金运作效率；在宏观层面上，法定数字货币对中央银行调控货币供应量和基础货币的测算将更为精准，所以其对货币政策的实施是有利的。

怎么影响消费者？

央行数字货币对消费者有什么影响？有专家指出，电子支付方式必须通过第三方支付机构及银行账户体系，而央行数字货币的出现，有可能使中间环节减少，从而带来风险和费用的下降。

肖磊向新京报记者分析指出，对于区块链行业来说，央行的数字货币可能给诸多的区块链资产进行定价交易，一部分对虚拟货币的需求就会转移到对央行数字货币的需求上来，区块链行业会更理性地发展技术，而不是一味地追逐炒作虚拟货币的价格。

还有多少路要走？

国际清算银行在2018年的一份报告中指出，尽管央行数字货币在某些情境下可以作为现金的替代品，但中央银行在引进央行数字货币的过程中，不得不确保其满足涵盖洗钱、税收制度等方面的要求，而一个匿名性的央行数字货币系统则会进一步带来更多的要求和挑战。

（资料来源：https://baijiahao.baidu.com/s?id=1597318293201906526&wfr=spider&for=pc，有删改）

2.1 货币形式的演变

2.1.1 一般等价物、货币及其职能

在货币没有出现的社会，人们想要获得某一物品，只能使用另一样物品与拥有这样物品的人进行交换，即物物交换。在物物交换中存在着非常多的问题：首先，交换双方对于物与物之间的交换及交换比率很难达成共识；其次，即使达成了共识，也会产生物品价值相差巨大、所需交换物品数量过多的情况；最后，对于难以储存的物品，交换的难度过大。由于物物交换存在缺陷，人们后来逐渐对某一件物品的价值达成了共识，可以使用该物品对任意物品进行交换，这件物品即一般等价物。所谓一般等价物就是从商品里面分离出来用以表示一切商品价值的商品，这就是货币的雏形。最早的一般等价物有贝壳等。

从一般等价物再分离出来，被人们普遍接受的、凝固在某个特定商品之上的一般等价物就是现在人们所熟知的货币。最早的货币是贵金属，直到现在贵金属依然是一种货币。以黄金为代表的贵金属具有很好的延展性，软而易切割，易于流通，并且性质稳定，易于贮藏。所以马克思说过黄金是一种"天然的货币"。

马克思在《资本论》中分析了货币的5大职能。①价值尺度。货币在表现商品的价值并衡量商品价值量的大小时，执行价值尺度的职能。②流通手段。货币在商品交换中作为交换的媒介时，执行流通手段的职能。③支付手段。货币在实际价值的单方面转移中，执行支付手段的职能，如偿还赊购商品的欠款、上缴税款、银行借贷、发放工资、捐款等。④价值储藏。当货币暂时退出流通而处于静止状态的时候，执行价值储藏，或者执行价值积累和保存职能。⑤世界货币。由于国际贸易的发生，货币在世界市场上执行一般等价物的职能。

货币的5大职能是区分货币和其他商品的唯一方法。值得注意的一点是，如果某一些商品具有货币5大职能中的某一些职能，它不一定算作货币。并且，在传统的货币理论中存在另一种说法，认为货币的职能不包括"世界货币"这一项。

2.1.2 贵金属货币、纸币和电子货币

人类最早通行的货币是贵金属货币，全世界范围内大多是这样。在西方社会，古罗马有很多由金、银、铜制作的贵金属货币；在中国，使用贵金属货币也有很长的历史，秦始皇统一六国之后统一了以黄金为上币、铜为下币的货币体系。使用统一的货币对自那之后两千多年的社会经济发展起到了非常重要的作用。

贵金属货币直到近代还在货币体系中起到了非常重要的作用。比如1944年建立的布雷顿森林体系，主导了第二次世界大战之后到20世纪70年代的世界经济格局。它的核心是"金本位"，即所有的货币和美元挂钩，美元和黄金挂钩。在这个主导世界经济格局的货币体系中，黄金和美元起到了基础的作用。

然而贵金属货币也有它自身的缺点，主要体现在以下3个方面。①易磨损。贵金属因其自身的特性，在运输携带过程中容易与其他物品产生摩擦，导致磨损，出现不足称

等情况。②携带不方便。在日常生活中，购买一些日常用品所需的贵金属货币数量不多，但在大宗商品交易时，所需要的贵金属货币的数量十分庞大，其携带和运输不仅不方便，还有一定的安全风险。③供给缺乏弹性。贵金属货币的供给取决于资源，即金矿和银矿，而金矿、银矿作为稀缺的金属资源并不容易找到。所以它的供应缺乏弹性。这种供给弹性的缺乏在消费水平不那么发达的古代表现得并不明显，但到了现代，贵金属货币远远无法满足社会发展的需要。

于是，纸币应运而生。事实上，纸质货币在很早以前就出现了。在约1000年前，北宋商人就发明了代替贵金属货币流通的纸质凭证——交子，但此时的纸币依然与贵金属货币挂钩，直到20世纪70年代布雷顿森林体系瓦解之前，贵金属货币依然在货币体系中起到不可或缺的作用。现如今，在牙买加体系下，纸质货币已经成为世界上几乎所有国家采用的主要货币形式，它已经完全替代了贵金属货币在流通领域的职能，而且已经与贵金属货币脱钩。

区别于贵金属货币易磨损、携带不方便、供给缺乏弹性这3个缺点，纸质货币有以下3个特点。①本身的价值与面值无关。纸质货币自身的价值——即这张纸的价值，远远低于它的面值，此时它的价值只取决于它的面值。纸质货币的这一特性避免了贵金属因磨损而产生的问题，因为纸质货币的磨损无法改变它的面值。②便于携带。纸自身非常轻便，便于携带。③供给具有弹性。纸质货币的生产制造是可以控制的，相对于需要开采挖掘的黄金、白银简单许多，于是货币供给的弹性就变大了。

虽然纸质货币解决了贵金属货币使用中的3个问题，但是它同时带来了一个很严重的问题——恶性通货膨胀。前面讲到纸质货币的生产数量是可以控制的，当发行的纸质货币过多，超出了流通的实际需要，"钱"就变得不值钱了。由于纸质货币的发行权控制在政府手里，当政府大量发行货币时，物价会飞速上涨，最后受害的是广大人民群众。在20世纪30年代，作为第一次世界大战战败国的德国，面对巨额的赔款，其政府选择大量超发货币来为赔款筹资，德国的物价因此以惊人的速度上升，常常早上能够购买一栋房子的马克币，到了晚上只能够购买一个面包。所以说恶性通货膨胀的受害者是广大人民群众。

计算机自20世纪中叶诞生之后，进入金融领域并没有花费太多的时间。计算机最早在金融领域的应用是内部的资金划拨。资金划拨需要以数字形式存在的货币，即电子货币。电子货币最早诞生于英国。1995年，英国的国民西敏寺银行在有"英国硅谷"之称的斯温顿小镇里做了最早的电子货币实验。在小镇里他们发行了一种叫作"Mondex"的电子钱包系统，它以智能卡的形式存在，卡里镶嵌了一个微电脑来处理和储存数据，同时用户可以通过ATM机、电话等各种方式往卡里储存资金。这个电子货币实验最终获得了成功，Mondex被广泛应用于小镇的各种消费场景之中。现在看来，这其实就是一个简单的电子钱包应用。所以说电子钱包是最初的电子货币，也是电子货币最普遍的一种存在方式，我们把它称为纸质货币的电子化，即它和纸质货币一一对应，也就是说在Mondex里的每一元钱都是有纸质货币在其背后作为基础的。但随着电子货币的发展，现今的电子货币远不止电子钱包这一种存在形式，其他的电子货币形式会在下文详细介绍。

2.2 电子货币概述

2.2.1 电子货币的定义

由于整个互联网金融的很多技术都还处在发展和实验的阶段，各种新的不同的应用场景不断出现，所以相关理论在学术界也没有一个非常权威的解释。电子货币的定义也各有所云。以下介绍关于电子货币的几种定义。

（1）一种接受度比较高的关于电子货币的定义是：电子货币是指储存在电子设备中，并可以运用于多种场合的储值产品或者预付型的产品。这类产品包括以卡为基础的电子货币和以网络为基础的电子货币，其中以卡为基础的电子货币是储存在芯片卡、磁条卡以及其他的智能卡里边的，而以网络为基础的电子货币是储存在互联网的账户里边的。

（2）中国人民银行对于电子货币的定义是电子货币是指储存在用户拥有的电子介质上，可以作为支付手段使用的一种预付价值。

（3）金融电子化过程中对于电子货币的定义是以金融电子化网络为基础，以商用电子化机具和各类交易卡为媒介，以电子计算机技术和通信技术为手段，以电子数据（二进制数据）形式存储在银行的计算机系统中，并通过计算机网络系统以电子信息传递形式来实现流通和支付功能的货币。但这种定义具有非常明显的局限性：它所限定的网络仅仅是金融电子化中的网络；它所限定的电子货币的类型仅仅是以卡为基础的电子货币。所以这种定义下的电子货币仅仅是指在金融电子化系统中所使用的电子货币。

（4）另外还有一种电子货币的定义是付款、取款、融资、存款等与通货有关的信息全部经过数字化者称为电子货币。这个定义相对于其他的定义更加广泛，不限定电子货币的存储介质，也不限定其所使用的网络。

（5）最典型的电子货币的定义是巴塞尔银行监管委员会所定义的。巴塞尔银行监管委员会认为电子货币是在零售支付机制中，通过销售终端、不同的电子设备以及在公开的网络上执行支付的"储值"和"预付支付机制"。"储值"是指保存在物理介质中可用来支付的价值，如前文提到的 Mondex 和我们日常使用的交通卡；"预付支付机制"是指存在于特定软件或网络中的一组可以传输并可用于支付的电子数据，即我们所熟知的"数字现金"，它由一组二进制数据和数字签名组成，可以直接在网络上使用。该定义涵盖了电子货币的在线交易和离线交易，它并没有将电子货币限定在特定的金融通信系统里，而是认为电子货币可以在其他的电子设备中使用。

根据以上关于电子货币的种种定义，电子货币可以这样理解：从狭义上来讲，电子货币是指跟金融体系相关的数字形式的货币，比如银行卡和网络银行等形式中的电子货币；从广义上来讲，电子货币实际上也包括各类形式的代币和一些预付卡、储值卡等。

2.2.2 电子货币的产生和发展

前文介绍了货币从贵金属发展到纸币，到如今发展为电子货币的过程。电子货币能够在纸币广泛使用的环境中出现并占有一席之地，有以下3个原因。

1. 电子商务的兴起

电子商务要求交易双方在网上进行交易，而交易中必不可少的环节就是支付。在电子商务中如果面对面进行支付会大大降低交易的效率，这显然是不现实的。所以需要交易双方在网上进行支付，从而完成电子商务的必要流程。在这种情况下电子货币就需要去承担其中支付的角色，使得整个电子商务的交易过程能够迅速地流转起来，加速交易的完成。

2. 信息技术与安全技术的发展

信息技术与安全技术的发展使得电子货币的安全性得到保证，能够在互联网上安全地进行交易。这样一个技术上的保证也使用户能够放心地使用电子货币。电子货币凭借其安全性逐步获得用户的信任，得到更大规模的使用。

3. 电子货币能够降低交易成本，使利润最大化

这一点是电子货币产生并发展的根本原因。通过互联网来完成交易大大降低了交易双方的成本。在电子商务中，商家可以在互联网上迅速地识别目标客户，迅速地完成支付，继而迅速地完成交易，这省去了很多中间环节，节约了种种交易成本，使得利润最大化。

而电子货币的产生不是一蹴而就的。电子货币最早是随着信息技术、计算机技术的出现而慢慢出现的，所以说电子货币的出现其实是早于互联网的。20世纪70年代，以银行卡、信用卡为代表的电子货币作为支付工具的出现，是电子货币时代的开端。

我国在20世纪90年代实施了"金卡工程"，即狭义上的电子货币工程，广义上的金融电子化工程。这个工程的实施使得中国各商业银行的金融电子化水平有了很大的提高，包括构建了央行以及银联的一些电子支付系统，为我国电子货币的出现和广泛运用打下了基础。在金融电子化工程以后，我国银行开始发行银行卡和信用卡，这些银行卡和信用卡是目前互联网上使用的电子货币的很重要的代表。

但随着电子支付的快速发展，支付需求已经不再限于互联网，而是慢慢地扩展到一些传统领域和线下应用场景，比如餐馆、超市等。因此，电子货币从线上的应用慢慢向线上线下相结合的应用发展。在线上和线下结合的支付场景中，出现了一些新的支付媒介，比如智能手机、智能手表等。电子货币从线上向线上线下结合发展的趋势还会一直持续。

2.2.3 电子货币与传统货币的区别

从定义上可以看出，电子货币和传统货币有明显的不同。狭义的电子货币实际上只是纸质货币的代币，类似于通货，并不是真正意义上的货币。电子货币具备传统货币的一些基本属性，但是和传统货币之间依然有一定区别。

从目前来讲，电子货币的发行者不是唯一的。比如某网站的下载券、公交卡、校园卡等，这些电子货币的形式是完全不一样的，发行者也不是唯一的，发行者有金融机构也有非金融机构，更多的是非金融机构。但在将来，若中国人民银行推出数字货币，那么中国人民银行就是狭义电子货币的唯一发行者，而这个将来已经不远了。从 2014 年起，央行就成立了发行法定数字货币的专门研究小组。2017 年，央行成立了数字货币研究所，专门从事数字货币的技术和应用可能的研究。2019 年，全国货币金银工作会议上，央行表示将深入推进数字货币研发。2020 年，央行的数字货币 DC/EP 开始在福安、深圳等 4 地试用。2022 年，央行的数字货币又增加了广州等试用地。但是在央行真正推出数字货币之前，电子货币发行者依然不是唯一的。

电子货币与传统货币之间的第二点区别在于，传统货币是一种以国家信誉为担保的法定货币，由央行进行管理，是一种被广泛接受的标准产品；但是目前的电子货币不是一个标准产品，它的信誉担保来自发行者本身的信誉和资产，因此电子货币与传统货币的风险是不一样的，其使用范围也受到设备的条件、相关协议、商家等的限制。所以说目前的电子货币没有成为真正意义上的货币，只是在一定形式上体现了传统货币的一些属性。

第三个不同点在于两者的匿名程度不同。传统货币具有一定的匿名性，即任意一张纸币都很难追溯其流通过程中的使用者，但传统的纸质货币要求面对面的交易，这一点在一定程度上限制了其匿名性。而电子货币在一些情况下是完全匿名的，如不记名的公交卡；但在大部分情况下是非匿名的，如网络银行中所有资金的交易、转账都记录在对应账户中。虽然目前电子货币在匿名性上不完全统一，但由于非匿名的电子货币采用了加密技术来确保安全性，所以电子货币的匿名程度相较于传统货币更强。

第四点区别是两者使用的地理区域不同。传统货币的使用具有严格的地理限制，比如人民币通常限定在中国大陆地区使用，欧元只能在整个欧盟范围内使用。但是电子货币打破了地域的限制，无论交易双方身处何处，只要双方认可，就可以使用电子货币进行交易。

两者之间的第五点区别在于其依赖的介质不同。传统货币的流通、防伪、更新等都依赖于一些物理上的介质，这导致它的更新、收回非常缓慢。但是对于电子货币来讲，它只需要通过一些技术上的加密或者认证的方式来实现防伪、流通、更新等过程。

最后一个不同点在于是否具有可重复使用性。传统货币在被毁坏或者被央行收回之前，可以反复使用，但电子货币只能使用一次。电子货币会有一个唯一的序列号，而拥有这个序列号的电子货币使用过后，该序列号就不能再次在交易中出现了。

2.2.4 电子货币的运作形态

电子货币的运作形态反映了它的机制是否足够完整、完善。

根据使用过程，电子货币的运作流程可以分为发行、流通和回收。对于传统货币来说，运作流程也包含发行、流通和回收这 3 个步骤，但其中流通过程是循环的，即传统货币可以进行无数次的流通，但对于电子货币来说并不是如此。电子货币的使用过程普遍为用户以传统货币向电子货币的发行机构兑换电子货币，获得代表相同价值的一些电子数据，再通过一些电子化的手段把数据转移给支付对象，从而实现债权债务的清偿。这个过程有两种不同的运作方式。

第一种运作方式涉及电子货币的使用者、电子货币的发行者和商家三方。使用者以传统货币向发行者购买、兑换相应的电子货币，再使用该电子货币向商家进行支付。商家得到大量的电子货币后，可以要求发行者将电子货币兑换成传统货币。在这个过程中，发行者和商家往往是一体的，比如百度币的发行者是百度公司，而用户使用百度币在百度文库上进行购买，其商家也是百度公司。无论发行者和商家是不是一体的，这种运作形态都有非常大的风险，发行者兼商家有可能拒绝向使用者提供其购买的商品或服务，或者发行者有可能拒绝给商家兑换传统货币，此时商家或者发行者的信誉没有办法得到进一步的担保。

第二种运作方式降低了上一种运作方式的风险，因为在电子货币的发行和回收过程中加入了中介机构的运作。以银行为例，当发行者要发行电子货币的时候，它向中介机构银行提出申请，由银行去帮它代发行；使用者想要得到电子货币，需要跟银行申请兑换，得到一定金额的电子货币后向商家购买商品或者服务；商家拿到电子货币后，可以向银行申请兑付。在这个过程中，发行者和商家之间有一个中介机构，使用者和发行者之间也有一个中介机构，即银行。其中，银行实际上承担了信用担保的角色，所以在这种运作形态中风险相对较小。由于银行在电子货币发行的时候可以设置充分的准入门槛，所以对于发行者、使用者、商家来说，整个货币的运作形态、运作流程都比较安全。

2.2.5 电子货币的本质和特点

电子货币从本质上来说是一种信用的凭证，它在这一点上和纸币承担同样的作用。但电子货币和纸币在本质上还是有一定区别的。纸币是由中国人民银行通过法定的程序发行的，它本质上代表了国家的信誉；但是目前的电子货币是由以腾讯、百度为代表的企业发行的，本质上代表着企业的信用，属于私人货币企业发行的电子货币，在一定程度上可以提高企业的知名度，扩大企业在金融市场的影响，同时也会给企业带来便利。这些由企业发行的电子货币都在尽量避免将自己发行的货币称为电子货币，而是称为代币。他们认为自己发行的货币只具备一种代用的价值，而不是真正意义上的电子货币。一旦成为电子货币，它势必要进入金融监管的范围内，这是企业尽量避免的。

电子货币除了拥有一般货币的可支付性、可转移性、可分性等属性之外，还有其他的特性。①匿名性。电子货币在进行交易时可以实现发行方和消费者点到点的交易，在这其中不需要第三方机构的参与，具备了一定的匿名性，即只要发行方不对外进行披露，外界很难知道具体的交易情况。②安全性。在使用电子货币的过程中央行会使用相关的安全技术对电子货币进行加密等安全性处理，数据库也会对电子货币的使用过程进行验证。在整个消费者对电子货币进行使用以及传输的过程中央行也会采取相应的安全技术，比如数字签名、数字摘要、加密等技术的应用。从这个角度来讲，电子货币的安全性比较高，而且能够对电子货币进行实时验证，可以避免传统货币使用过程中经常出现的伪造情况。③成本较低。传统货币由于需要防伪，其制作需要特殊的纸张和工艺，且其回收处理等环节所需要的费用也较高。而电子货币虽然在前期进行技术研发时的成本较高，但随着使用规模的扩大，其边际成本趋于零。同时电子货币在开放的网络上进行传输，相应的进行支付、清算的交易媒介是现有的。所以综合来讲，电子货币的使用成本相对于传统货币更低。④便利性。电子货币的支付没有时间、空间的限制，即用户可以进行实时支付，使结算和交割同时进行。这大大提高了交易的速度，还在一定程度上降低了交易的风险。

2.2.6 电子货币的分类、发行方式及其基本职能

电子货币主要可以分为3类。①存款货币。这类电子货币本质上其实是纸币在银行中的储存形式，即存款货币。它依然是由央行依法发行的货币，只是依靠信息技术以电子形式展现出来。商业银行中的网络银行、手机银行等都属于存款形式的电子货币。②发行主体与回收主体统一的电子货币。这类电子货币的发行主体不仅承担发行的职责，还负责赎回其发行的电子货币。这类电子货币常见于电话卡、公交卡等。③虚拟货币。这类电子货币的发行主体不仅发行电子货币，同时还提供能够使用其电子货币消费的商品或服务，即上文提及的发行者与商家一体的电子货币，例如腾讯公司发行的Q币和百度公司发行的百度文库下载券。除了以上的分类方法，电子货币还可以根据其任一特性进行分类。

关于电子货币的发行，目前国际上还没有统一的方式，比如美国和欧洲在发行电子货币的机构这个问题上立场不同。美联储认为可以由非银行机构来发行电子货币，因为非银行机构会由于开发和行销电子货币的高成本而开发出比较安全的产品；而欧洲货币相关机构相对保守，认为只有得到监管的信贷机构才能够发行电子货币。

而在中国，应该由谁来发行电子货币还没有一种确定的说法。我国目前存在不同形式的电子货币，其发行方既有金融机构也有非金融机构。但是从长远来讲，我国电子货币的发行主体也应该是央行或者是央行所委托的金融机构，以保证其安全性。央行对数字货币的不断探索也证实了这一点。这样做的主要原因有2个：①这样一种发行机制有助于政府对电子货币进行监控，并且可以根据电子货币研究和实践的发展及时调整货币政策，将电子货币与传统货币一起纳入监管范围中，保证支付系统的可靠性；②由中国人民银行发行的电子货币在信誉和最终的可兑付性上较为可靠，即风险较低。对于消费者来讲，安全性是首要的考虑因素，所以在这种发行机制下的电子货币更容易被消费者接受并积极使用，从而推动电子货币的普及与发展。当然，目前我国还没有中国人民银行或者中国人民银行所委托的金融机构发行的统一的电子货币，但中国人民银行的数字货币已经在研发中了。

前文已经介绍过货币的5个基本职能，但就目前电子货币的发展阶段而言，它只能执行货币的一部分基本职能，比如电子货币能在一定范围内进行流通，这执行了流通手段的基本职能；另外，电子货币能够衡量一些商品的价值，这执行了价值尺度的基本职

能。但只有完全执行货币5大基本职能的电子货币，才是真正的电子货币。目前各种形式的电子货币只能被称为代币或者代金券等，且都还处在实验阶段，并不是真正的电子货币。

2.2.7 电子货币对金融业以及货币政策的影响

电子货币的出现在很大程度上改变了传统货币的使用环境，尤其是在互联网金融环境下，它改变了既有货币的使用方法。虽然现有电子货币不是新型市场下的货币，但它的流通和运行机制与传统货币完全不一样。目前，电子货币的发行量、使用量、使用范围还不是特别大，所以电子货币对现有的商业银行业务以及央行控制货币的供应等职能没有产生太大的影响。但是当电子货币开始执行货币的一些基本职能，其应用范围慢慢扩大的时候，将会对现有的金融运行机制，尤其是对货币的供给量产生较大的影响。

电子货币对货币政策的影响首先体现在对现金流通总量的影响上。流通的通货总量中，现金的比例会因为电子货币的出现而减少。由于电子货币的出现，用户不再需要花费大量时间去到银行进行存款、取款等活动，只需要在家中使用终端，甚至移动终端即可访问自己的账户，对自己的账户进行操作或交易。近几年随着移动支付的流行，广义货币中流通货币（现金）的构成比例进一步下降。长远来讲，电子货币势必会使得纸质货币的需求量减少，对纸质货币的供给产生影响。在电子货币不断发展的今天，中国人民银行也在试点发行真正的数字货币。在很多国家，如挪威、以色列、冰岛以及欧盟的一些国家，现金使用的占比已经降至10%以下，很多交易都通过电子货币完成。这种情况会对纸质货币的发行总量产生比较大的影响，从而带来一系列负面的影响。因为央行通常是通过对货币供给量的控制来控制经济的发展，一旦货币的发行量比较大，就会引发较严重的通货膨胀。

其次，电子货币的发行方不唯一导致其发行数量不可掌握，这给金融监管带来了非常大的挑战。在上一节提到的电子货币的两种运作方式中，第一种运作方式下的电子货币其发行与回收完全由发行者决定并实施，其监管难度巨大；但在第二种有中介机构参与的运作方式中，中介机构可以对电子货币的发行进行监控，此时金融监管依然发挥作用。金融监管部门可以对电子货币的发行者给予市场准入，并制定相关的市场运作机制。电子货币一旦发行到了一定的量，并且更加体现出货币属性的时候，会导致对流通货币（现金）的需求大大减少，也就减少了央行货币发行的数量，而这个货币发行数量又会对经济的运行有很大的影响，所以在这方面会对金融监管提出更高的要求。同时对于电子货币来讲，其流动性也会影响到电子货币发行的规模和相应的余额。

总而言之，就目前的发行和流通情况而言，电子货币还未能在很大程度上影响央行的货币政策。但将来当电子货币的发行量以及流通的范围越来越大的时候，它势必会对央行的货币政策提出挑战，对央行的货币供给、调控能力也提出新的要求。所以对于央行来说，它不仅应该有效地控制电子货币的发行数量，还应该对电子货币的发行主体和电子货币的种类进行必要的限制，对参与电子货币发行的所有非金融机构进行相应的控制和监管。对于电子货币的发行，央行还应该为应对电子货币的风险而准备一定规模的准备金，来加强对电子货币供给的控制，而央行已经着手在做相关的工作了，央行宣布要在适当的时候推出数字货币就是在释放这样的信号。

2.2.8 电子货币、虚拟货币、数字货币的探析及移动支付的未来

1. 电子货币——电子化的法定货币

电子货币实际上就是法定货币的电子化，其载体包括常见的银行卡、网络银行等；还有近年来发展起来的第三方支付，如支付宝、微信钱包等。电子货币的最初源头是中央银行发行的法定货币。

2. 虚拟货币——电子化的非法定货币

虚拟货币与电子货币最重要的区别就是发行者的不同，虚拟货币是非法定货币的电子化，可以简单理解为是一些在虚拟世界中流通的货币，是互联网社区发展的产物。这些虚拟货币往往可以通过完成虚拟世界的任务，或者用现实的法定货币购买获得，限于特定的虚拟环境中流通。

虚拟货币最早出现在网络游戏中，游戏玩家购买虚拟装备、虚拟的人物都需要使用游戏中的虚拟货币。这些虚拟货币不是由金融机构发行的，没有银行参与到其发行的机制中，无法得到社会的普遍认同。在这种情况下，虚拟货币仅仅是一种提货凭证，用户可以凭虚拟货币购买厂商提供的产品，但无法将虚拟货币反向兑换成传统货币。其"单向流通"的特性使得虚拟货币无法起到一般等价物的作用。推出虚拟货币的厂商的最终目的是给用户提供一个消费其所提供的商品或服务的便利渠道，所以虚拟货币并没有成为真正意义上的货币。

3. 数字货币——电子货币形式的替代货币

数字货币是价值的数字化表示，不由各国央行发行，但由于被公众所接受，所以可作为支付手段，也可以以电子形式转移、存储或交易。数字货币包括数字金币和加密数字货币。现阶段我们说的数字货币，更多的是指加密数字货币，其核心特点在于能够实现类似现金的匿名点对点支付。

已经存在的数字货币中，最有名的就是比特币。比特币没有具体的发行方，具有去中心化的特点。它由网络节点计算而成，任何人都有可能参与比特币的制造和生产，并且在全世界都可以流通。而中国人民银行正在试点的数字货币，由于其由央行集中发行，属于中心化货币。

近年来各国政府纷纷着手研究和发行的由政府主导的数字货币，被称为法定数字货币。前文提到的央行正在研究的就是法定数字货币。法定数字货币在法定地位和功能上与纸币完全相同，区别就在于其形态是数字化，属于法定加密数字货币，是人民币的数字化形式。

电子货币、虚拟货币、数字货币三者的区别如表 2-1 所示。

表 2-1 电子货币、虚拟货币与数字货币的对比

要素	电子货币	虚拟货币	数字货币
发行主体	金融机构	网络运营商	无
适用范围	一般不限	网络企业内部	不限
发行数量	法定货币决定	发行主体决定	数量不定
储存形式	磁卡或账号	账号	数字
流通方式	双向流通	单向流通	双向流通
货币价值	与法定货币对等	与法定货币不对等	与法定货币不对等
信用保障	政府信用	企业信用	网民信用
交易安全性	较高	较低	较高
交易成本	较高	较低	较低
运行环境	内联网、外联网、读写设备	企业服务器与互联网	开源软件以及 P2P 网络
典型代表	银行卡、公交卡、支付宝中的货币	Q 币、各论坛积分	比特币、TT 币

纵观历史发展，货币是随着技术和经济活动的发展而逐步演变的，从最早的实体货币到商品货币，再到信用货币，这些都是为了交易而产生的。在电子商务发展迅速的当下，央行有必要发行数字货币来替代实体货币，从而降低电子商务中支付、流通环节的成本。实际上，在数字货币的使用上中国不算是走在很前面的，很多国家比如挪威、以色列和冰岛等已经在逐步关闭一些现金业务，并且使用电子手段进行支付的占比已经达到非常高的水平。货币从最早的实体货币到信用货币，再到如今的数字货币，它的发展是被时代的技术手段带动的，也是为了适应电子商务支付需求的发展。

当下移动支付已经渗透进我们生活的各个方面，这种支付方式的发展带来了货币的变革，这种变革主要体现在 3 个方面：①全面的货币电子化发展。从最初金融机构的发行到中国人民银行对数字货币的研究，货币电子化趋势也越来越被人们接受。②消费者货币存储载体升级及商家收款载体升级。一方面，消费者货币存储载体由一开始的银行卡、智能卡发展为智能手机、智能手表，不断地升级成为更智能、更便携的储存载体；另一方面为适应消费者存储载体的变化，商家的收款载体也在不断地升级，二维码支付中的扫码枪、NFC 支付中的识别器，以及升级后的闪付 POS 机，都是收款载体升级的代表。③新技术带来支付交互体验的革命。支付的流程随着存储和收款载体的升级而不断优化升级，过去支付需要刷卡并输入密码，现今只需要将手机靠近收款载体即可，支付的流程大大简化，用户的交互体验得到很大提升。

2016 年 2 月，Apple Pay 在中国上线，一时间成为很热门的话题，但迄今为止，Apple Pay 依然没有在中国市场激起太大的水花。当下国内的移动支付市场中，支付宝和微信支付依然牢牢占据着几乎全部的"江山"。但我们有理由相信，Apple Pay、三星

Pay 以及华为 Pay 等手机支付手段会给移动支付市场带来更大的竞争。Apple Pay、三星 Pay 以及华为 Pay 等移动支付手段的本质实际上是一种电子钱包，这种电子钱包会使得电子货币彻底电子化，从而降低交易成本，提高社会的交易效率，加快整个社会经济的流转速度。接下来，也许安卓会与银联合作，进一步激化移动支付市场的竞争，这种新的支付手段对于一般的使用者来讲是非常方便的，同时，新支付手段会使得交易成本进一步降低。随着移动支付的竞争日趋激烈，移动支付的各种应用形式、应用场景也会变得越来越普及，因此移动支付将会在相当长的一段时间内成为货币电子化实验研究的主要领域。而将来会不会出现其他的货币电子化的竞争领域，让我们拭目以待。

2.3 去中心化货币与超主权货币

2.3.1 去中心化的电子货币

1. "去中心化"的概念

"去中心化"是在互联网发展过程中形成的社会关系形态和内容产生形态，是相对于"中心化"而言的。在一个分布有众多节点的系统中，每个节点都具有高度自治的特征。节点之间彼此可以自由连接，形成新的连接单元。任何一个节点都可能成为阶段性的中心，但不具备强制性的中心控制功能。节点与节点之间的影响，会通过网络形成非线性因果关系。这种开放式、扁平化、平等性的系统现象或结构，我们称之为"去中心化"。相对于早期的互联网时代（Web 1.0），Web 2.0 的内容不再由专业网站或特定人群产生，而是由权级平等的全体网民共同参与、共同创造。任何人都可以在网络上表达自己的观点，共同生产信息。以信息媒体行业为例，从传统时代到早期互联网时代，用户接触的信息是以报纸、电视为代表的传统媒体发布的，最早的门户网站比如新浪、搜狐也都是信息的集中者，所以此时称为"中心化"的信息时代。但随着互联网的进一步发展，"人人都是自媒体"，用户信息的来源更加多样，从微博到微信公众号，再到朋友圈，每个人都可以成为互联网上信息的提供者，那么所谓的"中心"就消失了，人们进入了"去中心化"的新型网络内容生产时代。

2. 比特币

我们日常使用的人民币上面印着"中国人民银行"六个字，说明它们都是由中国人民银行发行的。世界上绝大多数的国家都是如此，以中央银行作为货币体系的中心，直到去中心化的电子货币出现。去中心化货币是一种完全独立于原有货币体系之外的货币，有着完全不一样的特点和运行规则，其中最著名的是比特币。

2008 年 11 月，有一个署名为中本聪的人发表了一篇论文，在这篇论文中他提出可以制造出一种通过计算机生成的电子货币，这种电子货币没有所谓的发行者，所有人都可以通过一种叫作"挖矿"的方式获得这种电子货币，即后来的比特币。所谓"挖矿"就是使用计算机去计算十分复杂的数学问题，并且网络还会自动调整该数学问题的难度，以保证每段时间产出的比特币是可控的。论文提出，到2140年，比特币会达到2100万个的上限，也就是这个数学难题的解一共是2100万个，所以比特币的数量在解剩余较多的初期增长比较快，到了后期就会越来越慢。随着比特币的诞生，关于它是不是货币的争论从未停歇。比特币可以进行流通，可以衡量商品的价值，可以在交易中使用，也可以作为购买力长期储存……它具备了货币的4个主要职能：流通手段、价值尺度、支付手段和价值储藏，所以有人认为比特币是一种真正的货币。但是，不同的国家、不同的机构、不同的学者对此有不同的解读。

比特币作为一种去中心化的数字货币，与传统货币主要有3个方面的区别。①货币发行主体不同。世界上绝大多数的传统货币是由中央银行发行的，也就是说，中央银行掌握着货币发行权，可以决定货币的面额、种类、发行量和发行程序，同时也可以决定通货膨胀率、物价水平等一系列要素。货币发行权其实是国家行使主权的重要标志之一。但如上文介绍，以比特币为代表的去中心化货币，没有发行者的存在。发行方式的不同是比特币与传统货币之间最主要的区别。②风险控制。由于比特币的发行无法控制，其可能造成的风险也难以控制。以外汇管制为例，央行严格管控人民币与外币之间的兑换渠道，但比特币的出现使用户可以直接进行交易，导致外汇管制完全失效。③监管。同风险控制一样，由于比特币的发行无法控制，对比特币的监管也异常困难。以洗钱这一问题为例，在传统货币的使用中，所有的金融机构都可以发挥反洗钱的职能，但比特币既不属于任何主权国家，也没有任何发行者，用户遍布世界各地，想监控其是否存在洗钱行为十分困难。但从另一方面来说，比特币的交易数据是完全公开的，若能够充分利用这一点，对其的监管能够有进一步的提升。

3. 关于去中心化货币的两派观点

对于去中心化货币，存在截然相反的两种观点：悲观派的观点和乐观派的观点。悲观派认为，去中心化货币的发行无法控制，还存在种种风险控制和监管问题，应该禁止使用。但这类观点所提倡的做法在现实中很难做到。这种以比特币为代表的去中心化货币，其数据存储在所有的交易终端中，要想将其彻底消灭，必须将这些终端全部消灭，这是不可能的。乐观派认为，当下每个国家都有发行、使用各自的货币，去到任何国家都要兑换当地使用的货币，这不仅十分不方便，而且对于国际贸易来讲也是非常大的阻碍。如果全世界都使用一种货币，货币汇兑的种种成本就消失了，这有助于全球化进程的推进。两派的观点都有其依据，而比特币的未来究竟如何，目前还没有定论。

2.3.2 超主权货币

超主权货币就是与任何国家主权脱钩的"具有稳定的定制基准且为各国所接受的新储备货币"，可作为国际储备和贸易的结算工具。黄金就是一种超主权货币，欧元也是一种超主权货币。欧元的好处非常明显，那就是欧洲各个国家之间汇兑的成本降低，促进经济一体化；同时它也带来一系列的问题，比如很多人认为欧债危机与欧元有关。

人类对超主权货币的探索从未停止。在 1944 年建立的布雷顿森林体系中，所有货币跟美元挂钩，这时的美元就是一种超主权货币。2008 年，全球性金融危机爆发，美国为了抵御金融危机采取了一系列的金融措施，其中一项就是美联储大举购买美国国债。2009 年 3 月 19 日，美国政府推出总额达到 1.2 万亿美元的债券购买计划，这项计划的实质是超发货币，制造通货膨胀。此时拥有大量美国国债和其他以美元计价的资产的我国受到了非常大的影响。2009 年 3 月底，时任中国人民银行行长的周小川就在 G20 峰会前夕发表了一篇名为《关于改革国际货币体系的思考》的文章，文章中提出建立一种与主权国家脱钩并能保持币值长期稳定的超主权国际储备货币，以代替美元的储备货币职能的可能性。此观点在国际社会引起了广泛的讨论，以美国为代表的西方国家表示反对，而俄罗斯、印度、南非、巴西等金砖国家表示支持。可见，使用什么样的货币作为国际储备货币是西方发达国家和新兴金砖国家之间较量的焦点，而这个焦点也是国际金融的一个热门话题。

无论是传统货币还是超主权货币，无论它是一张纸还是一串字符，真正重要的是在其背后支撑的信用契约体系。

2.4 未来的世界货币格局

随着我国经济实力的提高，对外贸易的发展，人民币的升值，我国走过了一段艰难的国际化道路。立足当下，我们也可以对未来的世界货币体系提出设想。

20 世纪的世界货币发展史就是世界政治史的缩影，政治的多极化导致了货币的多元化。西方国家以政治力量作为信用背书，左右世界经济格局、货币格局，在这种情况下建立了布雷顿森林体系和欧元体系。布雷顿森林体系是美国成为世界老大的标志，欧元体系是众多欧洲国家合作的结果。在 21 世纪的当下，去中心化货币、超主权货币最终融进现有的货币体系并成为重要的货币形态是非常有可能的。最终，去中心化货币、超主权货币有可能在未来经常伴随我们，使货币回归其最初的职能，让交易更便捷，交易成本更低。

货币的载体从笨重的贵金属货币发展为轻便的纸币，再变为一张卡、一部手机。未来，货币可能完全不需要载体，变成空气一般无处不在。目前我们已经实现了无须携带任何物品出门，只使用人体的一些生物特征即可完成所有支付的技术，比如刷脸支付等。但随之而来的是支付系统的灵敏性、生物特征盗刷等问题。

不管货币怎么变化，它核心的职能依然不变。只要它执行基本职能，我们都可以把它看作货币。未来货币朝着更加便捷、标准化、稳定、安全的方向发展。能满足这些需求的货币，就能被未来的世界接纳，为未来世界的经济发展贡献力量。我们也一定会用我们的智慧、魄力和创造力，构建出未来的世界货币体系。

拓展阅读

货币作为一般等价物，在经济社会中充当着极为重要的角色。在漫长的岁月中，货币的表现形式经历着由低级向高级不断演变的过程。中国作为世界上最早使用货币的国家之一，使用货币的历史长达 5 千年之久。从开始的以物易物，到后来人们开始使用贝壳作为货币，随着经济社会的发展，战国时期各诸侯国开始使用自铸货币。秦始皇统一六国后，结束了货币不统一的历史，在全国范围内通行圆形方孔的半两钱。在宋代时，纸币"交子"的出现标志着中国古代货币史上由金属货币向纸币的重要转变。货币发展至今，中国人民币的国际化程度不断加强，在国际贸易中起到了极为重要的作用。随着现代化信用制度和电子技术的发展，货币的形式从有形发展到无形，支付方式出现了微信支付、支付宝支付等第三方电子支付的手段。目前，很多国家都在积极研发数字货币，我国也是最早研究央行数字货币的国家之一，目前已经取得积极进展。英国央行英格兰银行在其关于中央银行数字货币（CBDC）的研究报告中给出这样的定义：中央银行数字货币是中央银行货币的电子形式，家庭和企业都可以使用它来进行付款和储值。尽管在数字货币研究上各国保持着极高的热情，但是考虑到央行数字货币对国际金融体系的巨大影响，各国在发行试点上始终保持着谨慎态度。但是，我们可以预见，央行数字货币必将成为势不可挡的洪流。因此我们要展望未来，青年一代必将大有可为，也必将大有作为。这是"长江后浪推前浪"的历史规律，也是"一代更比一代强"的青春责任。青年要勇敢肩负起时代赋予的重任，志存高远，脚踏实地，努力在实现中华民族伟大复兴的中国梦的实践中放飞青春的梦想。

课堂练习

一、判断题

1. 黄金是一种一般等价物。（　）
2. 欧元是一种超主权货币。（　）
3. 去中心化货币比传统货币更优，去中心化程度越高越好。（　）
4. 纸币是一种信用货币，它的价值取决于它的面值。（　）
5. 1948—1949 年的上海金圆券是恶性通货膨胀的代表性例子。（　）
6. 一件收藏品具有价值储藏的功能，所以它是货币。（　）
7. 通货膨胀是指货币发行量超出了流通的实际需要量。（　）
8. 去中心化货币指的是没有中心机构作为发行源头的货币。（　）
9. 物物交换在很大程度上提升了社会分工的效率。（　）
10. 货币发行权是一个国家行使主权的一个很重要的标志。（　）

二、选择题

1. 1999年的诺贝尔经济学奖得主、"欧元之父"蒙代尔提出的（　　）是欧元的理论基础。
   A. 最优货币区理论　　　　B. 货币需求理论
   C. 货币供给理论　　　　　D. 货币中性理论

2. 在 Mondex 实验中，下列无法为其充值的方式是（　　）。
   A. 现金　　　　　　　　　B. 电话
   C. 虚拟货币　　　　　　　D. ATM 机

3. 下列不属于去中心化的媒体是（　　）。
   A. 新浪微博　　　　　　　B. 搜狐门户
   C. QQ　　　　　　　　　　D. 微信

4. 下列不属于超主权货币的是（　　）。
   A. 欧元　　　　　　　　　B. 黄金
   C. 人民币　　　　　　　　D. 白银

5. 下列不属于贵金属货币的缺陷的是（　　）。
   A. 易磨损　　　　　　　　B. 携带不方便
   C. 供给缺乏弹性　　　　　D. 价值有限

6. 下列属于比特币的优点的是（　　）。
   A. 交易成本几乎为零　　　B. 交易确认时间长
   C. 价格弹性大　　　　　　D. 普及阻力大

7. 以下国家不属于金砖国家的是（　　）。
   A. 俄罗斯　　　　　　　　B. 巴西
   C. 哈萨克斯坦　　　　　　D. 印度

8. 以下不是货币的基本职能的是（　　）。
   A. 价值尺度　　　　　　　B. 交换媒介
   C. 行使主权　　　　　　　D. 价值储藏

9. 以下不属于比特币与传统货币区别的是（　　）。
   A. 货币发行　　　　　　　B. 价值储藏
   C. 风险控制　　　　　　　D. 监管

10. 不属于货币被制造出来的原因是（　　）。
    A. 简化交易流程　　　　　B. 提高交易效率
    C. 产生交易障碍　　　　　D. 拓宽交易边界

三、材料分析题

2021年9月10日，在"2021中国（北京）数字金融论坛"上，中国人民银行数字货币研究所与丽泽金融商务区共同设立的国家数字金融技术检测中心正式揭牌。

据悉，未来国家数字金融技术检测中心将通过整合技术资源优势，不断强化技术研发投入，推进创新科技成果在北京市丰台区落地转化，打造数字货币技术和应用生态圈。2020年9月，国务院曾发布《中国（北京）自由贸易试验区总体方案》。文章提出，支持数研所设立金融科技中心，建设法定数字货币试验区和数字金融体系，依托人民银行贸易金融区块链平台，形成贸易金融区块链标准体系，加强监管创新。国家数字金融技术检测中心的正式揭牌标志着方案的落地，而且未来随着数字人民币产业的推进，将会涉及诸多软硬件的标准检测和认证工作，检测中心或在其中担任重要角色。

（资料来源：https://www.sohu.com/a/489584379_223323，有删改）

2021年11月3日，在2021年香港金融科技周上，央行数字货币研究所所长穆长春透露，截至2021年10月22日，已经开立数字人民币个人钱包1.4亿个，企业钱包1000万个，累计交易笔数达到1.5亿，交易额接近620亿元。目前，有155万商户支持数字人民币钱包，涵盖公共事业、餐饮服务、交通出行、购物和政务等各个方面。2021年7月《中国数字人民币的研发进展白皮书》显示，截至2021年6月30日，数字人民币试点场景已超132万个，覆盖生活缴费、餐饮服务、交通出行、购物消费、政务服务等领域。开设个人钱包2087万余个，对公钱包351万余个，累计交易笔数7075万余笔，金额约345亿元。

随着数字货币的不断发展，各地陆续出现了多起数字人民币诈骗洗钱案例，案件普遍通过"冒充公检法""网贷影响征信""网购返现"等手段骗取消费者的信任，要求消费者提供银行卡号、密码等个人信息，甚至将人脸信息、手机验证码通过"屏幕共享"提供给犯罪分子。最终，犯罪分子通过替用户开通多个数字人民币钱包的方式将资金转走。

（资料来源：https://www.ifnews.com/news.html?aid=251905，有删改）

思考并讨论，完成以下题目：

1. 结合案例，谈谈央行不断投入研发的数字货币本质是什么，有什么特点。
2. 结合案例，谈谈央行投入研发数字货币需要注意哪些问题。

参考答案

一、判断题

1~5 √ √ × × √

6~10 × √ √ × √

二、选择题

1~5 ACBCD

6~10 ACCBC

三、案例题

1. 央行发行的数字货币，属于法定数字货币，是由国家信用背书，由央行发行的数字化形态的法定货币，在法定地位上和功能上与纸钞完全相同，是人民币的数字化形式。

特点：

（1）数字货币在使用上具有便捷性、高效性，不依赖网络。

（2）发行成本低，并且通过发行数字货币国家可以精准地计算出市场中流通的货币总量，从而精准测量货币发行量，避免货币发行量过大，造成货币通胀。

（3）在金融监管方面，数字人民币在零售端试点全面推广后将成为承载交易数据和信息的核心金融基础设施，也将为监管部门提供消费金融、反洗钱监管等基础数据，有利于金融监管，保障金融和经济体系稳定发展。

（4）数字人民币可以成为促进人民币国际化和金融全球化的国际金融基础设施，为人民币国际化提供动力和机会。

2. 问题：

（1）目前，数字货币还在探索过程中，在技术、制度安全上还不够成熟，研发投入成本较高。

（2）数字货币的不透明性可能增加洗钱和非法融资等犯罪行为发生的概率。

（3）在推广阶段，容易导致以数字货币为由头的诈骗；在使用过程中，数字货币基于NFC创新性地实现了双离线支付，存在盗刷风险，容易给消费者财产造成损失。

第 3 章

银行的互联网化

¥ 知识目标

（1）了解银行业的互联网化历程。
（2）掌握电话银行、自助银行、网络银行和手机银行的特点。
（3）理解网络银行对银行竞争格局的影响。
（4）理解互联网金融对传统银行的冲击。

¥ 素质目标

树立维护国家金融安全、遵纪守法的意识。

案例导入

商业银行互联网贷款的3种模式

近年来，商业银行互联网贷款（数字贷款）利用金融与科技充分融合的契机，实现贷款市场快速增长。各类银行以不同方式，不同程度地开展了互联网贷款业务。与传统线下贷款相比，互联网贷款有很多优点，如依托大数据和模型进行风险评估、全流程线上自动运作、提供急速审批放款的客户体验等，在提高贷款效率、拓宽金融客户覆盖面等方面发挥了巨大作用。与此同时，互联网贷款业务也暴露出一些问题，如风险管理不审慎、金融消费者保护不充分、资金用途监测不到位等。

为促进互联网贷款业务规范发展，相关监管政策也加快落地，尤其是2020年7月17日由中国银行保险监督管理委员会通过的《商业银行互联网贷款管理暂行办法》施行，这将促进中国数字贷款与数字金融的健康可持续发展。

从商业模式上看，银行互联网贷款主要有3种模式：银行自营模式、助贷模式及联合贷款模式。

自营模式

自营模式的主要特点是银行自主经营品牌产品，利用自己的线上渠道服务银行自有客户。银行根据自己存量的客户信息，选择优质的客户放贷。常见的产品类型有各类银行的公积金贷款、各类税务贷以及各类银行主导的场景贷款等。

助贷模式

助贷模式的特点是第三方机构发挥自身场景、数据及科技的优势，帮助银行改善客户筛选、信用评估、风险管控、贷款催收等流程。从银行角度和客户角度分别来看，一方面助贷机构帮助银行获得客户，解决了银行与客户信息不对称的问题；另一方面，助贷机构帮助客户从多个资金方中找到符合客户风险特征的资金。

联合贷款模式

联合贷款是指银行以及有贷款资质的机构，按约定比例出资共同发放贷款。联合贷款模式的特点：一是独立风险控制，即核心风险控制环节不得外包，银行应当独立对所出资的贷款进行风险评估和授信审批；二是遵守跨区经营限制的规定；三是要有限额管理和比例管理。

（资料来源：http://ep.chinanshw.cn/content/2020-09/22/009412.html，有删改）

3.1 电子银行

3.1.1 银行的电子化

根据电子银行的发展历程，可以将电子银行分为电话银行、自助银行、网络银行、手机银行等不同的形式。随着新媒体的出现，更多形式的电子银行不断涌现，它们利用不同的接入手段来为客户提供金融服务，这种电子化的形式能够让客户以更加便利的方式处理其金融业务。

电子银行是指利用计算机技术、网络通信技术和机电一体化技术，借助相关设备为客户提供方便快捷的金融服务的系统或者设施，包括电话银行、电视银行、手机信使、网络银行、手机银行、自助设备等，例如 ATM 机、POS 机都可以被统称为电子银行。也就是说，电子银行是一种基于电子商务平台或银行网上支付系统来提供网上金融服务的系统。用户通过不同的接入方式，如可以通过特定的网络、互联网、移动互联网等来实现银行账户的查询、转账、银企兑账、银企转账等业务，电子银行也能够借此为用户提供相应的理财服务。

不同形式的电子银行其实都是借助某种接入方式来为客户提供相应金融服务的，目的是减轻银行营业部柜台的工作压力，并且为客户提供更方便的金融服务。

3.1.2 从传统银行到电子银行

电子银行的产生借助于金融的电子化，也就是说，银行系统利用信息技术、计算机技术、网络技术等来进行内部的业务处理，例如银行记账和报表业务的电子化。随后，电子资金转账系统（Electronic Funds Transfer System，EFTS）的出现实现了支付手段和资金转移的电子化。接着，基于电子化的设备能够为客户提供更多的金融服务，如 ATM 机、POS 机等。可以说，电子银行是传统银行发展到信息时代的产物，根据它在不同阶段所利用的技术，分别展现出不同的形式。从最早的电话银行到自助银行，再到网上银行和手机银行，也许以后还会出现更多形式的电子银行，比如将智能手表接入网络形成手表银行等，总而言之，电子银行的发展是与银行的电子化过程密切相关的。

银行的电子化过程始于银行内部系统的电子化，包括记账等简单的金融业务的电子化，这在国内发生于二十世纪八九十年代。之后逐渐出现了自助银行与金融管理的各个系统，各银行内部联网，以及跨行业务系统的联网，随后便出现了电话银行——银行通过电话的接入为客户提供信息查询、密码更改等金融服务。接着，互联网时代的到来带来了网络银行，智能手机的普及又催生出移动互联网，现在的人们可以很方便地利用手机来进行金融业务的处理。

3.1.3 电子银行对银行业的影响

电子银行的出现使得整个银行业的业务处理变得更加便利，同时也为客户带来了方便快捷的金融服务，突破了传统金融服务在时间、空间以及形式上的限制，也就是所谓的 3A 服务——任何时间（Anytime）、任何地点（Anywhere）、任何方式（Anyway）。无论是网络银行还是手机银行，其功能都非常丰富，可以说几乎囊括了传统银行柜台和银行系统中的常见业务。除不能在网络银行和手机银行进行存款和取款业务之外，大部分业务都可以在互联网上通过网络银行或者手机银行来进行操作，而且操作较简单，也很方便和快捷，银行客户实现了轻松理财。电子银行降低了整个银行业的成本，因此使用电子银行的费用通常也会更加少，例如，客户通过网络银行或者手机银行等进行汇款、跨行转账等业务处理，其相关手续费会便宜很多，甚至是免手续费的。另外，电子银行在风险方面实际上是比较容易得到控制的，较好的风险可控性也保障了金融服务的安全和高效。

电子银行越来越受到各传统银行的重视，主要是因为它在客户的业务办理上提供了更加方便的途径，同时对银行来讲，它带来了很大程度上的时效性改进。从银行角度来说，电子银行的优势主要体现在4个方面：第一，电子银行降低了传统银行的经营成本，因为电子银行可以分流大量的客户，这些客户不需要再去银行的实体营业部或者柜台排队办理业务，这使得银行能够在一定程度上减少营业部办公面积、缩短营业时间、降低柜员的劳动强度等，也就为银行降低了许多经营成本；第二，电子银行在分流柜台业务的同时，缓解了柜员的工作压力，提高了其服务的效率；第三，电子银行拉近了客户与银行之间的关系，使得营销更加快捷；第四，电子银行能够用更低的成本去开拓新业务，例如，银行借助网络银行或者手机银行开办理财产品、金融产品、金融业务等，同时也增加了相应的业务收入。以上是电子银行给整个银行业带来的益处，因此各银行对电子银行的建设给予了高度重视，希望借助电子渠道来为客户提供更好的金融服务。

3.2 电话银行

3.2.1 电话银行的概念

电话银行是指使用电话集成技术，利用电话自助语音或人工服务的方式为客户提供账户信息查询、转账汇款、缴费支付、投资理财等金融服务的电子银行业务。也就是说，电话银行的核心是客户通过打电话的方式接入银行，相当于接入银行的客服中心，客户在拨打客服电话的时候会收到相应的语音提示，这些语音提示会引导客户去办理相应的业务。

由于电话银行的安全性难以保障，所以现在各银行的电话银行业务已经做了很大程度上的精简，基本只包括账户查询、挂失、修改服务密码等简单的金融服务。之前，客户是可以通过电话银行来办理支付、转账等业务的，目前各银行对电话银行的支付、转账业务进行了封闭，或者是将转账金额降到了很低的水平。

3.2.2 电话银行系统

现在的电话银行系统是以与客户服务电话一体的方式存在的，一般情况下电话银行是由银行的综合业务系统，也就是后台进行处理的，另外还包含语音应答设备和公用电话网。也就是说，电话银行系统是由银行综合业务系统、语音应答设备和公用电话网3部分组成的。

目前，大部分电话银行指的是客户服务电话，比如中国工商银行的客户服务电话是95588、中国建设银行的客户服务电话是95533，银行专用的客服会设置相应的业务入口，提供相应的金融服务。

3.2.3 电话银行的工作方式

从电话银行的发展历程看，其工作方式大致可分为 3 种。第一种是全自动电话银行，从电话输入到系统自动完成，客户根据电话的提示去进行相应的业务办理；第二种是半自动电话银行，在交易较复杂的情况下会采取这种方式，这种方式需要人工客服介入去核实相应的材料；第三种是手工操作电话银行，有些金融业务还未应用计算机技术，因此需要完全的手工操作。

目前，全自动电话银行是最为常见的电话银行工作方式，只有当客户有需要转入人工服务的时候才会有人工客服的介入，一般情况下客户都是借助语音提示来进行相应的业务操作。

3.2.4 电话银行的局限性

电话银行的功能大致可以分为 3 种，包括简单的信息查询（如账户密码的修改、账户挂失、利率查询等）、独立的应用系统服务（如信用卡授权等）和跨应用的系统服务（如外汇买卖等）。现在各银行很少开设跨应用的系统服务，因为电话银行最大的问题就是其安全性难以保障，账号和密码利用电话语音的方式进行输入很容易被截获。

现在的电话银行通常与呼叫中心合为一体，银行通过呼叫中心为客户提供其需要的服务，因此目前电话银行的功能是比较简单的。

3.3 自助银行

3.3.1 自助银行的概念

自助银行是指让银行以自动的形式去办理传统网点的柜台作业交易的系统，例如存兑机、ATM 机（包括手持 ATM 机等）、多媒体服务机、夜间库房等自动化银行金融设备。为了使客户能够更加方便、独立地办理银行业务，自助银行被以某种设备的形式设置在银行附近或是某一个独立的空间中，客户可以通过这些设备自助办理相关的金融业务。ATM 机是目前较常见的自助银行设备，它可提供存款、取款、理财、转账、查询、修改密码等服务，还有一些用于专门业务的自助银行如自助查询机，可实现除现金交易以外的自助服务，包括存折补登、交易明细打印、代缴费等。

银行在其营业网点或营业网点附近一般都会设置自助银行设备，以便为客户提供自助服务。但自助银行与电话银行是有区别的，在客户使用自助银行进行业务处理的过程中，该金融业务完全是通过银行的设备进行的，并且是在银行的系统内完成的；而电话银行的接入需要客户拨打客服电话进入银行系统，因此电话银行的接入跨越了两个网络。自助银行的业务处理只通过银行自有的金融网络来完成，即使是跨行的业务处理也是在一个金融通信网中进行相关的金融数据的传输。

3.3.2 自助银行的业务分类

自助银行的业务一般可以分为 4 类。

交易服务类：提供传统的银行业务，如存款、取款等。

销售交易类：如信用卡授权、IC 卡圈存等。

客户服务类：提供理财服务，如公用事业缴费等。

信息咨询类：提供金融信息咨询服务，如金融市场行情、利率查询等。

3.3.3 自助银行系统

自助银行系统一般可以分为 3 部分。

处理系统：负责银行主机与通信媒介间的数据传输，并且对所有的自助设备进行统一的管理。

自助终端：各种自助银行设备，包括自动柜员机、自动出纳机、现金存款机、外币兑换机等。

安全保护设备：门禁系统和监控报警系统，用来保护银行资金和设备的安全，以及用户的人身和财产安全。

3.4 网络银行

3.4.1 网络银行的概念

互联网的普及为客户带来了新的银行接入方式，网络银行也被称为网上银行，简称"网银"。网络银行是指银行通过互联网向客户提供各种金融服务，是一种全新的银行客户服务提交渠道。网络银行是金融产业与现代网络信息技术相结合而进行金融创新的产物，是金融业的重要组成部分，是新兴网络产业的重要组成部分，是电子商务的关键与核心。

在互联网进入商业应用之后，网络银行为客户提供了一种新的服务接入通道，客户能够通过互联网办理传统的银行柜台业务，网络银行的出现推进了银行业多方面的改进。

3.4.2 分支行网络银行与纯网络银行

网络银行可以分为分支行网络银行和纯网络银行。

分支行网络银行是现有的传统银行设立的网络银行，利用互联网开发网上业务来突破传统银行的地域限制。分支行网络银行是作为传统银行的补充而存在的，相当于银行开设的营业网点，把互联网作为一种网点的接入方式，银行也能够通过互联网来为客户提供更好的服务。

各银行一直都在不断地改进自己的网络银行模式，例如光大银行在 2012 年就推出了网上的虚拟营业部，并且增设了自助银行设备，客户能够在银行通过这些设备办理相应的金融业务。经过几年的发展，新业务不断涌现，出现了智慧银行，其在本质上是对2012年推出的网上虚拟营业部的进一步改进，但智慧银行代表了今后银行业发展的一种趋势，也许未来的自助银行能够以虚拟营业厅的模式存在。

另一种网络银行方式是纯网络银行。纯网络银行是只有一个站点的银行，这类银行只有一个办公地址，不设立分支机构，没有实体营业网点的依托，几乎所有的业务都是通过网络进行的。纯网络银行是银行办理相关金融业务、金融服务的唯一途径，它没有传统的物理机构、分支机构，也没有其他的营业部或实体的营业网点，所有的业务都是通过互联网来办理的。世界上第一家网络银行是1995年创立的美国安全第一网络银行，它以一种纯虚拟银行的方式存在，没有物理的营业网点。

纯网络银行的业务特点与传统银行有很大区别，一般情况下，纯网络银行的资金运作渠道较少，因为受到营业网点和营业人员的限制，其业务发展完全依赖网络。这种完全依赖网络的方式既有优势也有劣势，优势在于业务的灵活性，这也是2013年互联网金融出现的一个特征；劣势在于没有办法跟客户进行充分的面对面交流，难以解决信息不对称的问题，另外，纯网络银行信息的真实性难以保证，给银行监管出了难题。

我国的第一家网络银行微众银行创立于2014年，它办理了国内网络银行史上的第一笔业务。其业务流程较简单，通过互联网将客户的身份数据与公安机关给的信息进行自动比对，然后接入中国人民银行的征信系统读取该客户的征信信息，同时通过网络银行自身的大数据、社交媒体大数据、购物网站交易信息等进行客户信用评定。纯网络银行的优点在于，从客户的角度来讲，客户能够不受时间和空间的限制办理业务；从银行的角度来讲，银行能够将成本大幅度降低。

3.4.3 网络银行系统

网络银行一般采用客户、网络银行中心和后台业务系统所组成的3层体系结构，功能模块主要有信息服务功能、客户服务功能、账务查询功能和网络支付功能。客户通过银行网站或客户端向网络银行提出相应的服务请求，网络银行同时面向互联网和银行的业务处理网络，该业务处理网络是网络银行的主业务系统，也可以称之为后台系统，它处于银行的内网。除了之前提到的功能模块，客户还可以借助网络银行进行网络理财，例如买卖理财产品、网络基金、网络证券等，银行可以在网络银行中实现与客户的对接。

从网络银行的整体软件架构来看，可以将其分为2个部分。一是客户端，用户能够通过互联网在网络银行客户端上进行浏览及业务操作；二是服务器端，主要是指用户通过互联网在网络银行网站上提交请求，该请求随后被转交给银行的后台业务系统由其进行相应的操作，这样一来银行就能够将各种功能的接口提供给用户，满足用户对安全性、可扩展性及可靠性等方面的要求。

网络银行系统的核心部分是对用户身份的认证，例如用户在登录网络银行的时候只需要输入个人账号和密码，但在进一步办理某些更具体的业务的时候就需要用户的数字证书，数字证书存储在 USB 中，是网络银行采取的安全措施之一。一般情况下，银行在用户开设网络银行账号的时候会提供多种验证用户身份的方式，最安全的方式就是 USB 型的数字证书，比如工商银行的 U 盾。只有通过数字证书验证了用户的身份，用户才能够进一步处理相关的业务。

3.4.4 网络银行的优势及其业务创新与影响

1. 网络银行的优势

虽然网络银行在刚刚出现的时候只是作为传统银行的补充而存在的，但相比传统银行，网络银行确实具备很多意想不到的优势。首先，网络银行能够通过虚拟数字网络为客户提供 3A 服务；其次，网络银行使得传统银行转变了以营业网点为主体的经营理念，它更加重视客户的个性化需求以及以人为本的经营理念；另外，网络银行具备低成本和低价格的优势。

2. 网络银行的基本业务

网络银行的基本业务包括 5 个方面。第一，基本网络银行服务，如查询账户余额、交易记录等；第二，个人理财服务，如提供理财解决方案、咨询建议等；第三，企业银行，它比个人客户的服务品种更多，技术更为复杂，大大改善了银行的对公业务；第四，网上购物，为客户提供优质的金融服务等；第五，网上投资，如股票、期权等。

3. 网络银行对传统银行的影响

网络银行的产生使得传统银行的经营环境发生了变化，传统银行以营业网点为优势，它代表着银行的实力，这方面已经被网络银行慢慢弱化了。而且，网络银行能够不断拓宽传统银行的业务，为传统银行业营销水平的提高带来了很大便利。另外，网络银行给传统银行的经营理念、经营方式、业务内容、运营机制等都带来了很大的改变，这使得传统银行面临许多严峻的挑战。网络银行的开设使得各银行大幅度减少了柜员人数，这意味着柜员在劳动强度、工作效率等方面有了很大程度的改善。

随着信息技术的发展和网民规模的扩大，网络银行的交易额也呈逐年上升的趋势。2009 年的网络银行交易额为 404.88 万亿元，2014 年的网络银行交易额就达到了 1248.93 万亿元，2020 年的网络银行交易额是 1818.19 万亿元，2021 年，网络银行支付业务达到 1022.78 亿笔，交易额达到 2353.96 万亿元。网络银行交易额现在依然处于稳定增长的态势，尤其是在手机银行出现之后，其增长更加明显。

4. 网络银行给社会经济带来的变化

网络银行对整个社会经济也产生了很大的影响，这些影响主要体现在 3 个方面。

（1）网络银行促进了商务创新。网络银行除了促进营销结构、营销方式的创新，还促进了结算方式的创新，虽然网络银行只是电子商务众多支付方式中的一种，但它通常是更加安全、更加完善的。网络银行结算方式能够将交易额精确到很小的单位，这在传统的结算方式中是难以实现的，而且，由于网络银行依附信息技术、计算机技术等，它能够自动完成结算。

（2）网络银行推动了经济活动的虚拟化。网络银行促进了以虚拟空间为基础的虚拟公司的发展，当虚拟的经济活动得到普及并被社会广泛接受时，将形成虚拟的社会经济形态。

（3）网络银行使基础货币虚拟化成为可能。电子货币的流通应用将促进虚拟空间经济活动的进一步发展，并加深人们对其的信任程度，从而使电子货币逐步脱离与实体货币的联系，增加成为独立货币的可能性。也就是说，网络银行使得我们的基础货币转变为数字货币或虚拟货币，也许在未来会出现无现金社会，所有的纸质现金完全被电子货币取代。

3.4.5 银行的同质化及渠道竞争格局

网络银行的出现使得银行渠道由小变大，给小银行带来了抗衡大银行的希望。

1. 银行的同质化问题

随着金融改革步伐的加快，银行之间的竞争也渐趋白热化。在银行机构种类日益增多的背景下，银行同质化竞争也愈演愈烈。银行的同质化问题主要体现在以下3个方面。

（1）市场定位同质化。金融业务服务已经渗透到工业、农业、科技、教育等众多领域，银行提供服务的对象越来越多，涉及的行业也越来越广。大部分商业银行虽然在目标客户群体上的定位是中高端客户或小微企业等，但在开展实际业务时，定位是模糊的，涉足行业广泛但缺乏深入，由此造成了大量银行在相同领域激烈竞争的市场局面，这加速了成本损耗，且造成了资源浪费。尤其对于众多中小型商业银行来讲，其由于在成立与发展之初以大型商业银行为经营管理模板，因此在服务领域上与大型商业银行存在大量雷同，而且中小型银行缺乏资金、技术等有力的竞争优势，难以在与大型商业银行的市场竞争中取得优势。

（2）地域发展同质化。大型商业银行拥有资本优势与政策支持，在全国重点城市及经济发达地区广泛分布网点，不断扩大覆盖面与业务范围，但不少以服务地方经济发展为初衷的中小型商业银行也盲目跟进，在增加本地网点的基础上，大力扩张异地金融市场。

（3）金融产品同质化。"利""宝""发""丰""赢"等字眼被频繁使用于金融产品名称中，抛开名称的雷同，实际产品的功能、流程、服务、收益方式也大体相似，大量同质化的产品使客户感到麻木，难以树立产品品牌。基金公司、保险公司、证券公司等金融中介也相继推出各类针对不同客户群体的金融理财产品，这就造成金融产品品类繁多、市场混乱的局面，商业银行的核心竞争力难以提升。因此，金融产品发行泛滥、雷同、缺乏特色等亦成为阻碍金融业发展的问题之一。

2. 银行的渠道竞争格局

银行是依靠各种渠道为客户提供金融产品和服务的营利性机构，因此，渠道的数量、运作效率及其整合运用日渐成为银行的核心竞争力之一，"得渠道者得天下"，在同质化问题日益严重的情况下更是如此。

银行的传统渠道大多是物理网点，增设物理网点一直是国内银行进行规模扩张的主要手段。从 2008 年到 2013 年，虽然受到监管的严格限制，但国内银行的物理网点总量仍然以每年接近 4% 的速度稳步增长，5 年共新增了近 2.2 万个银行网点。截至 2022 年 6 月末，全国银行网点数量已达到 223383 个。

银行试图通过铺设大量的网点来扩大自己的渠道，以在同质化的竞争中获胜。但铺设网点的成本是巨大的，小银行受客观条件的制约根本无法承担，因此大银行在传统渠道竞争格局中处于上风，小银行难以与之抗衡。

3.4.6 从电子化到与互联网的结合

网络银行的出现给小银行带来了希望，不仅扩大了小银行的银行渠道，也改变了小银行的竞争格局。

1. 传统银行的电子化进程

在经历了业务处理电子化、经营管理电子化、银行再造 3 个阶段后，网络银行才得以产生。

在业务处理电子化阶段，银行主要运用信息通信技术辅助和支持业务发展，比如数据保存、财务集中处理等，主要实现了办公室自动化，即由手工操作向计算机处理转变，但因为当时的信息通信技术还不够发达，银行信息系统分散而封闭。

在经营管理电子化阶段，信息技术的快速发展与成本的大幅度降低为银行广泛应用网络信息技术提供了有利的条件。银行在这一阶段实现了联网实时交易，同时内部网络的电子银行开始兴起，出现了 POS 机、ATM 机等。

在银行再造阶段，随着美国安全第一网络银行的诞生，逐渐出现了网络银行、电话银行、手机银行和电视银行等新型服务渠道，客户能够在任何时间、任何地点，以任何方式获得银行服务。这一阶段的创新使银行业务发生了革命性变革，突破了银行、保险、证券之间的分业限制，使得金融业不断融合。

2. SFNB——世界上第一家纯网络银行

1995 年 10 月，世界上第一家纯网络银行——美国安全第一网络银行正式宣布成立。SFNB 是一家真正意义上的网络银行，它脱离传统物理介质的实体银行模式，完全依赖网络进行运营。客户不会受到空间或时间的限制，只要能拥有相应的网络账号并登录其网站便能享受其便捷、高质量的服务。

SFNB 通过电子邮件、电话等渠道接收客户请求，为客户提供便捷、优惠、安全的服务，其在经营中处处以客户为中心，提供一系列优惠、方便的服务，其业务涵盖了电子账单支付、利息支票业务、基本储蓄业务、信用卡、回报性项目等。

SFNB 一直致力于开发新的电子金融服务，不仅提供传统银行业务，还不断在新形势下推出方便客户的网络金融产品，以满足客户的多样化需求。SFNB 的经营理念是网络银行可以并且应该取代传统银行，这是社会发展的必然。SFNB 代表着网络银行的一种全方位发展模式。

SFNB 是一位勇敢的"探路者",但由于当时的环境和条件还不成熟,后来随着互联网泡沫破灭,再加上经营方面存在问题,SFNB 一直未盈利,1998 年加拿大皇家银行将其收入麾下。

3.4.7 网络银行打破银行的竞争格局

1. 网络银行对银行业的影响

传统银行大多从规模经济和范围经济的角度出发,以实现"以量胜出"的"产品或市场核心主义"。长期以来,中小型商业银行由于客观条件的制约,物理网点少、优良客户资源少成为限制其业务快速发展的因素。

网络银行的经营同样离不开规模经济和范围经济的理论基础,但更为重要的是它实现"以质胜出"的"客户核心主义"。如果说在传统银行中存在规模经济的现象,那么在网络银行中,规模不同的大中小银行在理论上是可以并存的,大银行无法利用其规模经济的优势来降低长期成本,因此也无法借用规模经济达到将中小银行排挤出该行业的目的。在网络经济时代,从理论上讲,各类不同规模的网络银行在网络上均是平等的,小银行可以迅速壮大,跨国经营也不再是大银行的专利。这意味着,在互联网环境下的网络经济中,竞争规则是"快鱼吃慢鱼",而不再是传统的"大鱼吃小鱼"。这给中小银行带来了良好的发展机遇,也使大银行不能自恃其规模而忽视创新。

因此,大力发展电子服务渠道,实现不同服务渠道的优势互补,不断增强和创新客户服务功能,提高客户服务的质量和水平,建立"小银行大网络"的金融服务发展模式,已成为中小银行持续发展的战略选择。

2. 网络银行的定位

一开始,人们将网络银行看作是低成本的渠道,一直到电子渠道替代率超过 80% 的时候,人们才开始思考:网络银行究竟是什么?目前有三种不同的意见。第一种意见认为,网络银行是渠道,能够将银行的传统业务分流出去;第二种意见认为,网络银行是服务,银行通过提供这种服务来提高自身的附加价值;第三种意见认为,网络银行是产品,是银行开发出来的一种新产品。

3.5 手机银行

3.5.1 智能终端里的移动银行

随着网络银行进一步发展,手机银行就出现了。手机银行通过智能移动电话或其他智能终端办理相关的银行业务,是基于移动通信网络平台开发的一项创新业务,是电子银行和移动通信技术相结合的产物,手机银行也被称为移动银行。

手机银行的特点是利用移动通信的网络平台将用户的手机和银行的信息系统进行对接。也就是说，用户能够通过手机进入自己的账户，并进行相应的查询，本质上来说，手机银行与网络银行相比，仅是在接入方式上进行了创新。手机银行通过移动通信网络接入到互联网，来为客户提供相应的金融服务。也许未来还会出现更多的新媒介或新的介入方式，比如电视银行、手表银行等。

手机银行的最大优点是用户可以用碎片化的时间在各种地点进行操作，享受金融服务，用户不需要花费大段时间来处理业务，比如某用户走在路上突然想起有一笔账要转，那么就停下来一两分钟用手机处理即可。这意味着手机银行延长了传统银行的服务时间，扩大了服务范围。另一方面，手机银行能够极大地降低网点建设成本和部分处理小额费用的成本，使得银行能够更好地为较偏远、收入较低的人群提供服务。

3.5.2 从短信指令到银行客户端

手机银行的发展是从手机的出现开始的，尤其智能手机的出现推动了手机银行的快速发展，手机银行的发展经历了3个阶段。第一个阶段是短信银行阶段，客户通过短信指令办理业务，其相应的服务请求是通过短信的形式进行传输的；第二个阶段是WAP银行阶段，客户通过手机浏览网页进行操作；第三个阶段是网络客户端阶段，客户直接通过客户端进行操作，目前的手机银行基本上都是以手机客户端的形式来为客户提供相应服务的。

手机银行还有其他不同的分类标准，每一种分类都是依据某一属性来进行的。按照业务功能的不同，手机银行可以被分为简单信息型和复杂交易型；按照所采用技术的不同，手机银行可以被分为短消息服务型和无线应用协议型；按照市场推广主体的不同，手机银行可以被分为银行的"手机银行"、移动运营商的"手机银行"和手机制造商的"手机银行"。

3.5.3 快速发展的手机银行

手机银行处在一个快速发展的阶段，从长远来看，手机银行的发展主要会出现以下4种趋势。

新移动通信技术对移动银行业务的影响加深。客户能够利用碎片化的时间在任意地点处理金融业务，如此一来，移动银行业务将会受到很大的影响，银行的业务需要在很短的时间内吸引到客户。

移动应用发展具有梯度。移动银行将会出现多梯度的、不同层次的应用，如高端应用、普通服务等层次。

银行在移动银行业务中的位置越来越重要。手机银行共包含3种运营模式，第一种是以移动运营商为运营主体的移动银行，第二种是以银行为运营主体的移动银行，第三种是以第三方为运营主体的移动银行。其中，手机银行由银行来运营的模式变得越来越突出，这也是近几年手机银行快速发展的重要原因之一。手机银行在最早出现的时候是以移动运营商与银行合作的模式来开展的，也就是说，移动运营商在那个时候是占据主导地位的，但随着 4G、5G 时代的发展，移动通信的运营商逐渐蜕变为渠道的提供方，运营商仅仅提供通信的渠道，就好比高速公路只是提供一条道路，在上面跑什么车就是客户的个人问题了，所以这种方式就使得银行在整个移动银行、手机银行的发展中占据越来越重要的地位。

移动银行业务发展的环境越来越成熟。随着移动技术的发展，手机银行的业务环境也会变得越来越成熟。

综上，银行的互联网化从电话银行、自助银行、网络银行发展到手机银行，从本质上来讲，它们仅仅是在接入银行业务的方式上采取了不同的形式，由此演变成为不同的银行。或许以后还会出现其他形式的银行接入方式，比如汽车银行等，只要有新技术的加入，就会不断涌现新业务、新渠道、新媒介和新的银行形式，这些必然会给金融服务带来更大的影响。

3.6 互联网金融对传统银行的冲击

3.6.1 互联网企业进军金融行业——以余额宝为例

前面说到的网络银行，其实只是传统银行的互联网化，是传统银行的延伸，而新兴的互联网金融则是对传统金融的颠覆。当大银行凭借铺设网点来拓展大渠道、小银行凭借网络银行创新来拓展小渠道的时候，另一只"手"悄悄地伸了过来——互联网企业强势进军金融领域。

本部分以蚂蚁金融服务集团的余额宝为例，来对网络金融进行讲解。前文提到的 SFNB 没有成功，原因之一是它没有做好铺垫，而阿里巴巴是在支付宝的铺垫下，转而发展了余额宝业务。

支付宝刚刚出现的时候，被认为是阿里巴巴为淘宝买家与卖家提供的以保障支付便利、担保交易的平台。它开创了一种担保交易模式，但这种模式引发了一个问题：支付宝上存在大量的沉淀资金。有人担心支付宝会擅自动用账面上的沉淀资金，一旦这种情况发生，就相当于多出几千亿的无期贷款，这是金融监管所禁止的；另一方面，一旦出现金融风险也无人担责。但如果将这些资金冻结起来，其利用率之低又不利于银行业发展。于是，支付宝就金融创新了一把，推出了基于支付宝账户的"余额宝"功能，客户能够将支付宝账户中的资金转入余额宝，这相当于购买了"天弘增利宝货币"的货币基金。余额宝实现了 SFNB 想做而没有做成的东西，它的出现对银行的存贷业务造成了一定程度的影响。此时的互联网企业，也成了网络银行的竞争对手。

3.6.2 互联网企业进入金融行业的背景与优势

本部分先从环境和动机角度来讲述互联网企业进入金融行业的背景，进而对互联网企业在金融领域的发展优势进行分析。

1. 互联网企业进入金融行业的背景

一方面是环境。硬件技术及软件程序应用逐步完善，网络智能化水平不断提高，应用技术趋于多元化、个性化，人机互动取得了巨大进展，界面设计及通信软件智能化，以上种种均为以互联网为平台的业务的开展提供了基础和广阔的空间。

另一方面是动机。互联网企业有庞大的客户群，这为现代市场营销创造了广泛的客户基础。以腾讯公司为例，腾讯公司以其优质、专业化的服务不断膨胀用户群，但同时也因战略性的盈利模式成为行业公敌。庞大的客户基础和同行间日益激烈的竞争直接促使腾讯公司向更高利润的行业延伸。高利润的金融业成为腾讯公司等互联网企业的必争高地。

2. 互联网企业在金融领域的发展优势

首先是低成本优势。传统银行在贷款业务中需要进行信息的收集与处理，这部分工作包括贷前调查、贷款审查及贷后检查，传统银行以此来控制贷款业务中因信息不对称及道德风险造成的坏账问题。相比于传统银行，互联网企业作为信息集中的终端，可以利用其自身信息集中的优势，通过多元信息渠道及时迅捷地获取信息，互联网企业在信息采集与处理上的成本远低于传统银行。

其次，互联网企业能够专注小微企业融资，补充银行业的不足。传统的银行业更倾向于向大规模、高信用的企业提供贷款，但由于政策尚不完善、企业信用难以落实，以及企业自身的资产实力限制，小微企业融资难。互联网企业能够利用其数据化的信息处理方法，建立强而有效的风险防范机制，低成本地实时关注小微企业的发展情况，弥补银行业的空缺。

3.6.3 互联网金融对传统银行的影响

互联网金融脱胎于信息化革命与大数据时代，其本质是"去中介、去中心"与"扁平化、轻资产"。从实践来看，互联网金融通过对市场、用户、产品、价值链的逐步重构，其开放、互动的特征正在改变传统银行产业链的全貌。互联网金融对传统银行的影响主要体现在以下4个方面。

1. 传统银行的客户资源受到威胁

客户是传统银行开展各项业务活动的基础，互联网金融利用自身优势能够快速拓展其客户基础，一方面能做到挖掘和吸引新客户，另一方面又能增加客户黏合度，进一步加深与客户之间的合作关系。例如，个人对个人的小额贷款业务，也就是P2P融资模式，实现了民间融资的阳光化，同时也降低了民间融资的成本，这吸引了大量的传统金融客户资源；中小型企业和个人客户在一定程度上更愿意与能够提供多样化服务的互联网企业合作，这就导致了传统银行客户资源的流失。

2. 传统银行的支付功能边缘化

互联网金融进一步加速金融脱媒，使传统银行的支付中介功能边缘化，并使其中间业务被替代。截至2021年，中国人民银行向第三方支付企业累计发放了271张支付业务许可证，其中包括支付宝、财付通、银联等。目前，第三方支付的业务范围还在不断地扩大，包括移动电话与固定电话支付、银行卡支付、货币汇兑、预付卡发行受理、互联网支付、数字电视支付等，除了单纯的支付和结算业务，它提供的服务正在逐渐渗透整个产业链，以提供更加合理的行业解决方案。

3. 互联网金融改变了信贷的供给格局

在互联网金融环境中，客户能够得到更为广阔、有效的网络信贷平台，其交易效率也可以得到很大程度的提升。客户不需要按照传统银行的操作模式进行操作，仅仅通过互联网平台就能够寻求到与个人预期金额、利率需求相匹配的另一方。

4. 互联网金融迫使传统银行重新审视金融战略

对于互联网企业来说，仅仅作为第三方网络支付平台已经满足不了它们的野心，它们凭借数据信息积累与挖掘的优势，直接向供应链、小微企业信贷等融资领域扩张，未来很有可能冲击传统银行的核心业务，抢夺银行的客户资源，甚至替代银行的物理渠道，颠覆银行的传统经营模式和盈利方式，因此，传统银行亟须重新审视其金融战略。

3.6.4 传统银行的应对措施

1. 变革中的传统银行

传统银行不计成本地、单纯地依托物理网点渠道拓展追求规模扩张的发展模式将一去不返，它们已经意识到，面对来势汹汹的互联网金融必须有所行动。

首先，传统银行已经在做大规模的电子化。

其次，传统银行在逐步收缩网点，并进行网点转型。将效益低下或覆盖面重复的网点进行机构重组，加大网点撤销、合并、转型的力度，逐步整合网点资源，压缩网点规模，以自助设备来分流低端客户，将网点的服务对象从普通大众转向高端客户，在降低网点投入的同时以期实现效益的最大化。

另外，传统银行正在尝试通过"远程人脸识别＋身份证件核实"的方式进行身份验证，探索网络银行独立远程开户的方式。一旦银行远程开户得以实现，客户将不必进入物理网点办理银行卡账户，仅仅通过电脑或手机远程"刷脸"就能够实现实名认证。这为受限于时空的客户带来了切实的福利，也为银行开展线上业务带来了竞争力。

2. 传统银行的应对策略

1）以客户为中心，打造智慧银行

互联网金融产品的思维导向以客户为中心，与传统金融业以产品为中心完全不同。互联网金融产品在不断地进行高速更新，以满足客户的需求，并获取较高的用户黏性。互联网金融的发展使得客户在金融服务中有了更大的选择空间与主动权，这种主动权的变化就要求未来的金融机构改变思路，将现有的金融产品进行改造，以满足不同用户的个性化需求。

传统银行应充分利用大数据、云储蓄等技术来分析和处理数据信息，从而敏锐洞察、引领客户需求，积极借助互联网金融之风，努力创新，提升客户体验，优化资源配置效率，以打造全功能、一站式、个性化的智慧银行为目标。

2）挖掘大数据，进军电商平台

电商平台具备迅速复制信息和传递信息的能力，这决定了标准化程度较高、复杂程度较低的金融产品及其服务在未来非常适合从线下走到线上。而复杂度较高、对客户定制化需求较高的金融产品及服务未来仍然是传统金融机构的优势领域。

互联网蕴含了大量有价值的信息，能够缓解用户与金融机构之间信息不对称的问题，从而让客户拥有更多选择。而银行处于支付结算体系的末端，拥有良好的大数据基础，传统银行应借此优势建立电子商圈营销体系，以数据金融服务能力的革新带动大众需求。

3）推进与战略伙伴的深度合作，搭建一站式金融服务平台

一站式金融服务平台兼顾金融全产业链，其内涵包括加强与战略伙伴的合作、增强客户黏性、建立全流程的业务链条、高质量地为客户提供金融解决方案，以及高效整合上下游资源等。传统银行可通过与战略伙伴进行深度合作，积极将互联网科技与传统金融相结合，达到整合资源、创新业务、普惠金融的目的。

综上所述，尽管互联网金融来势汹汹，在很多方面削弱了传统银行的地位，但是这种竞争带来了传统金融机构的变革。传统金融机构也不应漠视互联网金融的发展，而是要正视互联网金融带来的机遇与挑战，加强优势互补，积极打造互联网战略，走向共赢道路。

拓展阅读

维护金融安全，严惩洗钱犯罪

近年来，各类犯罪与洗钱活动交织渗透，洗钱手段不断翻新，涉案金额持续攀升。2021年3月19日，最高人民检察院、中国人民银行联合发布惩治洗钱犯罪典型案例。

洗钱犯罪活动往往充当助纣为虐、为虎作伥的角色：为集资诈骗等涉众型犯罪转移非法资金，帮跨境贩毒集团清洗毒资，利用比特币等虚拟货币进行洗钱……各类洗钱犯罪活动对社会稳定、金融安全和司法公正造成了严重威胁。

中国人民银行反洗钱局局长巢克俭介绍，金融系统的反洗钱职责体现在预防和协助打击两个方面。中国人民银行依法履行反洗钱监督管理、大额和可疑交易报告收集、反洗钱监测分析、反洗钱调查等职责，并配合侦查、监察机关针对相关案件开展反洗钱协查。

近年来，中国人民银行持续加大执法检查力度，同时指导金融机构开展风险自评估，完善洗钱风险管理。数据显示，2020年中国人民银行对614家金融机构、支付机构等反洗钱义务机构开展了专项和综合执法检查，依法完成对537家机构的行政处罚，处罚金额达5.26亿元。

反洗钱是一项系统性的工作，需要金融立法、金融基础设施建设、行业自律、行政监管、司法保障等多方面的努力与配合。目前，反洗钱工作部际联席会议有23个成员

单位，包括金融监管部门、行业主管部门、纪检监察机关、执法部门、司法部门等。作为反洗钱工作部际联席会议牵头部门，中国人民银行表示，将积极会同联席会议各成员单位压实责任，充分发挥合力，严厉打击、治理各类洗钱犯罪活动，有效防范、化解重大风险。

法律是规范人们行为的基本准则，如果没有法律法规，国家、集体和个人的财产就没有保障，人民的生命也得不到保护。遵纪守法是每个公民的责任和义务。

课堂练习

一、判断题

1. 网上银行是在互联网上的虚拟银行柜台。（ ）
2. 目前，网络银行的运行机制主要是传统银行在互联网建立网站提供服务。（ ）
3. 网络银行与传统的商业银行相比，有许多竞争方面的优势，突出体现在两个方面，即对成本的替代效应和对服务品种的互补效应。（ ）
4. 我国科技发达，现在已经不需要担心电话银行业务的安全问题。（ ）
5. 出于安全考虑，网上银行卡支付系统通常在互联网与专用的金融网之间安装支付网关系统。（ ）
6. 互联网企业在金融领域的发展优势包括低成本优势。（ ）
7. 国外电子银行积极进军电子商务领域，为客户提供方便的网上交易平台。（ ）
8. 1952年美国加利福尼亚州的摩根大通公司发行银行信用卡，标志着电子货币的诞生。（ ）
9. 我国电子银行业务呈现出发展多样化、产品创新仍不足的特点。（ ）
10. 电子银行业务与传统柜面业务相比，它无须对客户的安全进行提示。（ ）

二、选择题

1. 银行的传统渠道大多是（ ）。
   A. 物理网点   B. 自助设备
   C. 电话银行   D. 手机银行
2. 银行的同质化问题主要体现在（ ）。
   A. 市场定位同质化   B. 地域发展同质化
   C. 金融产品同质化   D. 以上都属于
3. 资金划拨是传统银行电子化进程（ ）的代表。
   A. 第一阶段   B. 第二阶段
   C. 第三阶段   D. 第四阶段
4. SFNB是传统银行电子化进程（ ）的代表。
   A. 第一阶段   B. 第二阶段
   C. 第三阶段   D. 第四阶段

5.ATM机是传统银行电子化进程（　　）的代表。

A. 第一阶段　　　　　　　　B. 第二阶段

C. 第三阶段　　　　　　　　D. 第四阶段

6.（　　）不属于SFNB提供的服务。

A. 基本储蓄业务　　　　　　B. ATM

C. 信用卡　　　　　　　　　D. 手机银行

7.（　　）最能体现互联网企业对银行业不足的补充。

A. 项目贷款　　　　　　　　B. 流动资金贷款

C. 小微企业贷款　　　　　　D. 房地产企业贷款

8.互联网企业的业务范围在不断地扩大，包括银行卡支付、货币汇兑、预付卡发行受理等。这些变化替代了银行的（　　）职能。

A. 信用中介　　　　　　　　B. 支付中介

C. 信用创造　　　　　　　　D. 金融服务

9.（　　）不属于互联网企业进入金融行业的背景。

A. 硬件技术及软件程序应用逐步完善

B. 网络智能水平不断提高

C. 物理网点正在逐步转型升级

D. 通信软件智能化

10.互联网金融脱胎于信息化革命与大数据时代，（　　）不属于其本质。

A. 去中介　　　　　　　　　B. 去中心

C. 扁平化　　　　　　　　　D. 重资产

三、材料分析题

公安提醒：这个骗局从未见过！连银行都蒙了？

近日，一种新的诈骗方式曝光，连银行从业人员都无法解释清楚。

骗局是这样上演的。

你走在街上，忽然发现地上有一个信封。打开一看，有银行卡，还有密码，再看内容，原来这是一封某公司的行贿信，内容是要感谢帮助招标成功的×处长。信的内容大致如下：

×处长：

　　感谢您在招标过程中对本公司的大力帮助，因不方便登门致谢，特附上银行卡一张，里面是我公司的一点心意。密码是工程开工日期（220423），如果在取款中遇到问题，请咨询开户银行（0516-8701××××）。

如果你看后一动心，想知道银行卡里到底有没有钱，于是找了个ATM取款机看看，结果插卡、输入密码后，发现余额竟然有30万！然后，你贪念一生，想着那就先取两万吧……可是，自动提款机会显示"不予承兑"，于是你赶紧打信上说的那个开户行电话，对方会答复你："先生，查到这张卡有5000元滞纳金，您只要往该卡号转5000元，就可以自由存取了。"

你也许会想：要交钱，不会是骗子吧？但是钱是转到我手里这张卡的，肯定没有什么问题，这张卡现在还没法用，赶紧用支付宝转5000元吧。结果，再一查，仍然是"不予承兑"！"完美"被骗5000元！转进去的钱取不出来。

据悉，此类骗局发生后，很多银行从业人员也无法解释，原因是银行卡插入ATM机后，输入密码能查到余额，这说明银行卡是真的；无论骗子给出什么理由，向手中这张真卡里面转账，即使之前的钱取不出，转进去的钱肯定可以取出来。

那么，骗子为什么还能诈骗成功呢？

第一步：骗子先办一张额度为30万的信用卡，但会先通过不予激活或先行注销等手段，达到"能查到额度却无法取现"的效果。

第二步：用银行卡复制器复制出若干个伪卡，伪卡的磁条信息仍然是这张信用卡的，但是伪卡上面的账号则制作为骗子的私人账号。

第三步：将伪卡和伪造的行贿信装入信封，四处散播，故意让人捡到。

第四步：受害人捡到的这张卡，由于磁条信息是真实的信用卡，密码也是对的，所以插卡时会显示余额。而受骗者在取不出钱时，便会打信上所提到的开户行电话（实际上是骗子的电话）。

第五步：骗子以此卡需要交纳滞纳金为由，要求受害者转账到卡面账户激活，实际上，这已经把钱打到骗子的私人账户上去了。

所以说，天上是不会掉馅饼的，不义之财不可得，没有了贪心，骗子也就无计可施了。

（资料来源：https://cj.sina.com.cn/article/detail/1871568515/490426，有删改）

思考并讨论，完成以下题目：

1. 网络诈骗的欺骗手段有哪些？
2. 如何预防网络诈骗？

参考答案

一、判断题

1~5 √ × √ × √

6~10 √ √ × √ ×

二、选择题

1~5 ADDCB

6~10 DCBCD

三、材料分析题

1. 欺骗手段往往有以下3种。

（1）黑客通过网络病毒方式盗取别人虚拟财产。一般不需要经过被盗人的个人程序，在后台进行，速度快，而且可以跨地区盗取，使侦破时间更长。

（2）网友欺骗。一般指的是通过网上交友方式，双方通过网络结识，行骗者取得被盗者信任后再获取财物的方式。"见效"速度慢，且侦破速度较慢。

（3）网络"庞氏诈骗"。一般是指通过互联网，虚假宣传快速发财致富的方法，组织没有互联网工作经验的人员，用刷网络广告等手段为噱头，收敛会费进行诈骗。

2. 预防网络诈骗应该做好以下工作。

（1）进行网络银行、支付宝操作时，要确保使用安全的浏览器和正确的登录网址。

（2）在网上购物，要选择正规、大型电商。设置复杂的支付密码，并定期更换，最好选择"密码＋校验码"双重验证的方式。

（3）在网站注册账号时，只填带"*"号的必填项，尽量提供最少的信息。

（4）不随意打开陌生邮件，尤其是带附件的邮件或者声称中大奖的邮件。

（5）尽量别"蹭网"，公共场所的未知Wi-Fi一定不要连接。

（6）注意防范微信上测性格、运势等链接。这些链接通常会要求你提供姓名、年龄等基本信息，后台还会直接获取你的手机号码等信息。

（7）不要把个人敏感照片、数据上传到云端。

（8）尽可能不要在网站上以全部明文方式公开自己的姓名、电话号码和家庭住址等信息。

（9）用户如果发现个人信息出现泄漏，希望能够删除相关信息的时候，除了在原网站上要求删除外，还可以通过搜索引擎来查阅自己的信息还在哪些地方存在（不一定是搜索引擎快照，也可能是其他网站）。

第 4 章

证券业的互联网化

知识目标

（1）了解证券业的互联网化历程。
（2）理解网上证券业务与传统证券业务的区别。
（3）掌握网上证券交易、网上路演、网上发行和证券经纪业务的特点。
（4）理解网上证券信息服务对信息获取方式的变革。
（5）熟悉程序化交易的内涵。

素质目标

树立在互联网证券行业中规范行为及诚实守信的意识。

案例导入

富途证券

富途控股 2019 年 3 月 8 日登陆美国纳斯达克，以 12 美元每股的价格募集 1.31 亿美元。截至 2021 年 10 月 7 日收盘，富途美股报收 86.9 美元，总市值 126 亿美元，折合人民币约 815.43 亿元。2021 年上半年，富途业绩表现较为亮眼，营收、净利润双双实现正增长，实现营业收入 37.8 亿港元，同比增长 221%，经调整净利润 17.3 亿港元，同比增长 328.75%。并且，富途参与多家头部公司上市。哔哩哔哩、快手、京东物流等公司赴港上市期间，富途以 IPO 承销商或分销商身份参与其中。此外，2021 年一季度，知乎、水滴、图森未来等中概股赴美上市时，均与富途建立合作。

互联网券商与传统券商有什么不同？

富途证券是一家互联网券商，与我们常见的中信、中金、海通这样的传统券商有很大差异。内地股民经常用大智慧、同花顺、东方财富等互联网证券软件，但它们并非互联网券商。东方财富虽然旗下有东方财富证券，但也不过是收购而来，它也还是传统的实体持牌券商。

目前市面上主要的互联网券商如富途证券、老虎证券等，基本都是提供港股、美股的交易。如何将资金汇到境外是个难题。富途证券的做法是联合中银香港为富途客户免费开通银行子账户，供客户存入资金时在银行系统里填写收款账号。用户通过申请来获取子账户。打算入金交易时，用户购汇，将人民币兑换成港币或美元，通过银行的网络银行系统将兑换的外币转入同名子账户中。汇款成功后在富途网站发送存款通知，用户在历史记录中可以查看资金存入的进度及预计完成时间。资金存入后，用户可以通过富途证券的系统进行交易。

互联网券商为何会受到知名机构关注？

因为交易产品丰富、市场信息较为公开透明、可以 T+0 交易等，这些都对投资者比较有吸引力。而且随着交易条件以及国内股民的成熟，预计会有更多人通过互联网券商加入港股、美股的交易。互联网券商没有线下成本，相对来说成本小，佣金可以更低，也是一方面优势。

（资料来源：https://www.huxiu.com/article/199459.html，有删改）

4.1 证券市场的互联网化

4.1.1 证券交易所的互联网化

证券业互联网化包括证券交易所的互联网化、证券公司的互联网化、网上证券经纪、网上路演及网上发行、信息披露的互联网化等。在我国，证券交易所的恢复是从 1990 年开始的，上海证券交易所和深圳证券交易所均在 1990 年正式成立，恢复对证券的买卖。之所以讲"恢复"，是因为我国在 1949 年以前就有证券交易市场，但在 1949

年以后，证券交易的业务被中断了。

20世纪90年代的金融业已经在逐步进行信息化建设，上海证券交易所和深圳证券交易所在开业后不久也开始由人工操作向电子操作进行转变，并且从交易到委托等各个环节迅速进入了全能制的互联网化处理流程。

4.1.2 证券市场互联网化对传统证券市场的影响

上海证券交易所和深圳证券交易所的开设对我国证券市场的互联网化产生了很大的影响，这些影响具体体现在以下3点。

1. 保持和发挥交易所的现有优势

互联网化的证券市场具有极强的信息处理能力，保证了我国证券市场的稳定发展。上海证券交易所和深圳证券交易所在刚刚开通的时候，其股票数量是非常有限的，只有10~20只，但是现在一个交易所的股票就达到上千只，从而产生了大量的交易信息，使得处理量呈指数级增长。

2. 带来新的机遇

证券市场的互联网化采用了与国际接轨的技术，为证券市场带来了更大的发展空间，也丰富了证券市场的交易手段。无论是新三板、三板、A股、B股，还是深圳的沪港通、深港通等，都是要依赖于互联网化的手段才能够完成的。

3. 推动国际化和标准化

上海证券交易所和深圳证券交易所互联网化的成功，显示了我国证券市场在国际市场上具备良好的融合性和应变能力。正是因为有了上海证券交易所和深圳证券交易所互联网化的经验，才逐渐有了现在证券交易中各个环节互联网化的实现。

4.1.3 证券公司互联网化

证券公司是证券交易市场中的终端，证券市场互联网化对我国证券公司的影响主要体现在4个方面。第一，提升证券公司的业务经营能力。证券市场互联网化使得证券公司的数量大幅度增加，证券公司越多，接入股民的数量就越多，产生的证券交易量和订单量也会大大增加。第二，有效降低客户交易成本。证券市场互联网化的推进不仅打破了证券交易的时空限制，也使得处理流程进入无纸化阶段，对于一般股民来讲，其交易佣金的支出在一定程度上能够被降低。第三，对营业部的风险监控和管理提出更高的要求。互联网在带来便利的同时，也使得证券交易的环境更加开放，这就需要证券公司在风险控制技术上加大投入，以保障股民和证券交易市场的权益与安全。第四，能够持续提升证券市场发展的能力。证券市场的互联网化带来的不仅仅是便利，更多的是为未来新技术与新业务的发展带来机遇。

从证券交易所的互联网化到证券公司的互联网化，从证券交易、委托、下单，到路演、发行等各个环节，证券交易基本上已经实现了全流程的互联网化。

4.1.4 信息披露由报刊转向互联网

证券市场的互联网化也体现在信息披露的互联网化上，最早的上市公司需要通过指定的纸质媒体来进行信息披露，如《中国证券报》《证券市场研究》等类似的行业报纸或期刊。自从证券市场开始互联网化，尤其是在互联网和移动互联网出现之后，上市公司的信息披露变得更加方便、快捷，也更加准确。

上市公司的信息披露主要包含2个方面：一是初次披露，指发行公司上市前的信息披露，如招股说明书；二是持续披露，指发行后的信息披露，如定期的月报、季报、年报等，以及一些关键信息，包括召开股东会的临时报告等。这些都可以通过指定的披露通道来进行披露，股民想要了解这些信息也非常方便，除了证券公司的相关网站、主页、应用程序，股民也可以在一般的门户网站上进行查询。因此，信息披露的互联网化使得信息不对称性大大降低，更加方便股民判断整个股市的发展状况。

4.2 互联网证券服务

4.2.1 互联网证券服务的界定

互联网证券服务包括证券业在互联网上进行证券交易的各个环节，从路演、发行、信息披露，到证券的经纪、交易、资金支付以及信息查询等。

互联网证券服务也被称为广义的证券电子商务，即利用各种信息技术和电子手段，依托互联网、GSM、有线电视网，甚至卫星通信网等现代化的数字媒介传送交易信息和数据资料，以在线的方式开展传统证券市场的各种业务，并在此过程中使诸技术渗透到证券活动的各个环节，如信息采集、加工处理、发布、检索、交易、货币支付、清算、交割等。

4.2.2 网上证券业务与传统证券业务的对比

网上证券业务与传统证券业务之间是存在区别的，下面主要从经纪业务、发行业务、推介方式、支付方式和信息服务方式这5种业务类型来进行讲解。

1. 经纪业务

在传统证券业务中，经纪业务主要是以柜台委托的方式进行的，少数证券公司也会提供自助委托，而在网上证券业务中，经纪业务完全采用网上处理的方式，客户能够通过智能终端完成相应交易。

2. 发行业务

在传统证券业务中，发行业务是通过认购证、储蓄存单、全额预缴比例配售、上网定价、上网竞价等方式进行处理的，而在网上证券业务中，发行业务完全在网上开展，如定价发行、竞价发行等环节都可以通过互联网来完成。

3. 推介方式

在传统证券业务中，推介方式一般采用现场推介会的方式，而网上证券采用了网上路演的方式。

4. 支付方式

在传统证券业务中，支付一般采用现场存取款或现金支付的方式，而网上证券的支付采用网上支付、银证通以及银证转账的方式进行。银证通和银证转账之间存在一定区别，后面的章节会对它们进行简单的对比。

5. 信息服务方式

在传统证券业务中，信息服务方式主要包括传真、电话咨询、股评报告会，以及报纸、杂志等，而网上证券是通过网络提供相应的信息服务。与传统证券交易相比，网上证券减少了交易的中间环节，使得证券市场在各个环节上的效率都能够得到大幅度提高，进而降低了成本，节省了时间，突破了空间的限制，并且具备无限扩张、优质服务等传统证券市场无可比拟的优势。

利用互联网开展证券交易服务加速了证券市场的发展，并且对传统证券营业部的规模产生了影响，使得证券公司的成本进一步降低，这也是证券市场改革和发展的重要方面之一。

4.3 网上证券交易

4.3.1 网上证券交易：重要的网络证券服务

网上证券交易是网络证券服务中重要的部分之一，是指投资者利用互联网的相关资源，包括公共互联网、局域网、专用网、无线互联网等手段，来传递交易信息、数据资料，并进行证券交易的相关活动。

1. 网上证券交易的优势

首先，网上证券交易打破了地域和时空的限制，股民们随时随地都能够借助终端设备请求相应的证券服务。其次，网上证券交易极大地丰富了信息资源，传统证券业中信息不对称的问题被极大地解决。再次，网上证券交易通过减少中间环节、缩减实体营业规模等操作有效降低了证券交易成本，这是所有基于互联网的金融服务的共同特点。最后，网上证券交易有效降低了交易的差错率，证券交易环节不再是需要人工干预的方式，而是由机器、系统来自动完成的。

2. 网上证券交易的风险

网络证券依然存在很多风险。第一，操作性风险。例如某客户计划以一块钱的价格买入某一只股票，由于操作失误变成了其他价格，这种误操作现象可能会给股民带来很大的损失。第二，第三方侵权风险。有些证券市场的系统是外包运作的，在第三方公司运营系统的过程中有可能会产生相关风险，这些风险甚至是证券公司和股民无法进行预判的。第三，虚假信息和失真信息的风险。若有人在网上恶意发布虚假信息，这容易引起证券市场的风波，甚至造成证券市场的突变。尤其随着社交媒体和新媒体的快速发展，如微博、微信等，虚假信息和失真信息更容易被人们传播。第四，财务风险。这属于证券公司本身存在的运营风险。

3. 网上证券交易的原则

第一，公开原则。公开原则的核心要求是实现市场信息的公开化。所有的证券市场信息都是按规定发行、发布的，任何证券公司都不能违规发布不正确的信息，否则要承担相应的法律责任。第二，公平原则。公平原则是指参与交易的各方具有平等的法律地位。第三，公正原则。公正原则包括公正地对待参与各方，以及公正地处理证券交易实物。

4.3.2 网上证券交易系统

1. 证券交易系统的组成

证券交易的过程是在信息化的系统中完成的，证券交易系统主要分为3个部分。第一，撮合主机。撮合主机是交易系统的核心，它会对买卖双方的交易订单进行撮合配对，并且把结果和相应的行情通过通信网络传递给券商。第二，通信网络。通信网络连接柜台终端、交易席位和撮合主机，它借助卫星、地面专线、互联网等手段来进行信息的传递。第三，柜台终端。券商的柜台系统主要用来管理客户账户、传递委托等，相当于传统券商柜台中的操作员帮助客户填写相应订单的过程。

2. 证券交易的过程

一般情况下，股民所接触到的证券交易市场是二级交易市场，也就是证券流通市场，是指对于已经发行的证券进行买卖、转让和流通的场所，一般的股票买卖都是在二级市场中进行的。我国目前还不允许个人直接进入一级市场进行操作，也就是说股民必须通过证券公司进入证券市场。通常的股票买卖流程包含以下步骤。

（1）开立证券账户和资金账户。股民需要在证券公司或当地的证券保级公司开设证券账户，证券保级公司属于半政府机构。股民有了证券账户后，再到证券公司开设资金账户。

（2）委托买卖指令申报。有了证券账户和资金账户之后，股民就可以开始进行股票的买卖，在券商的终端系统中填写相应的订单，进行股票买卖的申报。

（3）电脑主机撮合。申报指令通过通信网络从券商的柜台系统传递到交易所的撮合主机，由交易所的撮合主机进行撮合，撮合的结果可能是成功也可能是不成功。后面的章节会讲到撮合系统是根据怎样的规则来进行撮合的。一旦撮合成功，即买卖双方的价格一致，本交易即为成交，之后会进行后面的清算、交割环节。若未能成交，相应的资金中介就会被撤销。

（4）清算、交割。成交后进行清算、交割两个步骤。清算是指资金从买方账户转移至卖方账户的资金转移过程。交割是指证券所有权从卖方转移到买方的所有权转移过程。对清算而言，它也包含了 2 个步骤，第一个步骤是证券公司和交易所之间的资金清算，第二个是证券公司和股民或投资者之间的资金清算。

更直观的股票买卖流程如图 4-1 所示。

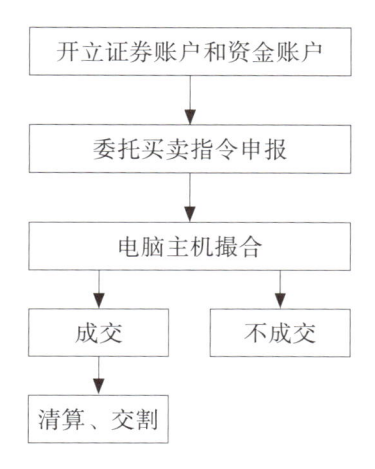

图 4-1 股票买卖的流程

另外，通常在进行股票买卖的时候，尤其是买股票的时候，客户一旦填了买单，其账户中就会有一笔资金被冻结，如果账户中的资金不够，订单就无法提交，在资金足够的情况下，该部分包含佣金的资金会被冻结，这实际上就已经完成了部分券商与股民之间的资金转移。在卖股票的过程中，同样存在资金冻结的过程。也就是说，交易所承担了证券公司和股民之间的资金清算和股票所有权清算的任务，该功能与央行清算所的功能类似。

4.3.3 经济服务制度与成交规则

1．经济服务制度

我国的两个证券交易所——上海证券交易所和深圳证券交易所（此处讲的是证券交易所，未涉及其他的股权交易所、期货交易所等），虽然它们均采用经济服务制度，但上海证券交易所和深圳证券交易所采取的方式是存在差别的，上海证券交易所采用的是指定交易制度，而深圳证券交易所采用的是托管券商制度。对于股民来说，两者的共同点在于都只能通过证券经纪商，也就是券商或证券公司，来买卖证券。

指定交易制度，是指投资者必须事先声明指定一家证券营业部作为其委托、交易清算的代理机构。托管券商制度，是指投资者必须将其股票在其选定的券商处进行托管。后来，托管券商制度被进一步地放开，一个股民可以选定多家券商进行交易委托或股票委托，不再限定于某一家券商，因此也引发了证券公司的佣金竞争，以争取到更多的客户。

2．成交规则

在成交规则上，两家证券交易所均采用了竞价的方式。上海证券交易所采用的是排队原则，也被称为"价格优先、时间优先"原则，是指按照交易原则，在主机内为每只股票建立一个买方队列和卖方队列，按照订单的提交顺序，针对买方和卖方申报的交易请求进行逐一比对，当双方价格一致时进行撮合。也就是说，首先进行价格的匹配，在价格相同的情况下，时间优先。

除此之外，在开盘的时候，我国对股票的价格确定方式采用竞价集合原则，主要目的是确定基准价格作为当日的开盘价。交易过程采用连续竞价撮合原则，一般正常开市期间采用连续竞价的方式，股民可以连续出价，对证券进行买卖交易。

4.4 网上路演

4.4.1 网上路演：新股发行的必经之路

证券或股票的发行都要进行相应的推介。传统证券业通过路演、推介会等形式进行，如今网上证券采用网上路演的方式。路演，也叫路演推介，指企业融资者在证券发行之前，在若干地方进行巡回推介活动，向潜在投资者展示企业证券的价值，加深投资者对企业的认识程度。企业融资者从中了解投资人的投资意向、需求和价值定位，确保证券的成功发行。

2001年，证监会要求所有的新股发行公司必须通过互联网进行推介活动。因此，网上路演成为我国证券市场新股发行的必经之路。网上路演会涉及信息的披露，如强制性的招股说明书，这要求企业发行公告及招股意向书；也有主动披露的法律意见书、律师报告，或者是向社会公开在股东会上达成一致的某些活动等。

4.4.2 网上路演的功能与优势

网上路演的作用主要有2个。第一个是推广作用，主要目的是引起投资者对于发行证券的兴趣，进而刺激其产生投资行为。第二个是询价功能，券商以及要发行股票的公司根据投资者的兴趣逐步调整股票的最终发行价格及发行规模。

网上路演的优势主要体现在3个方面。第一，网上路演促使信息披露更加正规，进一步强化了信息披露的规则，使企业明确哪些是必须进行披露的信息，哪些是可以主动披露的信息，尽可能降低了信息的不对称性。第二，网上路演提高了证券发行的市场化程度。第三，网上路演能够展示企业形象，股民可借此去了解企业、股票及品牌。

4.4.3 网上路演的形式

网上路演共包含3种不同的形式。

1．知名路演网站

招股公司选择一些技术力量强、经验丰富、知名度高的路演网站进行网上路演，由专业的路演网站或路演团队帮助企业进行策划，一般情况下这种方式的效果较好，但成本也相对较高。

2. 主承销商的网站

一般情况下，招股公司会选择几家承销商，通过主承销商的网站进行网上路演，因为主承销商一般是较大型的券商，具备相当多的经验和资源，因此这种方式的效果也是比较好的。

3. 招股公司自己的网站

若选择通过自己的网站直接进行网上路演，则说明企业能够提供高度相关的信息，且灵活性较大。对于比较关注该企业的股民来说，他们可能会主动到网站上了解更多相关信息，但这种方式难以吸引到原本对企业没有关注的股民。

4.5 网上发行

4.5.1 网上发行的方式

现在的证券都是需要在网上进行发行的，由于招股人和投资人在理论上是不可以直接面对面的，这种方式属于黑市交易，且对投资人来讲风险较大，因此按照中间环节的不同，网上发行共包含4种方式。

（1）第一种方式涉及分销商、主承销商和证券交易所3个中间环节。招股公司通过上海证券交易所或深圳证券交易所发行股票，再通过主承销商将股票分给几个分销商。该方式的环节是最多的。

（2）第二种方式依靠主承销商和证券交易所2个中间环节。主承销商不再进行分销，而是完全承包相关业务，负责股票的买卖、推广等全过程。与第一种方式相比，第二种方式减少了分销环节。

（3）第三种方式是投资者和融资双方通过网络直接接入证券交易所的交易网络。

（4）第四种方式是投资者和融资双方绕开交易中介，直接进行证券发行业务。

第三种方式和第四种方式都是招股公司直接与证券交易所进行对接，但由于证券交易所会面对许多招股公司，因此这两种方式往往很难达到效果。

现在常见的网上发行采用前两种方式，后两种方式涉及的环节较少，效果不好，而且投股人和投资人直接面对面，绕开了中间环节，在我国是不被支持的。

4.5.2 竞价发行与定价发行

网上发行的模式有2种，包括竞价发行和定价发行。

1. 竞价发行

竞价发行，是指多个承销机构通过招标竞争的方式确定证券发行的价格，在取得承销权后向投资者进行推销的发行方式。我国的股票发行一般采用这种模式，该模式具有市场性、连通性、经济性和高效性的优点，缺点是较容易被操纵，而且该模式会导致二级市场的资金抢购，对整个市场来讲存在一定的不稳定性。

2. 定价发行

定价发行，是指证券交易所或主承销商利用其交易系统，按照事先确定好的发行价格进行股票的发行。与竞价发行模式相比，除了确定价格的方式不一样，其认购成功的确认方式也是不同的，一般定价发行的确定方式是通过抽签来决定的，而竞价发行是按照价格优先、时间优先的方式来决定的。

4.6 证券经纪业务

4.6.1 证券经纪业务：证券公司4大业务来源之一

证券的发行需要通过证券公司来进行委托，其实这就是所谓的证券经纪业务。证券经纪，是指证券公司通过其营业柜台或相应的系统，接受投资者委托，代理投资者进行证券交易，收取佣金的业务。

证券经纪业务、投行业务、自营业务和资金管理业务是我国证券公司的4大主营业务。在证券经纪业务中，证券公司的收入来源一般包括交易中介的手续费收入、保证金的利差的收入，以及其他创新服务收入，如金融报告、分析报告等。

如今，佣金的收取比例已经被放开，因此竞争较为激烈。另外，我国也已经取消了保证金的说法，目前采用资金账户的方式，由第三方进行托管，每位股民必须开设银行托管账户，证券交易的资金是从托管账户转到证券公司的资金账户上，然后直接进行委托的，并不需要在证券公司再次缴纳保证金。

证券经纪业务的交易规模与市场的行情密切相关。当股市处于牛市状态时，其交易量就会迅速上升，反之在市场行情冷淡的情况下，其交易规模又会下降。就近几年而言，自从证券经纪业务的佣金被放开后，其交易量一直处在相对平稳的状态。随着国家对证券交易政策的放开，未来每位股民所对应的证券公司可能是几个，甚至是十几个，这种情况定会为佣金市场带来新的竞争。

4.6.2 银证转账与银证通

在网上证券的支付环节中，传统的保证金缴纳已经被取消，目前主要采取第三方托管的方式，通过银证通业务来完成，股民需要开设第三方资金账户并将其交给银行进行管理，相关证券交易的资金在托管账户和证券公司资金账户之间进行转移。除此之外，股民也可以通过银证转账的方式来进行相关操作。

银证转账将股民在银行开立的个人结算存款账户（或借记卡）与证券公司的资金账户建立对应关系，通过银行的电话银行、网上银行、网点自助设备和证券公司的电话、网上交易系统及证券公司营业部的自助设备将资金在银行和证券公司之间划转，为股民存取款提供便利。

银证转账和银证通是有差别的。银证转账只是完成资金的转移，不包含证券交易买卖的其他相关部分，如资金结算、认购、配速新股、分红派利、交易查询、打印交割单等业务，这些业务是通过银证通来完成的。银证通是由银行与证券公司合作开设的系统，目的是对证券交易资金进行管理，其支付环节是通过托管账户与资金账户之间的资金转移完成的。

4.6.3 证券经纪业务在互联网金融背景下的机遇与挑战

互联网金融为证券经纪业务带来了很大的发展机遇，但同时也为其带来了新的挑战。

1. 证券经纪业务的机遇

首先，网络营销为证券公司提供了庞大的潜在客户资源。网络已成为居民消费、支付的主要场景之一，大规模的网民数量为证券交易提供了大量潜在用户。其次，互联网金融的发展倒逼证券公司转型。证券公司必须改变以前的服务方式，传统营业部的规模优势逐渐消失，证券公司需要向以客户服务与客户体验为核心的方向转变。再次，互联网金融促使证券公司经纪业务加速升级。最后，互联网金融使得深度创新合作的模式进一步发展。大型金融企业与互联网巨头开展密切的战略合作，如平安与百度、中金与阿里。

2. 证券经纪业务的挑战

第一，互联网金融颠覆了传统的竞争模式。证券公司不再以实体营业部的规模大小来认定其强弱。第二，互联网金融重塑了证券公司的运营模式。第三，互联网金融改变了券商的服务理念。第四，一人多户政策的实施加速了券商阵营的分化。

4.7 网上证券信息服务

4.7.1 网上证券信息服务：信息获取方式的变革

随着互联网、移动互联网和智能手机的发展，投资者获取信息的渠道已发生重大变革，获取信息的手段也在朝着多样化的方向发展。

网上证券信息服务的模块主要有财经、行情、交易信息等。其中，财经信息模块主要包括财政、金融、经济等信息；行情信息模块主要包括行情显示、行情分析、行情预警等信息分析；交易信息模块主要包括委托买入、委托卖出、委托撤单、委托查询、成交查询、资金查询、网上对账单查询、交割单打印和确认等与交易相关的信息。

4.7.2 持续发展的网上证券信息服务

网上证券交易在未来还会继续发展，其规模也会不断地扩大。而且随着技术的发展，证券交易的接入手段也会更加丰富，同时与之相关的法律和政策也会逐步完善，这些都会促使证券交易环境朝着更加安全的方向发展。

传统的证券交易经纪业务将会被逐步引至互联网，在未来将主要依靠互联网开展相关业务，并且朝着移动互联网与智能终端的方向发展，原有客户也会被逐渐引导和转化为网上客户。

网上证券经纪商会更加热衷于提供全方位、个性化的服务，有针对性地为不同客户提供个性化服务，并且与其他网络金融工具融合，提供全方位的信息咨询服务。

4.8 程序化交易

4.8.1 程序化交易：和你炒股的是计算机

几十年前，IBM公司开发了一款名为"深蓝"（Deep Blue）的国际象棋超级计算机。1997年5月11日，"深蓝"击败了当时的国际象棋世界冠军卡斯帕罗夫，这成为历史性的事件。超级计算机背后的原理是这样的：IBM公司将100多年来优秀棋手的200多万局对局输入"深蓝"，其每秒钟可以计算2亿步，并且能够搜寻及估计随后的12步棋，而一名人类国际象棋好手大约可估计随后的10步棋，相当于卡斯帕罗夫每走一步棋，"深蓝"就会对其下一步进行预估，进而找到合适的走法来对抗他。

程序化交易的内涵与此相似，它集中了大量证券分析师、数据分析师，以及程序员的智慧，从计算机程序设计，算法模型的计算、预测，到模型条件被触发时的自动下单、分析、完成交易，都是由计算机自动完成的。因此，除了人之外，股民们实际上正在和计算机一起操作股票。根据美国纽约证券交易所（NYSE）在2013年的规定：任何一笔（含同时）买或卖15只以上股票且这一揽子股票交易总价值达到100万美元的集中一次性交易都可以被视为程序化交易。

4.8.2 程序化交易的优势

与人工交易相比，程序化交易具备很多优势，主要体现在以下3个方面。

1. 程序化交易解决了风险管理和操作效率上的问题

证券市场中存在数千只股票，若要分析这些股票的交易指标数据，对于人脑来说，工作量无疑是巨大的。而且证券市场的数据处于实时更新的状态，买卖双方的比例也在不断变化。因此，不如将这些工作交给计算机处理，无论是管理水平还是效率都能得到极大的提升。

2. 程序化交易提供了良好的交易策略和投资组合模型

通过分析历史数据，程序化交易能够将最优的投资选择和投资模型进行组合，据此设置止损点、止盈点，并且严格对策略进行执行。另一方面，程序化交易可帮助股民避免个人情绪的影响，股民的个人情绪往往会阻碍其进行理性判断。

3. 程序化交易实现了一个用户操作多个账户

多个账户可能是由分散的股票、期货、期权等组合在一起的，在这种情况下程序化交易能够对这些账户中的股票进行综合管理，对它们进行统一的分析和判断。

更具体的人工交易与程序化交易的区别如表4-1所示。

表 4-1 人工交易与程序化交易的区别

项目	人工交易	程序化交易
分析基础	基本分析为主	技术分析为主
专业能力需求	高	中
人才依赖程度	高	低
工作时间	8 至 12 小时	24 小时不间断
决策判断方式	主观、感性	客观、数据信号
执行能力	缓慢	快速
账户管理	一人一账户	一人多账户
风险	高	中，分散
投资回报稳定性	不稳定	稳定

4.8.3 数据的量级

在互联网的环境下，每天都会产生大量的数据，数据的量也是能够被分为几种级别的。如果全世界只有一种股票，那么人工分析与计算机分析的差距并不大，因为数量有限，所需要的计算、分析、处理的工作量也并不多。但另一个级端是数据量极其巨大，复杂到连计算机也无法处理。

目前，证券市场的数据量级处在两个极端的中间，对人工来说难以处理，但对计算机来说是较容易的，在这种情况下，程序化交易就能发挥其效果。尽管证券市场的数据来源于几千只股票的交易数据，但这些数据是存在边界的，且具有一定的规律，因此计算机是能够承受的。

相比人工交易时面对的静态数据，程序化交易面对的是实时变化的数据，这些数据拥有各种数据集合，计算机不仅拥有更多的数据，同时还能对历史数据进行分析并建立模型，以指导现在及未来的数据走向。目前，程序化交易的市场占有率在 70% 左右，也就是说市场上有 70% 左右的交易是通过计算机完成的。

我国的程序化交易起步较晚，但发展速度较快。目前，我们的股票市场采用的是 T+1 的交易制度，即今天下单买入，明天交易成功。相对应 T+1，还有一种方式是 T+0，即今天买入，今天就可以再次卖出去，这种方式存在于在期权和权重市场。T+0 方式和 T+1 方式在证券市场中是并存的，这两种方式各有利弊，T+0 的交易流动性更大，同时也伴随着更高的风险；T+1 则相对稳妥，但流动性不如 T+0。T+1 交易制度与 T+0 交易制度的对比如表 4-2 所示。

表 4-2　T+1 交易制度与 T+0 交易制度的区别

项目	T+1	T+0
应用市场	股票市场	期权市场
流动性	小	大
风险性	低	高

4.8.4 程序化交易对证券市场的影响

1. 程序化交易对市场效率的影响

程序化交易对证券市场的效率有着显著的提升，这些提升主要体现在 3 个方面：第一个是对市场流动性的提升，第二个是对市场稳定性的提升，第三个是对交易成本的控制。

第一，程序化交易通过数学模型进行大量实时的数据分析，能够帮助投资者快速判断并作出决策，这在很大程度上提升了整个市场的流动性。第二，程序化交易激发了整个市场的活跃程度，吸引更多人加入证券市场。第三，由于程序化交易在整个市场中占有相当大的份额，因此其发出的价格信号会在很大程度上影响金融工具的定价，进而发挥其价格发现的功能，纠正整个市场的错误定价，维持整个市场的平稳运行。

2. 程序化交易对市场公平性的影响

形象来讲，程序化交易就是计算机通过已设定好的程序，让成千上万个数量分析师和程序员合作炒股，相比个人，他们会选择更具优势的交易策略，发现更有优势的交易时间，这种情况下的成功率一般是较高的。而且，在长时间大数据分析的基础上，其经验相比一般股民来说也更加丰富。

这种情况也引发了大家的思考：程序化交易是不是令我们的证券交易环境变得不公平？小股民该如何应对？这些都是值得我们去探究的。

程序化交易在历史上也出现过意外。2013 年 8 月 16 日发生了一件震惊 A 股市场的事件——光大"乌龙指事件"。光大证券的程序化交易系统出现问题，重仓买入大量股票，使得数十只股票一起涨停，导致其他的程序化交易系统也纷纷跟进，造成整个证券市场的混乱。光大系统的操作失误，使得整个证券市场承受了非常大的损失。

然而，在光大证券发现此故障的时候，它并没有第一时间向公众澄清，而是选择了否认，直到当天中午，事情已经发展至不可挽救的地步，光大依然没有对外公布其套利系统出现问题。在发布公告前，光大证券商议卖空了股指期货合约 6000 多张，并转卖出数亿份的基金，为公司规避了 8000 多万元的损失，但这严重损害了中小股民的利益。后来，证监会调查并认定光大"乌龙指事件"存在多项违规操作问题，对光大证券处以 5 亿元罚款。

在整个事件中，小股民处在一个非常不利的位置，程序化交易的系统出现故障，小股民们任由证券市场摆布，而且光大后续的套利行为使得整个市场遭受了巨大的损失，这些损失最后也是由受损的股民买单。从某种意义上来看，证监会对光大证券开出的史上最大罚单不仅是对程序化交易的风险处罚，也是对小股民的一种保护，对程序化交易的不公平性进行谴责。但是，就算罚单开得再大，也没有办法完全挽回中小股民的损失和被挫伤的信心。

那么，在证券市场公平性缺失的情况下，一般的中小股民与证券市场及券商之间的关系到底是什么呢？股民们还应该把钱交给程序化交易吗？同样，对券商来说，由于程序化交易的存在，所谓的炒股票是不是就变成了程序设计比赛或数学建模大赛？这是否背离了证券市场设立的初衷呢？

3. 程序化交易对市场风险性的影响

从光大"乌龙指事件"可以看出，程序化交易一旦出现问题，便会引发类似多米诺骨牌的连锁反应，因此，我们在利用程序化交易的同时，也要注意对其进行风险控制。

美国的骑士公司也出现过程序化交易的风险事件。骑士公司（Knight Capital Group，也被称为"骑士资本"）成立于1995年，总部位于新泽西，在欧洲、亚洲等地均设有办公室，是全美最大的股票交易商，其交易额占纳斯达克和纽约证券交易所的20%左右，是程序化交易的代表。

2012年8月1日，在美国股市开盘前一个小时，纽约证券交易所的交易员发现股票走势不正常，部分股票价格出现异常剧烈的波动。此时，骑士公司马上发表声明，表示其做市部门出现了交易技术上的问题，导致了纽约证券交易所150只股票的异动。并在第二天向公众公开说明，此次异动导致4.4亿美元的亏损，这个错误来自他们安装的交易软件。该交易软件发送了一系列错误报价信息到纽约证券交易所的交易系统，进而导致后续一系列的连锁反应的发生。虽然该软件被及时清除，但是由于骑士公司造成了4.4亿美元的巨额亏损，它们也付出了惨重的代价，拿出整个公司接近2/3的股权垫付损失，这几乎让整个公司破产。类似的情况在很多国家都出现过，如西班牙、日本等。

尽管程序化交易拥有强大的功能，能够对整个证券市场进行控制，但其本身所蕴含的风险又使得它具有脆弱的一面。错误的策略算法、软件的漏洞、硬件的故障、人为的操作失误，以及一些不可预知的市场条件的变化都可能导致程序化交易出现问题，这是难以避免的，而且一旦发生问题，又会引发强烈的连锁反应。

我们应该如何看待程序化交易呢？程序化交易在分散系统风险的同时，又增加了额外的风险，导致无法确定最终风险是变大了还是缩小了。只能说，某些方面的风险缩小了，另外某些方面的风险又增加了。但市场发展的趋势告诉我们，程序化交易对股民来说依然是有利可图的，券商也不会放弃使用程序化交易。相信未来能够设计出更好的制度和更完善的软件，让我们能够更好地去规避整个系统的风险。

4. 中小投资者的应对措施

（1）投靠券商。中小投资者将资金交给券商的程序化交易操作，从中获取部分收益。这种方法充分利用了程序化交易的强大功能。

（2）自己操作。部分有经验的投资者认为能够通过自己的能力来获取收益。这种方法不适用于对大量股票进行分析的情况，股民可选取自己熟悉的股票或版块，经验丰富的股民依然有可能跑赢大盘，而且股民在炒股的过程中能够真切地感受到证券市场的存在感。

4.8.5 全球 24 小时不间断的金融市场

20 世纪 70 年代，各种思潮开始涌动，西方国家认为金融应该自由化，金融市场也应该朝着国际化的方向发展。此时，证券市场已经开始电子化，有人提出将整个世界的证券市场联系在一起，变成一个统一的大市场。

我国股票的交易时间是每周一到周五上午时段 9:30—11:30 和下午时段 13:00—15:00，深沪股市每天开盘的时间只有短短的几个小时，但是在它收盘的时候，世界上一定还有其他股市在开盘。于是，又有人提出，组成一个 24 小时不间断的跨国界的证券市场。

这个想法打破了地域的限制与人的限制，使人们能够 24 小时不间断地操作股票。于是，各个国家开始建立交易所之间的联盟，如德国和瑞士的 EUREX、纽约证券交易所和泛欧的合并，这些联盟、合并使得 24 小时不间断的交易成为可能。

未来，大量的证券交易都会被计算机替代，因为程序化交易可以做到 24 小时不休息，可以操作全世界的股票，可以在大量的数据中找出更有价值的投资机会，可以实时做出判断，还可以综合多人的智慧对整个市场进行分析。

从证券市场中找出好的交易机会是一件非常有价值的事情。但是反过来看，程序化交易使得股民和计算机一起炒股，小股民也许会有一丝的沮丧，认为自己难以敌过计算机，但程序化交易、用计算机替代人去做股票交易，已经成为证券市场的发展趋势。券商可以通过程序化交易获得更高的收益，避免较高的风险，只要有一家券商这么做，其他券商也会跟进，这是一场永无休止的竞赛。总之，证券业的程序化交易进程已经是一个不可逆转的趋势。

拓展阅读

证监会发函统筹互联网证券发行规范，防范互联网技术潜在风险

互联网形式的证券业务本身仍具有证券属性，其业务性质、经营条件、信息披露和监督管理可以沿用现行法律法规框架，运用互联网技术的证券经营机构和服务机构，仍需在原有框架下开展相关业务和服务。

证监会先后起草了《证券基金经营机构信息技术管理办法》《关于规范证券公司借助第三方平台开展网上开户交易及相关活动的指导意见》等监管规定，分别从信息系统安全防护、数据安全管理、参与主体管理等角度做出规范。

关于建议中涉及的个人信息安全体系建设以及信用体系建设工作，证监会重点开展了以下工作：一是在《中华人民共和国网络安全法》等法律法规的框架下，研究制定证

券期货行业数据分级分类管理规范，支持行业机构在安全、合规的前提下，借助新型技术手段开展业务及服务模式的创新，引导行业机构有序利用数据资产、有效发挥数据信息应用价值。二是证监会于2018年3月28日公布了修订后的《证券期货市场诚信监督管理办法》，该办法扩充了诚信信息覆盖的主体范围和信息内容，建立了失信信息公示的"黑名单"制度和市场准入环节诚信承诺制度。另外，为了鼓励参与主体诚实守信，相关管理办法建立了诚信积分制度，对于符合诚信要求的机构实施行政许可"绿色通道"，优先安排审查。

作为大学生的我们要树立根据行业标准完成工作，将各项监管要求具体落实，培养专业、科学的意识。诚信是大学生进入社会的"通行证"。大学生只有树立诚信为本、操守为重的信用意识和道德观念，才能成为高素质的人才，承担起社会责任和历史使命。

课堂练习

一、判断题

1. 1990年12月19日，深圳证券交易所正式成立；1990年12月31日，上海证券交易所正式营业。（   ）

2. 证券发行市场也称为一级市场或者初级市场。（   ）

3. 证券代表对一定数量的某种特定资产的所有权，而资产是一种特殊的价值，它在资本市场上不断增值，使投资者获得收益。（   ）

4. 有价证券具有收益性，因此本身具有一定的价值。（   ）

5. 证券市场是为了解决长期资本和短期资金供求矛盾而产生的市场。（   ）

6. 网络证券交易是指投资者利用互联网资源包括公用互联网、局域网、专用网、无线互联网等各种手段传送交易信息和数据资料并进行与证券交易相关的活动。（   ）

7. 证券公司信息披露主要为持续披露。（   ）

8. 网络证券交易存在众多风险，比如操作性风险和第三方侵入的风险。（   ）

9. 证券交易必须遵守公开、公平和公正的原则。（   ）

10. 上海证券交易所采用价格优先和时间优先的原则进行交易。（   ）

二、选择题

1. 下列不属于程序化交易的特点的是（   ）。

A. 分析基础以技术分析为主　　B. 对交易员的依赖程度高

C. 工作时间24小时不间断　　　D. 执行能力快速

2. 程序化交易对市场效率的提升不包括（   ）。

A. 市场稳定性　　　　　　　　B. 交易成本的控制

C. 市场公平性　　　　　　　　D. 市场流动性

3. 骑士公司由于安装的交易软件出现错误，导致了 4.4 亿美元的亏损。该事件主要体现的是程序化交易对市场（　　）的影响。

A. 效率性　　　　　　　　　　B. 风险性
C. 公平性　　　　　　　　　　D. 流动性

4. 光大"乌龙指"事件主要体现的是程序化交易对（　　）的影响。

A. 市场效率性、市场流动性　　B. 市场风险性、市场效率性
C. 市场公平性、市场风险性　　D. 市场流动性、市场公平性

5. 人工智能的实例不包括（　　）。

A. 自动驾驶　　　　　　　　　B. 虚拟现实（VR）
C. 人机对弈　　　　　　　　　D. 编译程序

6. 下列说法错误的是（　　）。

A. 证券业的程序化交易进程已经是一个不可逆转的趋势
B. 计算机能在大量的数据里面找出更有投资价值的机会，实时地作出判断
C. 有相当多的证券交易所开始合并，比如纽约证券交易所和泛欧合并
D. 各国之间的交易所联盟使得 24 小时不间断交易成为现实

7. 下列对交易制度描述错误的是（　　）。

A. T+0 与 T+1 的交易制度并存于我国证券市场
B. T+0 的交易流动性高于 T+1 的交易流动性
C. T+1 的交易风险性低于 T+0 的交易风险性
D. T+1 的交易制度允许当日下单当日卖出

8. 以下有关程序化交易的阐述错误的是（　　）。

A. 股民不可能获得比程序化交易更高的收益
B. 程序化交易提供了一种非常好的交易策略和投资组合的模型
C. 程序化交易使得市场变得更加脆弱，甚至可能产生更高的市场风险
D. 券商可以通过程序化的交易来获取更高的利益且降低风险

9. 以下对于程序化交易与人为交易的描述错误的是（　　）。

A. 程序化交易的分析基础是统计概率
B. 程序化交易人为交易相对稳定
C. 程序化交易运算量大，故执行能力缓慢
D. 程序化交易的有效性依靠模型

10. 以下说法正确的是（　　）。

A. 交易软件可以利用股票、期货的历史数据
B. 证券市场上 20% 的交易是通过计算机完成的

C. 程序化交易对市场效率的提升主要来自3个方面：对市场的公平性，对市场的稳定性，对交易成本的控制

D. 程序化交易能提高效率、降低风险，因此人工交易没有必要存在

三、材料分析题

2021年9月2日晚，国家主席习近平在2021年中国国际服务贸易交易会全球服务贸易峰会上发表视频致辞。习近平说，我们将继续支持中小企业创新发展，深化新三板改革，设立北京证券交易所，打造服务创新型中小企业主阵地。

关于北京证券交易所有以下3个要求。

（1）以精选层为基础组建北交所：深化新三板改革、设立北京证券交易所，是资本市场更好支持中小企业发展壮大的内在需要，是落实国家创新驱动发展战略的必然要求，是新形势下全面深化资本市场改革的重要举措；坚持北京证券交易所上市公司由创新层公司产生，维持新三板基础层、创新层与北京证券交易所"层层递进"的市场结构，同步试点证券发行注册制；牢牢坚持服务创新型中小企业的市场定位，尊重创新型中小企业发展规律和成长阶段，提升制度包容性和精准性。

（2）处理好"两个关系"：处理好北京证券交易所与沪深交易所、区域性股权市场的关系，坚持错位发展与互联互通，发挥好转板上市功能；处理好北京证券交易所与新三板现有创新层、基础层的关系，坚持统筹协调与制度联动，维护市场结构平衡。

（3）实现"三个目标"：构建一套契合创新型中小企业特点的涵盖发行、上市、交易、退市、持续监管、投资者适当性管理等基础制度安排，补足多层次资本市场发展普惠金融的短板；畅通北京证券交易所在多层次资本市场的纽带作用，形成相互补充、相互促进的中小企业直接融资成长路径；培育一批专精特新中小企业，形成创新创业热情高涨、合格投资者踊跃参与、中介机构归位尽责的良性市场生态。

（资料来源：http://bj.people.com.cn/n2/2021/0906/c82839-34900095.html，有删改）

思考并讨论，完成以下题目：

1. 设立北京证券交易所的意义是什么？
2. 北京证券交易所是否可以只采用互联网证券模式来运作？请说明理由。

参考答案

一、判断题

1~5 × √ × × √

6~10 √ × √ √ √

二、选择题

1~5 BCBCD

6~10 DDACA

三、材料分析题

1. 党的十八大以来，资本市场在持续打牢市场基础、提高市场主体质量、增强依法治理能力、精准排除重点领域风险的同时，以更加主动的姿态推动市场化改革，包括设立科创板并试点注册制、创业板改革并试点注册制、深化新三板改革，大力推进双向开放，实施新的《中华人民共和国证券法》等，适时设立北京证券交易所，为创新型中小企业提供了更加便利、更具包容性的融资和服务平台，是必要之举。

第一，推动经济高质量发展，需要构建大中小企业良性互动、协同发展新格局，需要建设一个"面向中小企业的证券交易所"。

近年来，从上到下形成了一个强烈共识：加力支持中小企业的发展，有利于增强我国经济发展的内生动力，有利于推动创业创新和就业扩大。目前我国已有1.4亿个市场主体，其中大部分是中小企业，支持中小企业发展，最根本的是一视同仁，让各类市场主体切实依法依规，公平竞争。但从现实看，中小企业在土地、行业准入、科技投入和金融支持方面都还存在短板，需要通过制度改革来补足。

党的十八大以来，金融支持中小企业发展取得了积极进展，包括银行信贷、债券融资、股票融资、信用支持工具等方面，都针对中小企业需求出台了一些有效措施。新三板市场自运营以来，逐步成为中小企业市场化融资的重要平台。

但相对于大型企业、成熟企业而言，创新型中小企业融资需求的实现仍是薄弱环节。新设一家为广大创新型中小企业服务的证券交易所，不仅可以承载更大的融资规模，畅通资本流通机制，还可以为这类中小企业构建更为有力的信用增长通道。因此，为了立足服务实体经济，优化全国资本市场布局，提升对中小企业的服务支撑能力，在北京设立一家规范的证券交易所，是必要且可行的。

第二，深化金融供给侧结构性改革，需要拓展资本市场的服务功能，进一步完善服务不同层次、不同发展阶段企业融资需求的市场基础设施。

证券交易所是金融供给的基础设施和机制载体。根据国外发达证券市场和我国证券市场的运行经验，大中小企业需要与之相匹配的证券交易场所和对应机制。完善我国证券市场的层次布局的事业可谓一直在路上。

2013年以来，新三板市场对中小企业融资、改制、高质量发展发挥了积极作用，也为设立北京证券交易所打下了市场基础。近年来，在北京设立一家规范的证券交易所成为各方的期盼，当然，证券交易所与场外交易市场有不小的差异，在新三板精选层体系基础上建设一个规范的、辐射全国的、定位准确的证券交易所，还需要做大量的调研准备工作。

北京证券交易所设立之后，将形成京、沪、深三地交易所功能互补、各具特色、各显优势的证券市场新格局。北京证券交易所的定位为"服务创新型中小企业的主阵地"。沪深市场的主板将继续为成熟的大中型企业服务，科创板为硬科技产业板块的企业服务，创业板为高新技术企业、战略性新兴产业企业和成长型创新创业企业服务。

在新的格局下，要进一步深化以注册制改革为核心和引领的全面市场化改革，增强市场的活力、包容性、适应性，更好地为各类企业竞争发展服务。

第三，建设高标准的市场体系，需要在要素市场化配置、强化竞争政策基础地位等方面推出更大力度的举措。新设证券交易所有助于推动这一进程。

"十四五"规划和2035年远景目标纲要指出，要建设高标准的市场体系。建立这样一个市场体系，既需要政策引导，也需要硬举措。在产权界定、保护、流转层面，在资本等生产要素优化配置层面，在鼓励市场主体公平竞争层面，在信用采集、约束、惩戒、激励层面，都需要资本市场发挥其独特作用。如果资本市场缺少为中小企业服务的这一环节，中小企业参与高标准市场体系的机制就会受到制约。

同时，从证券交易所的全国布局来说，在确保稳定的前提下鼓励适度竞争，通过交易所之间的有序、适度竞争提高交易所市场化服务的水平，是符合高标准市场体系要求的。交易所作为交易平台，承担着塑造市场规则和生态、促进市场化向深度演进的重要使命，因此，证券交易所要以竞争的姿态、市场化的理念，做高质量市场体系的重要推动者。

2. 略（言之成理即可）。

第 5 章

保险业的互联网化

知识目标

（1）了解网络保险的特点。
（2）理解保险业电子化所遇到的阻力。
（3）理解保险业创新模式的改变。
（4）掌握"互联网+保险"的主要模式。

素质目标

树立金融安全意识，遵守互联网保险行业规范。

案例导入

互联网保险迎来发展春天？

除了新零售领域，保险行业同样是一个被互联网巨头们盯上的"大蛋糕"。为何巨头们对保险如此上心？是因为借助线上流量，巨头们能够更好地让保险与场景结合，吸引更多用户在线上便捷地购买保险。因此保险也成了互联网巨头要构建金融生态圈的必备业务。

要在保险行业大展拳脚，互联网巨头要做的最重要的就是获得齐全的保险牌照。2018年11月2日，京东宣布，获中国银行保险监督管理委员会批准，安联财产保险（中国）有限公司获准更名为京东安联财产保险公司，这也是国内的第3家互联网巨头拿到了保险牌照。

除了百度、阿里巴巴、腾讯、京东（简称BATJ），其他一批互联网企业等相继入局保险，路径方向亦相似。巨头们扎堆挤进互联网保险行业，是否能让它在短期内迎来爆发式增长？未来互联网保险对传统保险会有哪些冲击力与影响？对于巨头们来说，它们的互联网保险能否走出一条特色之路？

互联网保险市场热度逐渐升温　各家互联网巨头争相抢滩保险红海

互联网保险市场规模有多大的发展前景？中投顾问发布的《2023—2027年中国互联网保险业投资分析及前景预测报告》显示，2023年1~2月，保险业累计实现原保费收入1.40万亿元，同比增长8.37%。其中，财产险实现原保费收入2270亿元，人身险实现原保费收入1.18万亿元，保险业累计原保险赔付支出3314亿元，同比增长8.37%。

近几年，BATJ通过并购、合资与官方申请的方式一直在筹集牌照。根据《中国保险科技行业投融资报告》数据显示，互联网巨头们入股了多家拥有保险相关牌照的公司。当然只有巨头们手上握有保险牌照，才更能有机会在保险行业掘金。

互联网保险发展潜力巨大　但巨头们探索商业化道路面临不少挑战

清晖智库统计，未来的十年内，互联网保险的规模有望达到10万亿元，未来整个保险业的市场也将会发生改变，借助流量优势，保险业的发展前景会更好。虽说巨头们对互联网保险寄予厚望，但是目前互联网保险的发展还面临很多挑战。

第一，互联网保险公司业务规模扩大但却持续亏损已是行业现象；第二，政策对互联网保险的监管严，互联网保险行业短时期内发展仍受制约；第三，相较于传统保险行业，互联网保险在线下售后服务还得不到用户认可。

互联网血液让保险迎来机遇　巨头们走出特色保险之路尤为重要

随着互联网保险持续升温，巨头们拼速度与资金的上半场已经结束，接下来已进入互联网保险的下半场。下半场比拼的着重点体现在保险科技的地位日益突显，数据本身的质量和处理能力将成为核心竞争力，互联网保险公司将进入拼技术、拼内容和拼生态的阶段。

随着互联网巨头对保险行业的渗透影响不断增强，互联网保险行业势必会受到更多积极影响。要承认的是，互联网模式的保险思维极大地推动了保险业商业模式的升级换代，未来互联网保险行业的发展前景确实不可限量，但到底谁能成为行业独角兽，坐拥互联网保险市场行业，还是要靠保险产品来说话。

（资料来源：http://site.qudong.com/2018/1108/530187.shtml，有删改）

5.1 保险

5.1.1 保险的概念、职能与本质

1. 保险的概念

现代保险的概念可以从2个角度来诠释。从经济角度诠释：保险是一种以经济保障为基础的金融制度安排。它通过预测不确定事件的发生数量和收取保费的方法建立保障金，以合同的形式，由大多数人来分担少数人的损失，实现保险购买者风险转移和理财的目标，即使用现在的财富去补偿未来的短缺，使得可能存在的风险发生转移。从法律角度诠释：保险是一种合同行为，保险经济关系是通过保险双方订立保险合同来确立的。根据保险合同的约定，投保人承担交付保险费的义务，保险人在保险事故发生时履行保险赔偿或给付的义务。

所谓网络保险，是指保险公司或保险中介机构以信息技术为基础，以互联网为主要渠道来支持保险经营活动的经济行为。网络保险的概念有广义与狭义之分。狭义的网络保险是指保险公司或新型的网上保险中介机构通过互联网网站为客户提供有关保险产品和服务的信息并实现网上投保，直接完成保险产品和服务的销售，由银行将保险费划入保险公司；广义的网络保险还包括保险公司内部基于互联网技术的经营管理活动，以及在此基础上的保险公司之间，保险公司与股东、保险监管、税务、工商管理等之间的交易和信息交流活动。

2. 保险的职能与本质

保险源自风险。各种风险事故的发生导致生产和生活要素的短缺，而这种要素的短缺又影响经济社会的正常运行。保险的职能在于用分散的物质财富的积累补偿集中的短缺，或者用现在的物质财富的积累补偿未来的短缺，以保障经济社会的正常运行。

从横向角度看，保险的职能是用分散的物质财富的积累补偿集中的短缺。需求方面，经济社会中存在大量面临着同样的危险、与之有利害关系的社会主体希望通过付出一定的代价保证能在遭受损失时获得补偿。供给方面，保险人有特殊的技术手段——大数法则，证明完全可以凭借收取较低的保费对危险事故造成的较大损失进行补偿，并且获得盈利。保险形成的风险转移机制使众多单位和个人联合起来，变个体应对危险为群体共同应对危险，从整体上提高了整个社会对危险事故的承受能力。

从纵向角度看，保险的职能是用现在的物质财富的积累补偿未来的短缺。在人的生命运行过程中，存在着不同时期财富收入和风险分布不同的问题。保险通过对个人人生

不同时期收入的重新分配，以及对不同年龄层次人群收入的重新分配，实现了财富在人生过程中的平滑，以及在各年龄阶段人群中的调剂。保险形成的这种风险转移机制，通过养老保险等形式为个人人生的未来发展提供保障规划，也为整个社会人口年龄结构的转型提供了安全的保障。

因此，保险的本质是以资金融通的形式，解决了经济社会运行过程中要素的短缺与需求之间的矛盾，实现了风险的分散和财富的调剂，保障了社会经济生活的稳定运行。保险的本质属性就是保障。

5.1.2 保险与精算师

精算是依据经济学的基本原理，利用现代数学教学方法和多种金融工具，对多种经济活动进行分析、估价和管理的一门综合性的应用科学。精算师是运用精算方法和技术解决经济问题的专业人士，是评估经济活动未来财务风险的专家。精算师是集保险业的精英、数学家、统计学家、投资学家于一身的保险业高级人才，精算师不仅要具备保险业的专业知识，更需有预测未来发展方向的能力，他为金融决策提供依据。随着商业保险和社会保险、金融业等领域的发展，保险业竞争日趋激烈，作为新保险产品的设计者——精算师已成为保险公司争夺市场的重要"砝码"。由于人才稀缺，精算师的收入在热门职业中也高居榜首，被称为"金领中的贵族"。

精算师传统的工作领域为商业保险业，在此行业，精算师主要从事产品开发、责任准备金核算、利源分析及动态偿付能力测试等重要工作，确保保险监管机关的监管决策、保险公司的经营决策建立在科学基础之上。随着精算科学的发展和应用，精算师的工作领域逐步扩展到社会保险、投资、人口分析、经济预测等领域。目前全球有三分之二的精算师任职于保险公司。作为保险业的高级人才，精算师是保险公司核心部门中的核心人物，主要职责是新保险产品开发设计、保险产品管理、财务管理，在公司管理层中有着极高的地位和权力。

新保险产品开发设计：在保险市场越来越激烈的竞争中，保险公司只有不断推出符合人们需要的新保险产品才能生存和发展，而精算师是新保险产品的主要设计者。一个新保险产品的条款、价格设计，既要保证公司能盈利，又要有管理的可行性，更要符合人们的需要、定价合理、有市场竞争力。比如一个寿险产品，精算师必须通过以往的人口寿命统计、现行银行利率和费用率等资料进行计算，设计出投保人的各种限制条款（如健康条件等），对收益支付的可能性及支付时间做出计算，最后与公司管理高层共同确定保单的价格。而这样的新保险产品设计出来后，有精算师签字才能送中国银行保险监督管理委员会审批。

保险产品管理：在产品售出后，精算师经常需要参与产品管理。如果该产品是参与分红的保险，是根据实施时间付给客户年息，精算师则必须分析公司能够并且应该支付的年息量。这就要求他们分析该计划的实施状况，以及未来可能需要的资金量。与此相似，许多已售产品提供信贷的或者支付给顾客的投资收入，精算师可帮助评估实施情况。

财务管理：对于大多数保障产品来说，其积累的资金一部分被储备起来供以后支付使用，精算师必须估算储备金的数量，并计算出该计划今后的开展，而精算师是新保险产品的主要设计者，一个新保险产品的条款、价格设计，既要保证公司能盈利，又要有管理的可行性，更要符合人们的需要、定价合理、有市场竞争力。比如一个寿险产品，精算师必须通过以往的人口寿命统计、现行银行利率和费用率等资料进行计算，设计出投保人的各种限制条款，如健康条支；审核公司的年度财务报告，并在报告上签字；把握投资方向，对公司的各项投资进行评估，以确保投资的安全和收益。

因此，当一名精算师在其意见下签字时，就意味着一个保险计划、一个养老金计划或其他许诺已经诞生，对保险公司和社会都会产生相当大的影响。

5.1.3 保险的一般特征

我国的保险业务具有险种多、数据量大，保险条款变化大，以及保险业务网点分散、数据保存时间长等特征。

1. 保险险种多、数据量大

保险业务按保险对象不同分为财产保险、责任保险、人身保险和财产与责任综合保险。目前，我国已开办的保险险种达 300 多种。

2. 保险条款变化大

随着我国保险业务的不断发展，以及保险业相关的一些经济政策和经济环境的变化，保险条款一直处于不断变化和完善的过程中，形成了业务可变性大、规范性差的特点，这种复杂多变的业务需求使得传统的手工处理方式无法适应，更无法及时满足客户的要求。

3. 网点分散、数据保存时间长

保险业务的专设机构网点往往比较分散，可位于全市的各个地区，再加上目前大量直销员的推销网点使得业务覆盖面相当大，在这种情况下，保险公司如果仅靠手工集中处理则根本无法实现对所有数据的及时采集和对所有投保户的及时出单处理。同时，保险业务的数据根据业务种类的不同，其保存期限也有所不同，而往往有大量数据的保存期相当长（如 30 年），对保险公司的业务处理机构来说，数据保存的压力巨大，传统的方法无法满足其需求。

5.2 保险业的电子化创新

5.2.1 保险业的电子化

保险是金融的重要分支，保险业电子化也是金融电子化的重要组成部分。保险业电子化的进程以金融电子化为基础，基本遵循着金融电子化的发展逻辑和整体趋势。但保险自身的业务属性使得保险业电子化的发展路径、重点难点、内涵外延与传统金融电子化存在着诸多差异。相比于银行和证券行业，保险业的电子化发展较晚，而且相对来说没那么彻底。

1. 保险业电子化进程

保险业电子化进程伴随着保险发展模式的演进，大致可以分 3 个阶段。

第一阶段：以产品为导向的运营电子化。保险需求的潜在性，以及销售导向的运营体系决定了早期保险业电子化主要解决保险公司内部业务流程的电子化问题。各保险公司均建立核心业务系统（ERP），取代手工记录作业流程，实现投保、核保、缴费出单、批改、报案、查勘、定核损、单证收集、理算核赔、结案完整业务流程的信息化管理，极大提升了客服响应效率，降低了运营成本，实现了运营体系的标准化、集约化和规范化。

第二阶段：以互联网为特征的服务电子化。随着互联网、移动互联以及电子签名技术的成熟应用，保险渠道的网络化、服务的线上化、单证的电子化、展业的移动智能化得到迅猛发展。从 1997 年我国第一家保险网站——中国保险信息网上线到目前每家保险公司均建立官方网站、移动端应用、微信公众号，提供一站式保单和理赔信息查询、产品报价和保全服务；从 2005 年人保财险开出第一张电子保单到目前保险公司基本具备电子保单服务、委托第三方进行托管和验真的能力，在短期意外险、车险等产品以及网络渠道推行电子保单；从 2014 年中国人寿试点签发第一张电子发票，到如今营改增落地实施，保险公司自建或通过行业共建实现了电子发票的签发、存储、推送和查验服务。

第三阶段：以账户为中心的交易电子化。伴随金融综合化、保险集团化、网络资源账户化的深度发展，账户越来越成为虚拟经济中资源汇集和争夺的载体，"得账户者得天下"的时代已经到来。国寿、平安、阳光等保险集团相继构建集团内部"一账通"的统一账户体系，为客户提供跨公司、跨渠道、跨产品的超级支付体系，提供便捷的移动资金通道和金融理财的一站式解决方案，实现集团对客户的综合金融服务战略布局。2016 年 6 月成立的上海保险交易所建立了以保险为主题的电子交易市场，在推进保险证券化和提升市场效率的同时，开辟了保险交易电子化的基础设施建设新篇章。

2. 保险业电子化的特点

保险业的电子化具有渠道互联网化、产品数据化等特点。

（1）渠道互联网化。

渠道互联网化是目前阶段互联网保险的集中变现形态。这些丰富的产品形式体现了互联网保险如今蓬勃的发展态势，对传统的保险渠道进行了强有力的冲击，无论是传统人身险还是财险，都可以通过互联网的方式进行互联网化销售。实现渠道互联网化的保险产品具有的特点可归结为标准化、条款简单、保费低廉。

第一，标准化。销售渠道的互联网化是渠道互联网化最简单的一种方式，也是保险业最初的方式，这种模式很适合比较标准化的产品，比如运费险。

第二，条款简单。条款越简单的产品越容易标准化，客户需要得到的咨询越少，互联网化的模式就越适合，其中最典型的产品就是车险。

第三，保费低廉。保费越低客户的敏感性相对越低，越容易达成交易，这也就是为什么短期的理财险容易交易而长期寿险这种高价值的产品交易起来较为困难、发展较慢。

（2）产品数据化。

在保险产品设计方面，互联网对保险的助力莫过于帮助保险产品风险定价。互联网大数据带来丰富的保险标的的数据信息，结合多维数据描述标的性质，进而帮助保险产品进行产品定价。

保险产品的设计过程本身就是基于数据的精算。传统的产品精算更多是通过小样本数据去实现。利用大数据强大的统计和分析能力，精算师可以设计出个性化的保险产品、构建全面精确的客户画像，实现精准营销、提高风控能力和帮助保险企业实现精细化管理等。

5.2.2 从产品到系统——保险业的创新模式改变

改革开放、恢复保险以来，我国保险业一直保持着较快的发展速度，其中保险创新发挥了积极重要的作用。当前对于我国保险创新的研究可以概括为3个方面：产品创新、服务创新及营销方式的创新。

1．产品创新

保险产品是保险公司为客户提供的有一定保障作用的产品，这些产品在一定程度上可以减轻客户来自生活各方面的压力，并且必要时，可以将客户某一部分损失转移给保险公司。在经济迅速发展的时代，一个只生产与其他公司千篇一律的保险产品的公司，注定是没有发展前景的。

保险产品的创新主要有3种方式。

一是"空白创新"。保险公司要迎合群众与时代发展，根据客户的需要，设计出一款当前市场还未出现的产品。

二是"改造式创新"。以当前市场存在的一种产品为基础，对其进行改造，使其各方面性能都优于原产品，从而更受广大群众的欢迎。

三是"拼接式创新"。将现在市场上所有的产品进行拆分并重新组合，创造出一款功能齐全的产品。

2．服务创新

保险服务创新是指保险公司制定新的服务策略，在销售产品的同时强化企业形象，吸引更多的客户，增强竞争力。保险服务的创新主要从思想、服务以及公司制度的创新来着手，包括服务思想的创新、服务方法的创新和公司服务制度的创新。

服务思想的创新指以客户为导向的创新。一直以来，保险公司都以业务为中心，然而只有服务好客户，公司才有好的发展前景。所以，保险公司应该时刻谨记"以客户为出发点"，只有这样，才能指向性地设计出客户需要的产品，而不是设计出产品强加给客户。

服务方法的创新指保险公司要积极学习先进的保险服务方法与手段，在学习过程中要找到适合自己的保险服务方法。此外，工作人员应在服务中不断听取客户的意见，满足客户的个性化要求。公司只有靠企业良好的形象以及舒适的服务赢得客户，才能与其建立长久的合作关系。

公司服务制度的创新指的是建立公司与员工之间和谐的关系。我国保险公司的制度体系大多是站在公司盈利的角度上制定的。一个公司的规章制度应该是被员工从心底认可的，只有这样，员工才会尽全力为公司服务。而员工往往是客户信赖本公司的关键，所以要从制度入手，抓住员工的心，从而抓住客户，这也是一条通往成功的捷径。

3. 营销方式的创新

一个保险公司要想在快速发展的时代中站稳脚跟，应当全方位、多角度扩展营销渠道。保险公司要走出传统电话销售的限制，进行互联网销售，利用网络高速传播的性质，将本公司的产品尽可能传递给所有人。销售产品的同时应当突破"一手客户"的局限性。"一手客户"是指员工自己寻找的客户，这种在符合自己公司产品购买条件的人群中寻找客户的方法，虽然客户质量高，但是也浪费了大量时间，工作效率低下，所以改变我国以个人代理为主的单一销售方式势在必行。

从营销学角度来看，以上创新内容实际上是价值共创理论的运用。通过拼接式创新，可以产生大量的产品组合，让顾客参与到产品设计之中，顾客可以根据自己的偏好选取个性化产品。服务思想的创新实现了从以企业为导向到以客户为导向的转变。价值共创，即价值共同创造。传统的价值创造过程是公司在企业内部创造价值，然后在市场上与顾客进行价值交换，产品和服务的生产完全由公司来决定，公司通过推断来决定顾客需要什么样的价值。在这个系统里，顾客这一角色与价值创造几乎毫无关系。现在，价值必须由公司与顾客联合起来共同创造。这实现了从以企业为导向到以客户为导向的转变，进而提高了客户满意度。

5.3 "互联网+保险"

5.3.1 互联网保险企业实例

我国第一家互联网保险企业——众安保险成立于 2013 年 11 月，股东包括蚂蚁集团、腾讯、平安保险，总部位于上海。众安保险的经营范围包括财产保险、货运保险、责任保险、信用保险、短期健康和意外伤害保险等。众安保险是以互联网思维结合大数据设计服务与互联网经济的保险产品，在线提交理赔申请、提供相关资料。这实现了业务流程全程在线，全国均不设任何分支机构，完全通过互联网实现承保和理赔服务。众安保险不像其他保险公司那样把已经在线下卖的保险直接搬到线上销售，而是综合分析互联网后台的物流、支付和消费者保障等环节，主动创新出适合互联网保险的产品结构、运营模式和服务方法，构建一个全新的互联网平台价值体系。

2015 年 7 月，中国银行保险监督管理委员会连续发放 3 张互联网保险牌照，包括易安财产保险股份有限公司、安心财产保险有限责任公司和泰康在线财产保险股份有限公司。以上三家互联网保险公司与众安保险的模式相同，完全依托互联网平台开展业务，不设具有经营性质的分支机构。获批的经营范围主要包括货运险、信用保证保险、意外险、健康险、家财险、企财险等，与众安保险获批成立之初允许经营的范围基本一致，但只有众安保险获得互联网车险的经营资格，众安保险也因此成为全国首家网络车险公司。2019年7月24日，众安保险宣布获得互联网医院牌照；2020年5月，众安保险又正式获得香港保险业监管局授予的全数码化保险公司牌照。

借助互联网与移动互联网，互联网保险企业开展保险服务具有以下3个明显的"互联网+"的特点。

1. 量大，件均保费低

件均保费不足1元钱，看中"入门级"消费群体，与传统财险企业的主体业务车险的件均保费约3000元人民币相比差距巨大。

2. 自动处理率高

保单几乎100%为系统自动受理，理赔自动处理比率超过99%。

3. 线上服务多，电话服务少

众安保险的人工咨询服务中，90%以上通过文字咨询服务完成，10%通过电话咨询完成，这也区别于传统保险公司80%的售后服务通过电话完成。

5.3.2 互联网保险商业经营模式

我国互联网保险主要有3种商业经营模式，分别是自有的官网销售平台模式、保险超市模式和第三方电子商务平台模式。

1. 自有的官网销售平台模式

该模式是指各保险公司、保险中介公司根据公司自身服务特色、产品特点在互联网交易平台上宣传保险品牌，扩大保险产品知名度和影响力，提供完善的保险信息，实现保险产品的在线咨询和销售、自主运营和管理互联网站。目前，一些资金充足的大型保险企业如中国平安、中国人寿、泰康人寿等都在这种保险经营模式里如火如荼地发展着。各保险公司自有的官网销售平台模式基本实现了从核保到理赔的纯线上一条龙式服务，实现了一种全新的营销渠道。该模式大大缩短了保险经营的成本，提高了保险业运行的效率，提升了保险产品的附加值。

2. 保险超市模式

保险超市模式指的是上游对接多家保险公司不同类别的多种保险产品，通过SEO、品牌广告等直接面向消费终端，消费者通过保险超市能够实现这些保险产品的在线保费计算、对比、投保、核保、支付等环节。保险超市是最早的也是最常见的互联网保险模式之一，慧择、中民等公司在2008年左右就推出了旗下的保险超市，保险公司也都有自己的保险商城。随着近年来互联网保险的发展，更多的保险中介公司设立了自己的保险超市。

3. 第三方电子商务平台模式

第三方电子商务平台模式（简称"第三方模式"）指保险公司依托有成熟技术的第三方提供的网站平台进行保险产品销售。第三方电子商务平台又分为3种具体模式，一是以一些典型的电子商务平台为载体的第三方平台模式，二是保险咨询类平台——一种专业化的提供在线疑问解答、详细保险信息的网络平台，三是以新浪网等为典型代表的综合类平台，他们也纷纷开始尝试利用网络平台销售保险产品。

5.3.3 "互联网+保险"的3.0进化

互联网保险发展驶入快车道，由以渠道创新为中心的1.0阶段、以产品创新为中心的2.0阶段，进入了以商业模式创新为中心的3.0阶段。

1. 互联网保险1.0版本：渠道创新

互联网渠道创新有助于缓解传统营销增长空间有限、成本高等困境。该阶段将互联网保险作为一个渠道，保险产品本质没有发生变化，还是停留在将传统的保险产品搬到网上，即保险公司自有的官网销售平台模式。

2. 互联网保险2.0版本：产品创新

2.0阶段是基于互联网、大数据、人工智能、区块链等技术的一些创新型产品，围绕互联网的特性和消费者的行为习惯进行创新，吸引用户量，其特征主要是碎片化、分散化和平民化。互联网新的生态环境为保险公司的产品设计提供了新颖的场景和丰富的标的。

3. 互联网保险3.0版本：商业模式创新

3.0阶段是针对保险的商业模式进行全新的变革，通过构建生态圈，既可以使用跨界竞争、客户迁徙战略建立竞争优势，又可以深耕保险领域，通过产品优势压缩渠道成本，提高盈利水平，使整个保险业的商业模式迈上全新台阶。

拓展阅读

我国目前的互联网保险行业正步入3.0阶段，如今行业缺乏统一标准和规范，其安全性和可控性暂不充分，行业在一定程度上面临一些发展瓶颈。习近平总书记就维护金融安全、促进行业健康发展提出6项任务：一是深化金融改革，完善金融体系；二是加强金融监管；三是采取措施处置风险点；四是为实体经济发展创造良好金融环境；五是提高领导干部金融工作能力；六是加强党对金融工作的领导。《互联网保险业务监管办法》于2020年12月7日经中国银保监会会议审议通过，从总则、业务规则、监督管理等多个方面对互联网保险这个步入新时代的行业进行了方方面面的规定，新的商业模式也不断被新的监管办法纳入掌控之下。"全国一盘棋"的金融风险防控格局正在我国逐步形成。在我国互联网金融法治建设不断推进的背景下，互联网保险行业正展现着崭新的面貌。

课堂练习

一、判断题

1. 保险源自各种风险,如开车可能与别人擦碰,家里东西可能会被盗,身体可能出现问题。（   ）

2. 保险的职能是用现在的物质财富的积累来补偿未来的短缺,形成风险转移机制。（   ）

3. 相对于银行和证券来说,保险业的电子化是最彻底的。（   ）

4. 在互联网的销售模式下,保险省略了中间的销售人员销售环节及面对面解释产品的环节,互联网的本质要求互联网保险产品必须设计简单化。（   ）

5. 越简单化、标准化的保险越容易在互联网上销售。（   ）

6. 在自有的官网销售平台模式下,各家保险公司通过自己的门户网站向客户展示保险产品,提供联系方式,拓展销售渠道等。（   ）

7. 众安保险只是把线下的保险产品搬到线上去卖。（   ）

8. 众乐宝针对淘宝买家出售,在理赔和追赔的形式上采取"先行垫付、事后追赔"方式,买家只要在30天内归还理赔款即可。（   ）

9. 平安一账通是指只需要一个账户、一套密码、一次登录,就可管理所有平安账户和50多个其他机构的网上账户。（   ）

10. "互联网+保险"2.0时代基本特征是碎片化、分散化、平民化。（   ）

二、选择题

1. 在保险业另外一种创新的方式中,产品的创造从企业导向变成了（   ）。

   A. 利润导向　　　　　　　B. 数据导向

   C. 客户导向　　　　　　　D. 规模导向

2. 保险业电子化最初的方式是（   ）。

   A. 渠道互联网化　　　　　B. 标准化

   C. 数据化　　　　　　　　D. 简单化

3. 渠道互联网化的保险的特点不包括（   ）。

   A. 条款简单　　　　　　　B. 保费低廉

   C. 交易便利　　　　　　　D. 手续复杂

4. "三马卖保险"中的"三马"不包括（   ）。

   A. 马云　　　　　　　　　B. 马东敏

   C. 马化腾　　　　　　　　D. 马明哲

5. 众安保险推出的首个创新型产品是（   ）。

   A. 运费险　　　　　　　　B. 延误险

   C. 众乐宝　　　　　　　　D. 参聚险

6. （　　）不属于众安保险的业务特点。

A. 量大，件均保费低　　　　B. 自动处理率高

C. 线上服务多　　　　　　　D. 电话服务量大

7. （　　）不属于保险公司网站模式的作用。

A. 宣传公司及产品

B. 在网上推销保险，拓展产品销售渠道

C. 对客户资料进行管理

D. 保险供求双方自行匹配

8. 平台把有关联的所有保险公司的保险产品信息放在一个网站上介绍，让用户根据自身实际情况自主选择所需要的保险产品，这种模式属于（　　）。

A. 自有的官网销售平台模式　　B. 保险超市模式

C. 第三方电子商务平台模式　　D. 其他

9. 网站既不提供保险产品，也不提供专业的保险信息，只提供平台，由保险供求双方自行匹配，这种模式属于（　　）。

A. 自有的官网销售平台模式　　B. 保险超市模式

C. 网络保险淘宝模式　　　　　D. 其他

10. 对存量保险产品进行电子商务化，是属于"互联网+保险"（　　）。

A. 1.0 阶段　　　　　　　　B. 2.0 阶段

C. 3.0 阶段　　　　　　　　D. 4.0 阶段

三、材料分析题

互联网保险"七年之痒"，借健康险突围

2020年上半年，泰康在线就已实现保费规模大增，累计实现保费收入49.21亿元，较2019年同期的16.25亿元增长203%。

随着2013年"互联网+"生态的兴起，保险公司、中介机构纷纷触网，一个新兴的互联网保险行业应运而生。

2020年，新冠病毒传染病疫情给我国保险业带来较大冲击，但与此同时，发展近七年之久的互联网保险业，在民众保障意识逐步觉醒、线上投保意愿逐年增多的背景下，反获一波红利。

行业交流数据显示，目前已成立的4家持牌互联网保险公司中，2020年前三季度，泰康在线和众安保险的保费收入同比分别增长134.89%和12.21%，超过行业平均增速。互联网险企并非皆大欢喜，另外两家中小公司易安财险和安心保险经营依然不容乐观，前三季度保费收入同比分别下降76.71%和2.31%。

除保费增速分化外，四家互联网险企盈利水平也不一。数据显示，2020年前三季度，保费增速最快的泰康在线，反而亏损额高达5亿元，同期，安心保险也发生0.27亿元亏损；众安保险前三季度实现5.51亿元盈利。

回顾 2015 年前后，国内除了众安保险、安心、易安接连拿到互联网保险牌照，百度、京东、乐视等巨头也纷纷通过联手保险公司、资本方，全面布局互联网保险，泰康人寿等各类机构都加入了互联网大潮。

2015 年底，保险代理、经纪公司互联网保险业务备案达到了 105 家，虽然在 2500 余家保险中介中，当时积极布局互联网的还不足 5%，但是势头已经初步显现。及至 2017—2019 年，滴滴、美团等企业也开始进入保险业。如今已经迈进"七年之痒"的当口，互联网保险的经营成效几何，也成为业界关注的焦点。

业绩分化原因不一

四家互联网保险公司的保费规模已呈现明显分化格局。数据显示，2020 年前三季度，众安保险保费规模领跑，原保险保费收入为 111.48 亿元，紧随其后的是泰康在线，原保险保费收入达 74.08 亿元。

相比之下，易安财险和安心保险的保费规模较小，2020 年前三季度保费收入分别仅有 2.08 亿元和 20.25 亿元。

此外，在保费收入增速上，2020 年前三季度，众安保险和泰康在线也分别斩获同比 12.21% 和 134.89% 的正增长，而同期安心财险和易安财险却同比分别下滑 2.31% 和 76.71%。

同为互联网保险企业，安心财险和易安财险缘何年内保费收入出现下滑？北京一财险公司人士分析指出："易安财险主要受 2020 年 7 月被银保监会接管影响，而安心保险管理层较为动荡，一定程度上也会间接影响到业务开拓。"

2020 年 7 月 17 日，银保监会网站发布公告称，依法对华夏人寿、易安财险等 4 家保险机构实施接管。被宣布接管的 4 家保险公司，2020 年前三季度保费收入普遍出现不同程度下滑。

此外，安心保险在经营方面，也如上述人士所讲，自成立以来人事波动较大。安心保险第一任总裁为钟诚，不过，钟诚仅担任了 3 年安心保险总裁，就在 2018 年下半年离任转投其他企业。此后，安心保险总裁一职空缺。

2019 年 11 月，林锦添出任安心保险副总经理并主持工作，但任职不到 1 年时间。2020 年 10 月，林锦添也宣告离职。

除此之外，市场分析人士认为，安心保险商业模式不够清晰，是其发展受到掣肘的主要原因之一。除了保费规模和增速显著分化外，在盈利能力方面四家互联网保险公司之间也拉开了较大差距。

以保费收入增长最快的泰康在线为例，2020 年前三季度净亏损额也最大，高达 5 亿元。另外，安心保险偿付能力报告显示，2020 年前三季度该公司也出现累计 0.27 亿元的净亏损。

年报数据显示，泰康在线 2017 年至 2019 年净利润分别为 −1.94 亿元、−3.56 亿元、−4.84 亿元，净亏损额处于持续增多的状态。同期，安心保险业绩也并不稳定，近三年净亏损额分别为 2.83 亿元、4.88 亿元和 0.98 亿元。

互联网保险借道健康险

有别于传统保险公司理财险、寿险、重疾险以及 2018 年前后大力推广的医疗险，面向出行行业的运营者和消费者的出行服务险、面向物流/快递行业的保险、针对共享出行的保险等，定制型保险成为互联网保险拉拢行业客户和公众的特色服务。

例如新浪 2018 年初进入互联网保险领域，结合微博使用场景，初期上线的险种是旅游险和碎屏险，而且面向公众提出了定制型保险的服务。

凭借互联网渠道的便利性，互联网保险还开发了"摇号险""加班险""种牙险""外卖险"等五花八门且传统保险公司里并不常见的险种。

延至 2020 年，健康险成为持牌互联网保险公司主打的产品。

2020 年半年报显示，上半年众安保险健康生态板块保费规模大增，达到 30.49 亿元，同比增长 115.6%，占到公司总保费规模的 45%，也就是说，健康险保险产品为众安总保费规模贡献了近半壁江山。

事实上，同样在健康生态上大力布局的还有泰康在线。

2020 年上半年，泰康在线就已实现保费规模大增，累计实现保费收入 49.21 亿元，较 2019 年同期的 16.25 亿元增长 203%。各类保险业务中，泰康在线健康险保费同比增长 421%，高于 40.4% 的行业增速。

泰康在线发力健康险，更多是跟随泰康集团脚步。近年来，泰康集团着力推动大健康、"保险+医养"发展模式，而泰康在线正是泰康集团在互联网线上渠道布局的重要路径。

然而，伴随着保费规模的扩张，泰康在线的亏损额也在扩大。数据显示，截至 2020 年前三季度，该公司净亏损已超 16 亿元。

一位券商非银分析师表示，当前健康险为商业险的蓝海市场，瞄准健康险赛道公司未来发展可期。同时，这也可以在一定意义上摆脱对电商渠道的依赖，公司早年以经营退运险为主，后续险种多元化发展，业务结构更加健康。

（资料来源：https://baijiahao.baidu.com/s?id=1683502894118048480&wfr=spider&for=pc，有删改）

思考并讨论，完成以下题目：

1. 适合在互联网上销售的保险产品应具有哪些特征？

2. 互联网保险发展到瓶颈期，大多数适合的险种都已被开发，为什么健康险在这个阶段有增长潜力？

3. 文中提到"随着保费规模的扩张，泰康在线的亏损额也在扩大"，你觉得这是什么原因造成的？

参考答案

一、判断题

1~5 √ × × √ √

6~10 √ × × √ √

二、选择题

1~5 CADBC

6~10 DDBCA

三、材料分析题

1. 保险条款简单，不容易产生歧义和争执；通过互联网投保容易；理赔简单，可以轻松通过互联网进行。

2. 部分健康险符合互联网保险产品的特点，可以通过互联网来开展业务。

3. 略（言之成理即可）。

第 6 章

支付的互联网化

💴 知识目标

（1）了解电子支付系统基本构成。
（2）掌握电子支付系统及其模式的创新。
（3）理解第三方支付与电子商务的关系。
（4）了解身边的电子交易系统及其在互联网金融里扮演的角色。

💴 素质目标

培养防范金融风险的意识，致力于践行社会主义现代化任务。

互联网金融

> **案例导入**

电子支付何以成为时下最流行的支付方式（节选）

20世纪90年代，国际互联网迅速普及，逐步从大学、科研机构走向企业和家庭，其功能也从信息共享演变为一种大众化的信息传播手段。通过使用互联网，既降低了成本，也造就了更多的商业机会，电子商务技术因此得以发展。为适应电子商务这一市场潮流，电子支付也随之发展起来。

电子支付产业创新发展的影响有以下3点。

第一，电子支付在中国的迅速发展，能够最大程度体现社会主义制度优越性。当前，我国在很多方面已经走在世界前列，最具有代表性的便是5G技术和电子支付。

第二，进行电子支付领域的探索能够帮助从业者更深层次地理解党中央各大方针政策。《中共中央关于制定国民经济和社会发展第十四个五年规划和二〇三五年远景目标的建议》指出："健全现代流通体系，发展无接触交易服务，降低企业流通成本，促进线上线下消费融合发展，开拓城乡消费市场。发展服务消费，放宽服务消费领域市场准入。"体现了诸多领域的发展都基于电子支付的普及和消费模式的升级，证明电子支付的发展对我国政策、方针的落实起到了推波助澜的作用。

第三，电子支付的发展激发从业者和专业学习者的创新意识。

作为目前主要的支付方式，电子支付的发展与社会主义支付体系的建设相结合。中国现代化支付系统（CNAPS）是中国人民银行按照我国支付清算需要，并利用现代计算机技术和通信网络自主开发建设的，能够高效、安全处理各银行办理的异地、同城各种支付业务及其资金清算和货币市场交易的资金清算的应用系统。

电子支付未来的发展趋势有以下3个方面。

第一，电子支付手段发展趋向多元化、多层次。

第二，电子支付手段发展趋向安全性与融合性。

第三，电子支付手段发展覆盖面趋向全面，技术趋向应用。

6.1 电子支付系统

6.1.1 电子支付的定义

1989年，美国法律学会批准的《统一商法典》对电子支付的定义如下：电子支付是支付命令发送方把存放于商业银行的资金，通过传输线路划入收益方开户银行，以支付给收益方的一系列转移过程。

在我们国家，依据金融电子化网络系统，可以给出下列定义：电子支付（electronic payment，e-payment）是指电子交易的当事人（消费者、商家和金融机构）通过网络以电子数据形式进行的货币支付或资金流动。它本身以金融电子化网络为基础，以商用电子化机具和各类交易为媒介，以计算机技术和通信技术为手段，以电子数据形式存储在金融机构的计算机系统中，利用密码和安全技术实现方便、快捷、安全的计算机网上资金流通和支付。

电子支付有广义和狭义之分。广义的电子支付是指支付系统中包含的所有以电子方式，或者称为无纸化方式进行的资金划拨与结算。狭义的电子支付也称为网上支付，是指在电子商务的应用和推广中，为顺利完成整个交易过程所建立起的一套通用的电子交易支付方法和机制。

电子支付是传统支付的发展和创新，与传统的支付方式相比，电子支付具有以下特征。

（1）电子支付基于一个开放系统的工作环境平台（互联网）；而传统支付则是在较为封闭的系统中运作，如某一银行的各个地区分行之间。工作环境的开放性有利于更多商家和消费者参与和使用。

（2）电子支付采用先进的技术，通过数字流转完成信息传输，其各种方式都采用数字化的方式进行款项支付；而传统的支付方式则是通过现金的流转、票据的转让及以后的汇兑等物理实体的流转来完成款项支付。

（3）电子支付使用最先进的通信手段，如互联网、外联网；而传统支付使用的则是传统的通信媒介。电子支付对软、硬件设施的要求很高，一般要求有联网的微机、相关的软件及其他一些配套设施；而传统支付则没有这么高的要求。

（4）电子支付可以真正实现任何时间的服务。

（5）电子支付具有方便、快捷、高效、经济的优势。电子支付只需要现有的技术设施和计算机系统，而且只需要少数系统维护人员。电子支付的交易效率较高，从而加快了资金周转速度，降低了企业的资金成本。用户只要拥有一台能上网的终端，便可足不出户，在很短的时间内完成整个支付过程。支付用时仅仅是传统支付的几十分之一，甚至几百分之一。

支付的安全性和支付信息的私密性一直是困扰电子支付发展的关键性问题。大规模地推广电子支付，必须解决黑客入侵、内部作案、密码泄露等涉及资金安全的问题。同时，消费者所选用的电子支付工具必须满足多个条件：一是要由消费者账户所在的银行发行；二是要有相应的支付系统；三是要有商户所在银行的支持并被商户认可。如果消费者的支付工具得不到商户的认可，或缺乏相应的系统支持，电子支付也难以实现。对消费者来说，要求同时持有各种流行的支付工具，也是不现实的。所以，电子支付的推广要求商家认可并支持多种支付工具，各种电子支付系统才能够相互兼容和互通。

随着信息技术和通信技术的发展，电子支付的方式及其依托的工具越来越多。对于小额支付，这些支付方式可以分为3大类：第一类是在线卡基支付工具类，如信用卡、借记卡、预付卡等；第二类是电子支票类，如电子支票、电子汇款、电子划款等；第三类是虚拟货币类，如电子现金等。这些方式有各自的特点和运作模式，适用于不同的交易过程。

电子支付可以通过3种形式传输：一是对于银行账户的贷记/借记（电子转账等）；二是通过卡片或计算机进行支付（卡基支付工具）；三是对于某个网站上电子账户的贷记/借记（虚拟货币）。

6.1.2 电子支付发展的5个阶段

随着社会与科学技术的不断发展，银行也进行了很多支付革新，其目的在于减少银行成本，加快清算和结算速度以及减少欺诈。近些年，电子商务的发展大大地推动了银行支付系统的发展和创新。因此，从银行采用计算机等技术进行电子支付的形式上来说，银行所具有的支付形式就代表着电子支付发展的不同阶段。

第一阶段：银行利用计算机处理银行之间的业务、办理结算，如工商银行实时电子汇兑系统。

第二阶段：银行与其他机构的计算机之间进行资金结算，如代发工资、代收费等。

第三阶段：利用网络终端向客户提供各项银行服务，如在自动柜员机（ATM机）上进行存取款等。

第四阶段：利用银行销售点终端（POS）向客户提供自动扣款、转账业务，即"电子支付系统"，它是现阶段电子支付的主要方式。在这一阶段，以发卡行的行内授权系统为基础，全国银行卡信息交换中心和城市银行卡中心的建立为银行卡跨行交互和跨行交易创造了条件，现行的银行支付系统也自然成为第五阶段网络支付的软硬件基础。

第五阶段：最新发展阶段，电子支付可随时随地通过互联网进行直接转账结算，以资金流的畅通来支持电子商务，形成电子商务环境。这一个阶段出现了第三方支付，这些第三方机构属于非银行机构，但它们承担了支付中介和担保职责。这是正在发展的形式，也将是未来的主要电子支付方式。我们又称这一阶段的电子支付为网络支付或在线支付（包含移动支付）。

随着互联网的迅猛发展，网络金融服务已在世界范围内开展。网络金融服务可满足人们的各种需要，包括网上消费、网上银行、个人理财、网上投资交易、网上炒股等。这些金融服务的特点是通过电子货币进行即时的电子支付与结算。电子商务中，支付过程要求从发起到最后完成，资金转账的全过程都是电子形式。目前在互联网上使用的电子货币系统主要包括电子信用卡系统、电子支票系统和电子现金系统等。

在我国，目前的网上交易支付绝大部分是使用银行卡来完成电子支付的，这也越来越为人们所接受。自2002年以来，尤其是2005年开始，涌现出很多第三方支付平台，它们也参与到电子商务、移动商务活动中，承担电子支付中介和担保职能。

经过多年的努力，中国现代化支付系统（CNAPS）建设取得了很大进展，商业银行也建设了各自的行内电子汇兑系统和行内银行卡异地授权系统；清算网络逐步实现银行卡在本行内的跨地区消费使用和通存通取；中国人民银行电子联行系统已在全国大中城市得到普及；全国银行卡信息交换网络建设也已初具规模。银行卡的发卡品牌主要有中国银行的"长城卡"、中国工商银行的"牡丹卡"、中国建设银行的"龙卡"、中国农业银行的"金穗卡"等数十种。在用卡环境上，全国银行卡的受理环境较以前有了很大的改善，全国可受理银行卡的银行网点数量，可受理银行卡的商店、宾馆、饭店等特约商户数量，各金融机构安装自动柜员机数量，销售点终端机（POS 机）数量，已联网的 ATM 机和 POS 机数量都有大幅度的增加。所有这些，都为电子支付以及电子商务的发展提供了必要的条件。

6.1.3 电子支付的媒介

随着不同载体、媒介的出现，电子支付将发展出更多的模式。在整个电子支付过程中，不可缺少的便是作为支付载体的工具，其中包括电子现金、电子支票、电子钱包、移动支付等。

1．电子现金

电子现金（e-cash）全称 electronic cash，又称为电子货币（e-money）或数字货币（digital cash），是一种非常重要的电子支付系统，它可以被看作是现实货币的电子或数字模拟，电子现金以数字信息形式存在，通过互联网流通，但比现实货币更加方便、经济。

电子现金是一种比较成熟的电子支付手段，适用于那些通过网络进行支付的小额交易。

2．电子支票

电子支票是纸质支票的电子替代物，电子支票将纸质支票改变为带有数字签名的电子报文，或利用其他数字电文代替纸质支票的全部信息。电子支票与纸质支票一样是一种用于支付的合法方式，它使用数字签名和自动验证技术来确定其合法性。支票上除了必需的收款人姓名、账号、金额和日期外，还隐含了加密信息。

电子支票是网络银行常用的一种电子支付工具且具有不少优势，如：可为新型的在线服务提供便利，简化了顾客的学习过程，非常适合大额结算，可为企业市场提供服务，等等。

3．电子钱包

电子钱包是电子商务购物活动中常用的支付工具。电子钱包内存放有电子货币，如电子现金、电子零钱、电子信用卡等。使用电子钱包购物，通常需要在电子钱包服务系统中进行。电子商务活动中电子钱包的软件通常都是免费提供的。世界上有 VISA cash 和 Mondex 两大在线电子钱包服务系统。

电子钱包是安全电子交易（SET 协议）中的一环，是一款计算机软件，用以让消费者进行电子交易与储存交易记录。消费者在网络上进行安全电子交易前，必须先安装符合安全标准的电子钱包。

电子钱包有 2 种模式：一是纯粹的软件，主要用于网上消费、账户管理，这类软件通常与银行账户或银行卡账户是连接在一起的；二是小额支付的智能储值卡，持卡人预先在卡中存入一定的金额，交易时直接从储值账户中扣除交易金额。

4. 移动支付

移动支付，也称为手机支付，是一种新型的支付方式。移动支付既包括无线支付行为，也包括无线和有线整合支付行为。1999年我国手机支付业务开始试运行，2002年中国移动和中国联通正式开展了手机支付业务。2004年中国移动再次推出将手机卡和银行卡绑定的移动支付业务。NFC非接触类移动支付技术的使用，进一步推动了移动支付的发展。

移动支付有4种模式，分别是以运营商为主体的移动支付商业模式、以银行为主体的移动支付商业模式、以第三方支付平台为主体的移动支付商业模式和银行与移动运营商合作的移动支付商业模式。

虽然电子支付随着电子商务经济的发展而不断完善与发展，但是近些年因电子支付安全问题而产生的经济纠纷等也日益增多，尤其是一些不法分子利用电子支付系统漏洞等给用户造成的损失成为当前电子支付发展的重要瓶颈之一。电子支付中的关键技术，主要包括安全技术、安全协议和加密技术，如图6-1所示。

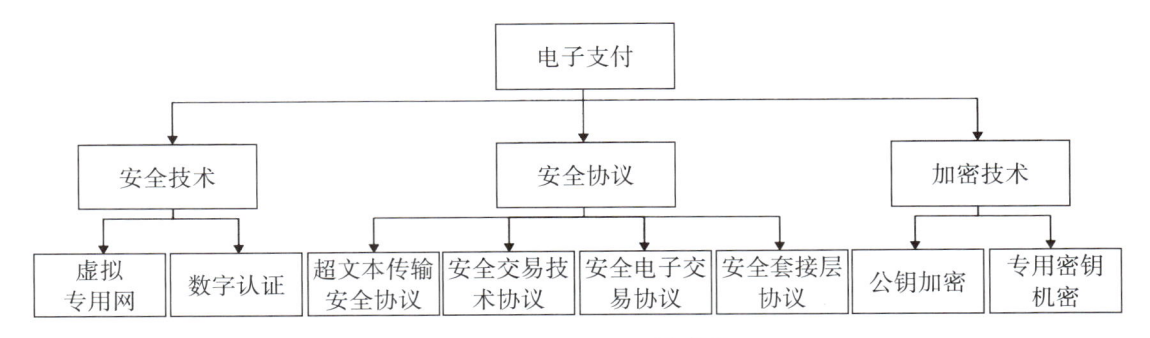

图6-1 电子支付关键技术

1）安全技术

虚拟专用网（VPN）：可以在两个系统之间建立安全频道（或隧道）的专用网络，用于电子数据交换（EDI）。通信的双方彼此熟悉，没有必要为所有的VPN进行统一的加密和认证。现有的或正在开发的数据隧道系统可以进一步增加VPN的安全性，因而能够保证数据的保密性和可用性。

数字认证：数字认证以电子方式甚至数据媒体的有效性（如录音、照片等）证明信息发送者和接收者的身份、文件的完整性。目前，数字认证一般都通过单向Hash函数实现，它可以验证交易双方数据的完整性。另外，S/MIME协议也可以被集成到产品中，以便用户能够对通过E-mail发送的信息进行签名和认证。同时，商家也可以使用PGP（pretty good privacy）技术，它允许利用可信的第三方对密钥进行控制。

2）安全协议

超文本传输安全协议（HTTPS）：依靠秘钥对数据加密，保障Web站点间交易信息传输的安全性。

安全交易技术协议（STT）：将认证和解密在浏览器中分离开，以提高安全控制能力。

安全电子交易协议（SET）：1997年5月底发布的SET1.0涵盖了信用卡在电子商务交易中的交易协定、信息保密、资料完整及数据认证、数据签名等，在目前中国网上银行业务中得到大量应用。

安全套接层协议（SSL）：由Netscape公司提供的安全交易协议，提供加密、认证服务和报文的完整性。

3）加密技术

专用密钥加密（如DES、IDEA、RC4和RC5）和公钥加密（如RSA、SEEK、PGP和EU）可用于电子商务的保密性、完整性、真实性和非否认性。

DES：DES使用一个56位的密钥以及附加的奇偶校验位，产生最大64位的分组大小。DES的常见变体是三重DES，使用168位的密钥对资料进行3次加密的一种机制；它通常（但非始终）提供极其强大的安全性。如果三个56位的子元素都相同，则三重DES向后兼容DES。

IDEA：IDEA是来学嘉教授与瑞士学者James Massey等人提出的加密算法，在密码学中属于分组密码（block cipher）类。IDEA使用长度为128bit的密钥，数据块大小为64bit。从理论上讲，IDEA属于"强"加密算法，至今还没有出现对该算法的有效攻击算法。

RC4：RC4加密算法是罗纳德·李维斯特（Ronald Rivest）在1987年设计的密钥长度可变的流加密算法簇。之所以称其为簇，是由于其核心部分的S-box长度可为任意，但一般为256字节。该算法的速度可以达到DES加密的10倍左右。

RC5：RC5分组密码算法是罗纳德·李维斯特1994年发明的，并由RSA实验室分析。它是参数可变的分组密码算法，3个可变的参数是：分组大小、密钥大小和加密轮数。在此算法中使用了3种运算：异或、加和循环。

PGP：PGP是一个基于RSA公匙加密体系的邮件加密软件。它可以对邮件加密以防止非授权人阅读，也可给邮件加上数字签名使邮件发送者得到确认。而且它的源代码是免费的。实际上PGP的功能还包括加密文件和代替UUencode生成RADIX 64格式（就是MIME的BASE 64格式）的编码文件。因此PGP几乎是最流行的公匙加密软件包。

6.1.4 电子支付与电子商务

20世纪90年代，伴随着互联网和国际社会的发展，电子商务应运而生。随着电子商务活动的出现，传统的支付方式因过程复杂、时空受限、现金携带不便等缺陷受到各方诟病。与此同时，相较于传统支付，凸显方便、快捷、经济、高效等特点的基于数字化和网络化的电子支付方式开始出现并受到市场的追捧。电子支付适应电子商务活动的需要而出现并不断推陈出新，在电子商务活动过程中发挥了不可替代的重要作用。电子支付是电子商务发展中资金流的重要组成部分，是实现网上购物与实时支付的关键所在。电子支付方式的广泛运用，为电子商务的发展提供了更多的可能性和更广阔的市场，对加速电子商务的发展产生了深远的影响。

1. 为金融机构参与电子商务创造了必要条件

电子商务交易资金的支付清算分为3种：一是企业自行办理交易资金支付结算业务；二是企业不直接结算，而是通过支付清算公司结算；三是由银行为企业提供交易资金支付结算服务。通过银行进行支付结算业务虽然历史不长，但发展速度较快且用户数量逐年增多。银行结算模式的大量开展，表明商业银行通过在线支付业务介入到电子商务中的程度已经较深，这为我国电子商务未来更安全、更便捷地为消费者提供服务奠定了坚实的基础。当前，通过银行为客户提供的网上银行实施在线支付已经占到了银行业务总量的较大份额，且一直保持着强劲的发展态势。随着银行不断地介入电子商务业务，未来银行将在更多的业务中与电子商务相互融合。在线支付仅仅是这个融合的开始，它为电子商务发展空间的进一步扩展提供了必要的渠道。

2. 孕育、勃兴网上支付行业并加速电子商务发展步伐

电子商务活动的飞速发展，引发了在线支付业务需求的迅猛扩张，同时也催生了网上支付行业的出现和迅速成长。工信部统计数字表明，近年来我国网上支付市场规模连创新高，体量庞大，巨大的市场潜力和广阔的市场前景催生了大量的第三方支付公司。工商部门发布的资料显示，目前我国已经有相当数量的公司以支付业务为主业，还有大量的企业经营范围涵盖了第三方支付业务。第三方支付企业与银行间合作关系的状况，决定了第三方支付业务为客户提供便捷安全的服务的程度。当前，制约电子商务网上支付业务的最大障碍并非技术限制的门槛，而是在于如何形成一个良性的商业循环体系。在线支付正是电子商务良性循环体系的核心所在，在线支付将电子商务的商家、消费者、银行、第三方支付公司，以及网络运营商等涉及电子商务的各个对象联系到了一起，只有各个对象联合发展、和谐发展，最终才能够实现电子商务的同创共赢。

3. 提高、优化电商参与者的信任度和营商环境

支付安全是电子商务顺利发展的重要保障。据淘宝网统计，即使商品价格稍高，但只要信誉可靠，往往能吸引来更多的买家。这一现象表明，网络消费者更加看重的是以诚信为基础的营商环境。电子商务的实践证明，信任度已经成为决定电子商务产业健康发展的重要变量，只有建立起充分的信任，电子商务才能健康生存并迅速壮大。例如支付宝开发的交易担保业务，即买家需将商品货款在线支付到支付宝交易平台，等买家收到货物，并确认商品无误之后，才将货款支付给商家。这种模式也广为其他第三方支付企业所模仿，而发展成为整个行业的基础模式。另外，随着第三方支付平台的迅速兴起，在线支付交易已经成为电子商务交易最为安全便捷的通道，在线支付业务的发展，不仅仅促进了电子商务信任环境的加强，同时更促进了整个网络信任环境的加强。在线支付解除了电子商务发展的阻碍，并为电子商务迅猛发展的态势增添了新的动力。

6.1.5 电子支付的分类

其实很多时候，无论是通过互联网络还是通过金融通信网络，电子支付都是需要网络连接的，因此我们有时对电子支付与网络支付不加区分。但实际上电子支付的范畴要大于网络支付的范畴。本节将用"网络支付"的概念来分析"电子支付"的分类。

网络支付分类方法有很多种，从不同的角度来看，有不同的分类方法，每一种分类方法都有它的不同特点。

1. 按货款交付先后顺序分类

按货款交付先后顺序分类，可分为预付型网络支付、后付型网络支付及即付型网络支付。

1）预付型网络支付

预付型网络支付也就是预支付型支付，顾名思义是指先付款，然后才得到产品或服务，即"先交钱，后交货"。

如麦当劳、肯德基之类的快餐店的消费模式，为了得到食物，消费者需要先点餐并支付费用才能拿到所点的食物。快餐店通过这种预支付行为的设定最大化地杜绝了吃完不付账的行为的发生，从而保障了卖方利益。

在电子商务中，很多基于电子现金的支付方式都属于这种方式。很显然，一家在线商店，如 B2C 的电子商务模式，会很喜欢预支付方式，通过瞬间完成的在线银行转账操作，资金能够以最快的速度进入卖方的口袋。这样他们无须辨别客户的购买行为是否隐含欺诈，同时也加速了资金的回笼。正因为如此，几乎所有的在线商店都提供并极力推荐预支付方式。

2）后付型网络支付

后付型网络支付也就是后支付网络支付，允许用户拿到商品后再付款。

由于信用体制的建立尚需时日，因此现阶段 B2C 为了促成交易行为的发生，一般都会委托物流公司进行送货上门式的配送，允许购买者拿到所购商品后再支付费用，即常说的"货到付款"。这种支付方式不过是"即时支付"的变通做法，还算不得是后支付。

那么什么是真正意义上的后支付呢？信用卡是一种最为普遍和广为接受的后支付方式。实践也证明，信用卡在实现向电子支付方式转化方面具备独特优势，前途光明，这就不仅仅是"货到付款"，而是"先消费，后付款"了。

3）即付型网络支付

即付型网络支付也就是即时支付型网络支付，它是以"交易时支付"概念为基础的，是人们常说的理想模式——"一手交钱，一手交货"的尝试。即时支付是实现"在线支付"的最初模型，虽然这种真正意义上的"即时"要做到并非易事，但是绝大多数非实物的在线交易可以实现真正的即时支付。

举例来说，借助网络银行在线对储值型手机进行充值的行为便是即时支付的一个典型应用。目前在国内，中国移动神州行的用户可以在线登录诸如招商银行之类的网络银行，通过实时资金划拨实现充值。现在很多基于银行储蓄卡的网络支付，都属于这种即付型网络支付，客户的资金实时地通过网络划拨到商家的账户上。

表 6-1 所示为 3 种网络支付的比较。

表6-1　3种网络支付的比较

比较项目	后支付	即时支付	预支付
可接收性	高	低	低
匿名性	低	高	中
可兑换性	高	高	高
效率	低	高	高
灵活性	低	低	低
集成度	高	低	中
可靠性	高	高	高
可扩展性	高	高	高
安全性	中	高	中
适用性	高	中	中

2. 按结算方式分类

按结算方式分类，网络支付可以分为全额结算和净额结算。

全额结算是指在资金转账前并不进行账户金额的对冲，而以实际的支付金额进行转账的结算方式。净额结算是指在进行双方或多方的资金转账前，先对各方账户上的余额进行相互冲减，之后才转移剩余资金金额的结算方式。净额结算又可分为双边净额结算和多边净额结算两种。

在净额结算的情况下，银行把与每笔支付有关的信息传送到清算所，参加清算所的所有银行，在发生支付义务的时候，并不立即通过银行间资金转账结算每一笔支付，而是在约定的时期（称作清算周期）内让债权和债务累积起来，然后在清算周期末的指定结算时间对其往来支付进行相互抵消。这样，银行只需把支付净额转给清算所。

结算通常于每日终了时在结算银行（一般是中央银行）的账簿上进行，但也可以在算出净头寸后的一个或几个营业日后进行，净额结算也可以通过在商业银行开设的往来账户进行。

实效性的好坏与结算方式有密切的关系。全额结算方式有可能使实效性达到理想状态。这是因为在全额结算中，支付系统将对每一笔支付指令进行资金的转移，资金转移的速度与计算机系统的处理速度直接相关。当今计算机的性能早已使这种资金转移可瞬间完成。但是对于净额结算来说，时间间隔（收到支付指令与进行实际资金转账间隔）无法避免，这由净额结算的方式所决定。要进行净额结算，必须设定结算周期，在结算周期结束时，再对账户进行轧差。因此实效性与结算周期的长短直接相关。

3. 按结算时效分类

结算时效是指以某一支付工具发出指令后资金从某人转给某人或从某账户转到其他

账户所用的时间长短。所用的时间越长，时效性越差；时间越短，时效性越好。按照结算时效，可以将网络支付分为实时和非实时 2 种方式。

实时性支付系统的实效性是最理想的，当一方发出支付指令时，结算也同时完成。

在非实时支付系统中，从系统收到支付指令到完成结算之间有一定的时间间隔，此间隔长短随支付系统的不同而不同。

4. 按开展电子商务的实体性质分类

电子商务的主流分类方式就是按照开展电子商务的实体性质分类的，即分为 B2B、B2C、B2E、E2E、B2G、G2G 等类型的电子商务。目前，客户在进行电子商务交易时通常会按照开展的电子商务类型不同，选择使用不同的网络支付与结算方式。正如企业在进行传统商务时，对一般小金额的消费直接就用信用卡与现金进行支付，以图方便；而购买如计算机、数码摄像机、汽车等贵重设备时，由于涉及较大金额付款，常用支票结算；而大批量订货时就用银行电子汇票。

考虑到这些不同类型的电子商务实体的实力、资金流通量大小、一般支付结算习惯等因素，可以按开展电子商务实体的性质，把当前的网络支付方式分为 B2C 型网络支付方式和 B2B 型网络支付方式两类。这也是目前较为主流的网络支付结算分类方式。也就是说，个体消费者有自己习惯的支付方式，而企业与政府单位也有适合自身的网络支付方式。

B2C 型网络支付方式是企业与个人、政府部门与个人、个人与个人进行网络交易时采用的网络支付方式，比如电子货币中介绍的信用卡网络支付、IC 卡网络支付、电子现金支付、电子钱包支付以及个人网络银行支付等。这些方式的特点就是适用于金额不是很大的网络交易支付结算，应用起来较为方便灵活，实施较为简单，风险也不大。

B2B 型网络支付方式是企业与企业、企业与政府部门进行网络交易时采用的网络支付方式，电子货币中介绍的电子支票网络支付、电子汇兑系统、国际电子支付系统 SWIFT 与 CHIPS、中国现代化支付系统、金融 EDI 以及最新的企业网络银行服务等都应用这种支付方式。这种支付方式的特点就是适用于较大金额的网络交易支付结算。

5. 按支付数据流的内容性质分类

根据电子商务流程中用于网络支付结算的支付数据流内容性质不同，即传递的是指令还是具有一般等价物性质的电子货币本身，可将网络支付方式分为以下 2 类。

1）指令传递型网络支付

支付指令是指启动支付与结算的口头或书面命令，网络支付的支付指令是指启动支付与结算的电子化命令，即一串指令数据流。支付指令的用户从不真正地拥有货币，而是由他指示银行等金融中介机构替他转拨货币，完成转账业务。指令传递型网络支付系统是现有电子支付基础设施和手段（如 ACH 系统和信用卡支付等）的改进和加强。

指令传递型网络支付方式主要有银行网络转拨指令方式（EFT、CHIPS、SWIFT、电子支票、网络银行、金融电子数据交换 FEDI 等）、信用卡支付方式等。其中，FEDI

是一种以标准化的格式在银行与银行计算机之间、银行与银行的企业客户计算机之间交换金融信息的方式。因此，FEDI 可以较好地应用在 B2B 电子商务交易的支付结算中。

2）电子现金传递型网络支付

电子现金传递型网络支付是指客户进行网络支付时在网络平台上传递的是具有等价物性质的电子货币本身，即电子现金的支付结算机制。其主要原理是，用户可从银行账户中提取一定数量的电子现金，且把电子资金保存在一张卡（比如智能卡）中或者用户计算机的某部分（如一台个人计算机或个人数字助理的电子钱包）中。这时，消费者拥有真正的电子货币，他就能在互联网上直接把这些电子现金按相应支付数额转拨给另一方，如消费者、银行或供应商。

电子现金传递型电子支付方式可分为 2 类：一类是依靠智能卡或电子钱包提供安全和其他特征的系统，以及严格基于软件的电子现金系统；另一类是对款额特别小的电子商务交易（如用户浏览一个收费网页），需要一种特殊的、成本很低的电子支付策略，这就是所谓的微支付方式。

6. 按网络支付金额的规模分类

电子商务由于基于互联网平台进行，运作成本较低，对大中小型企业、政府机构以及个体消费者均比较适用。不同规模的企业及个体消费者的消费能力、网络上商品与服务的价格也是不同的，大到几十万元的汽车，小到一条几角钱的短消息服务，因此同一个商务实体针对这些不同规模的资金支付，也可采用不同的支付结算方式。根据电子商务中进行网络支付金额的规模大小来划分，可以将电子支付方式分为微支付、消费者级网络支付、商业级网络支付 3 类。

微支付即 micropayment，是指那些款额特别小的电子商务交易，类似零钱应用的网络支付模式。这种支付机制有着特殊的系统要求，在满足一定安全性的前提下，要求有尽量少的信息传输，较低的管理和存储需求，即速度和效率要求比较高。在微支付产生之前，电子商务的交易额通常都在 10 美元以上。在微支付系统中，电子商务中的商家可以用比较低的价格出售产品，比如从下载产品或者点击在线广告中收费。通过便捷的渠道，微支付可以低成本地迅速完成大量交易。同时微支付也是一个商业概念，它的目标是通过提供付费的网页、网站链接和网络服务来集合"微分（不到一分钱）"。微支付通常购买的产品包括手机铃声、彩信、图片、新闻、电影、音乐和网络游戏等许多数字产品以及价格很低的一些产品。

微支付同其他电子支付系统相比，具有如下特点。

（1）交易额小。微支付的交易额非常小，每一笔交易在几分（甚至更小）到几元之间。

（2）安全性不高。由于微支付每一笔的交易额小，即使被截获或窃取，对交易方的损失也不大。所以，微支付多采用对称加密和 Hash 运算，其安全性在很大程度上是通过审计或管理策略来保证的。

（3）效率高。由于微支付交易频繁，所以要求较高的处理效率，如存储尽量少的信息、处理速度尽量快和通信量尽可能少等。在实际应用中，可在安全性和效率之间寻求平衡。

（4）应用范围特殊。由于微支付的特点，其应用也具有特殊性，如信息产品支付（新闻、信息查询和检索、广告点击付费等）、移动计费和认证，以及分布式环境下的认证等。微支付一般不适用于实物交易中的电子支付。

由于互联网的快速普及，这类小额的资金支付经常发生，因此，企业与银行业发展一个良好的微支付体系将大大有利于数目众多的小额网络服务的开展，特别是在普通大众中进行电子商务业务的推广。

消费者级网络支付指满足个体消费者和商业（包括企业）或政府部门在经济交往中的一般性支付需要的网络支付服务系统，亦称小额零售支付系统。这种网络支付方式，按美国标准发生的支付金额一般在 5~1000 美元之间，中国相应为 5~1000 元人民币。由于金额不大不小的一般性网络支付业务在日常事务是最多的，一般占全社会总支付业务数量的 80%~90%。所以，这类系统必须具有极大的处理能力，才能支持经济社会中发生的大量支付交易。如去买一本书、买一束鲜花、下载一个收费软件及企业批发一些办公用品等。因此支持这种档次消费的网络支付工具也发展得最成熟与最普及，常用的有信用卡、电子现金、小额电子支票、个人网络银行账号等。

商业级网络支付指满足一般商业（包括企业）部门之间的电子商务业务支付需要的网络支付服务系统，亦称中大额资金转账系统。这种网络支付方式，按美国标准发生的支付金额一般在 1000 美元以上，中国相应为 1000 元人民币以上。中大额资金转账系统，虽然发生次数远远不如一般的消费者级网络支付，但其支付结算的金额规模占整个社会支付金额总和的 80% 以上，因此是一个国家网络支付系统的主动脉。

一般说来，银行间、银行与企业间、企业与企业间、证券公司与银行间等发生的支付，金额较大，安全可靠性要求高，这些支付属于中大额支付系统处理的业务。常见的商业级网络支付方式主要有金融电子数据交换（FEDI）、电子汇兑系统、电子支票、CNAPS、企业网络银行服务等。但这种分类方法中，金额的界限并不是特别严格。

7. 按在线传输数据和分发类型分类

网络支付按在线传输数据和分发类型来分，大致可以被分为以下 3 类。

（1）通过信任的第三方中介支付方式。客户和商家必须到第三方注册才可以交易。客户和商家的信息，比如银行账号、信用卡号都被信任的第三方托管和维护。当要实施一个交易的时候，网络上只传送订单信息和支付确认、清除信息，而没有任何敏感信息。在这种系统中，网络上的传送信息甚至可以不加密，因为真正的金融交易是离线实施的。如美国的第一虚拟公司（First Virtual Corporation，FVC）提供的就是典型的信任第三方系统。

（2）传统银行转账结算系统的扩充。在利用信用卡和支票交易中，客户信用卡号、用户和商家的账号等敏感信息，若要在线传送，必须经过加密处理。著名的 Cybercash、Visa 和 MasterCard 的 SET 就是基于电子信用卡的典型支付系统。

（3）电子货币系统。电子货币系统支付过程是通过代表等量电子化货币的加密信息完成的，交易双方无须通过中介就可以在线完成支付。该支付形式传送的是真正的"价值"和"金钱"本身。前面两种交易中，信息的丢失往往是信用卡号码等，而这种交易中丢失的信息，不仅仅是信息丢失，也是财产的真正丢失。电子货币系统按电子货币的种类可分为电子现金支付系统、网上银行卡支付系统、电子支票支付系统。在线电子支付系统可随时随地通过互联网进行直接的转账、结算，形成电子商务环境。没有相应实时的电子支付手段相配合，电子商务就只能是"虚拟商务"，只能是电子商情、电子合同，而无法实现真正的网上交易。

8. 按债权债务关系分类

按在经济活动中形成的债权债务关系，支付方式可以划分为以下3类。

（1）交易的商务类支付方式。这类支付方式是由经济活动中的交易行为而产生的，购买产生了购买者与销售者之间的债权债务关系，购买者是债务人，而销售者是债权人，购买者支付是为了清偿商务活动中形成的这种债权债务关系。这种交易的商务类支付方式具有用货币体现其价值的特点。

（2）借贷的债务类支付方式。这类支付方式是由经济活动中信用关系的借贷行为而产生的，由于对货币的需求而产生向金融机构的借贷行为，形成借贷人与金融机构之间的债权债务关系。这类支付具有到期按约定还本付息的特点，体现了资金使用价值的时间性。

（3）让渡的捐赠类支付方式。社会生活中对公益和慈善事业的捐赠，通过资金和财产的让渡支付而实现转移。这种不清偿债权债务关系的支付方式只实现了资金的转移，也是文明高度发展的社会中常见的一种现象，是实现社会财富和资金调节及再分配的一种方式。在这个过程中发生的支付活动称为捐赠类支付。凡是不清偿债权债务关系的支付，而只带有救助、支援和转移的社会福利性质的支付行为都可以划分为这一类。这类支付有社会性质的也有家庭性质的，如遗产的继承转移就属于家庭性质的。

9. 按支付工具种类分类

根据系统中使用的支付工具不同，可以将网络支付系统大致分为3类。

（1）信用卡支付系统。信用卡支付系统的特点是每张卡对应着一个账户，资金的支付最终是通过转账实现的。但由于在消费中实行"先消费，后付款"的办法，其对信用卡账户的处理是后于货款支付的。也就是说，购物支付是通过银行提供消费信贷来完成的，与电子转账有实质上的不同。信用卡支付系统需采用在线操作，可以透支。

（2）电子转账支付系统。电子转账支付系统的特点是支付过程中操作直接针对账户，对账户的处理即意味着支付的进行。在支付过程中由于发起人不同，可分为付款人启动的支付和接收人启动的支付，在此系统中，付款人对支付的确认意义十分重大，这就需要一些确认的手段，如支票。电子转账支付系统又包括直接转账的支付系统和电子支票支付系统。由于涉及账户，此系统也必须在线操作，不允许透支。

（3）电子现金支付系统。电子现金支付系统的特点则不直接对应任何账户，持有者预付资金，便可获得相应货币值的电子现金（智能卡或硬盘文件），因此可以离线操作。

6.1.6 支付手段的电子化和支付方法电子化

1. 支付手段的电子化

支付手段的电子化是对货币价值的电子化，电子货币即电磁记录本身是保有"价值"的，例如以代替现金支付为目的开发的电子货币项目"Mondex"和"电子现金"等均属这类结算，主要指新型支付手段，产生新的支付模式。

2. 支付方法的电子化

支付方法的电子化是指支付中使用电子化的方法将"等价物"转移的指令传递给结算服务提供者以完成结算，运用网络信息技术，开发应用的电子支付方式的总称。例如ATM机转账结算、银行POS机的信用卡结算，以及通过互联网的银行转账与结算等均属于这类结算。这是目前应用比较广泛和成熟的电子货币电子化方法，本质上传递的是支付结算的指令而非"等价物"本身。

6.1.7 电子支付的载体

除安全技术之外，电子支付另外一个重要模块是载体。随着电子支付的发展，首先出现的载体是银行卡。银行卡作为电子数据存储的载体，在银行业得到大量推广，尤其是"三金工程"开始后，银行卡被更多的人接受。在20世纪90年代，我国实行了3种不同的大型系统的推广，其中之一就是以发展我国电子货币为目的、以电子货币应用为重点的各类卡基应用系统的"金卡工程"，银行卡成为电子支付中货币和资金流的重要载体。然后渐渐出现网络银行、手机银行，包括微信、支付宝等第三方支付。它主要完成了资金流的流转以及票据的转移。承载电子数据流转的物理实体都称为载体。随着新型载体的不断出现，未来将会出现更多形式的电子支付。

6.1.8 电子支付的基本构成

基于互联网的电子交易支付系统由商家、认证中心、客户、支付网关、商家开户行、客户开户行和金融专用网络7个部分组成，如图6-2所示。

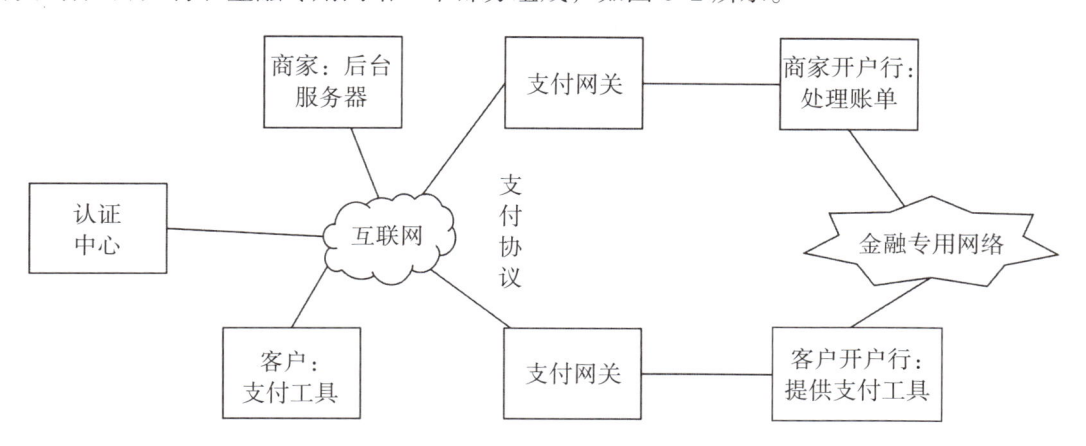

图6-2 电子支付系统的基本构成

1. 商家

商家是指向客户提供商品或服务的单位或个人。在电子支付系统中，它必须能够根据客户发出的支付指令向金融机构请求结算，这一过程一般是由商家设置的一台专门的服务器来处理的。

2. 认证中心

认证中心是交易各方都信任的公正的第三方中介机构，它主要负责为参与电子交易活动的各方发放和维护数字证书，以确认各方的真实身份，保证电子交易整个过程安全稳定进行。

3. 客户

客户即利用电子交易手段与企业或商家进行电子交易活动的单位或个人

4. 支付网关

支付网关是完成银行网络和因特网之间的通信、协议转换和进行数据加、解密，保护银行内部网络安全的一组服务器。它是互联网公用网络平台和银行内部的金融专用网络平台之间的安全接口，电子支付的信息必须通过支付网关进行处理后才能进入银行内部的支付结算系统。

5. 商家开户行

商家银行是为商家提供资金账户的银行，因为商家银行是依据商家提供的合法账单来工作的，所以又被称为收单行。客户向商家发送订单和支付指令，商家将收到的订单留下，将客户的支付指令提交给商家银行，然后商家银行向客户银行发出支付授权请求，并进行它们之间的清算工作。

6. 客户开户行

客户银行是指为客户提供资金账户和网络支付工具的银行，在利用银行卡作为支付工具的网络支付体系中，客户银行又被称为发卡行。客户银行根据不同的政策和规定，保证支付工具的真实性，并保证每一笔认证交易的付款。

7. 金融专用网络

金融专用网络是银行内部及各银行之间交流信息的封闭的专用网络，通常具有较高的稳定性和安全性。

6.2 第三方支付：从夹缝中突破

6.2.1 第三方支付的产生

第三方支付，指的是一些和国内外各大银行签约、具备一定实力和信誉保障的第三方独立机构提供的交易支持平台。在通过第三方支付平台的交易中，买方选购商品后，使用第三方平台提供的账户进行货款支付，由第三方通知卖家货款到达、进行发货；买方检验物品后，就可以通知付款给卖家，第三方再将款项转至卖家账户。

在传统的支付场景中，交易双方"一手交钱，一手交货"的交易方式更为人们所熟知，但随着电子商务的发展，现实中"有形的"交易也逐渐转移到"无形的"市场中去了，人们的交易对象、交易方式都发生了巨大的改变。在这样的变化下，传统的资金划拨方式已经完全无法满足交易的需求，而相对于传统的资金划拨交易方式，第三方支付可以比较有效地保障货物质量、交易诚信、退换要求等环节，在整个交易过程中，都可以对交易双方进行约束和监督。在不需要面对面进行交易的电子商务形式中，第三方支付为保证交易成功提供了必要的支持，因此随着电子商务在国内的快速发展，第三方支付行业也发展得比较快。

实际上第三方支付最初的产生是电子商务刚刚兴起的时候，当时网络上产生了一些交易的行为，由于身处虚拟的无形市场中，买卖双方的交易资金需要通过银行进行转移，但卖家的信誉度不足以使买家完全相信，不敢在货品没拿到之前进行资金的转移，买家的信誉度也不足以使卖家完全相信，而在没拿到资金之前不敢进行货品的转移，于是第三方支付的企业就出现了。作为第三方，可以帮买卖双方起到交易中介和信用担保的作用，第三方支付便解决了电子商务支付中的信任问题。随着电子商务继续深入地发展，卖家建立起了自己的电子商务系统以更方便地进行电子商务活动，而这个卖家的电子商务系统要跟银行的系统进行对接，但大部分卖家又没有这样的技术能力，此时第三方支付企业在解决了信用问题的基础上，还利用自身的技术，实现了电子商务交易系统和银行支付系统对接的一个技术接口。第三方支付即所谓的"网关"，从技术角度来讲，最初的第三方支付平台很多都是从"网关"这样一个角度介入这个行业里面的。实际上，网关起的作用便是将客户或者商家的电子商务平台服务器上产生的这种交易所附带的一个支付的指令传送到银行的业务系统里，然后再由银行的业务系统来完成资金的转移。

支付网关的特点是将互联网传来的数据包解密，并按照银行系统内部的通信协议将数据重新打包发送给银行，然后接收银行系统内部传回来的响应消息，再将数据转换为互联网传送的数据格式并对其进行加密，即支付网关主要完成通信、协议转换和数据加密功能以保护银行内部网络。其优点是方便、快速，故利用电子商务进行商品交易的人们越来越倾向于网络支付；其缺点是受经济利益的驱动，在电子数据的网络传输过程中的信息经常遭到不法之徒的拦截、窃取、篡改。冒用甚至恶意破坏给电子商务活动带来重大损失。

图 6-3 为网关支付流程。从图中可以看到，连接电子商务交易系统和银行业务系统的支付网关在整个电子商务交易里所起的作用是非常大的。首先，因为这个支付网关的服务器将商家的交易信息中所附带的支付指令传递到银行的主机，银行主机需要通过支付网关的服务器返回一个对该支付指令的响应结果信息到商家的服务器，这个数据传输的过程是通过支付网关来完成的。另外，由于支付网关在连接商家服务器的时候是在互联网上的，而后台银行的业务系统又是在银行的网络上面的，因此它涉及这两个网络的协议转换，协议的转换也是由支付网关来完成的。最后，由于支付过程涉及买卖双方的账户，所以在第三方支付过程中还有一个数据的加解密问题，也都是由支付网关来完成

的。可以说支付网关在整个电子商务系统里所起的作用是非常大的。在支付网关对支付过程的保障下，电子商务的发展也越来越好，而随着电子商务的经营或者发展的壮大，也就使得支付这一块儿的需求越来越多，从而进一步激化了这些完成支付网关的厂商逐步把支付网关能力不断地加强，就成为一个平台，即第三方支付平台。这些还在不断发展中的第三方支付平台，既可以起到快速完成支付的基础功能，同时还在基础的支付功能上不断地扩展其应用的场景，不断地渗透到线上线下的各个领域，从而发展成为支付宝、微信、财付通等大家所熟知的也在日常生活中不断接触到的一些第三方支付企业。

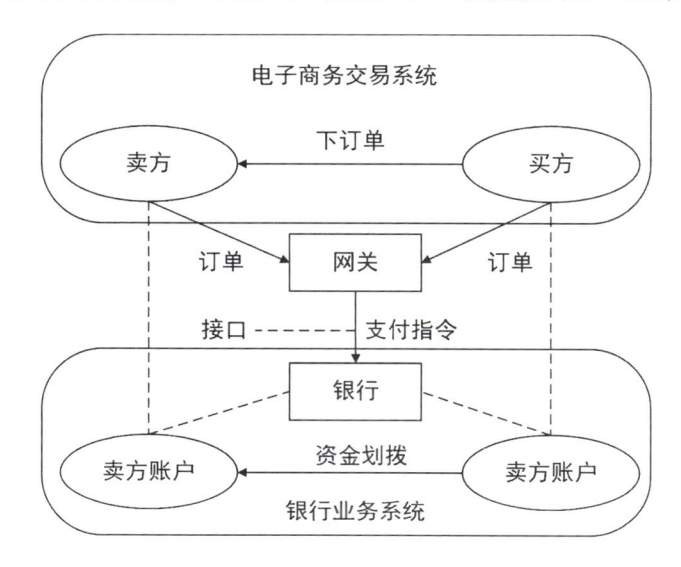

图 6-3　网关支付流程

6.2.2 第三方支付与银行的关系

最初，银行是提供传统第三方支付服务的交易参与者，其实力和信誉足以建设支付网关。在初始阶段，电子商务发展比较缓慢，交易量少，交易额小，利润微薄，银行不愿意建设支付网关，于是，第三方支付平台就应需求慢慢出现了，其作用主要有 2 点：对接电子商务卖家的交易系统跟银行的业务系统，实现买卖双方之间资金的转移；连接各银行，将平台大量的用户聚集起来，在电子商务的交易中充分发挥交易中介和信用担保的作用。

对于银行来说，在第三方支付刚刚出现的时候，两者之间的关系比较微妙。一方面，随着第三方支付平台的发展壮大，其与银行的网上银行、网络支付等业务模块的竞争不断加大，甚至有可能会取得银行牌照，变身作零售银行，成为银行的竞争对手。另一方面，第三方支付企业的业务创新也为将来银行推出网上电子支付业务起到了一定的铺垫作用。一开始业务冲突还未凸显时，银行考虑到双方关系中有利的一面，没有把第三方支付扼杀在摇篮中。某银行行长就曾表示："如果是 C2C 的形式，第三方支付就很有存在的必要。因为卖家众多，也比较零散，管理需要耗费很多时间，银行的精力有限；但如果是 B2C，一些大商户不见得比第三方支付机构能力弱，在这种情况下，银行直接介入就可以了。"这句话也表明了银行最初对于第三方支付平台的态度。

从第三方支付平台的角度出发，它实际上做了一些原本银行可以做却没有做的事情，但交易中通过第三方进行资金的转移又离不开银行，因此第三方支付平台跟银行之间存在很紧密的关系；一方面，第三方支付平台需要跟很多的银行搭建相应的接口，来保障支付过程的顺利完成。另一方面，随着第三方支付平台的发展，抢走了原本属于银行的交易、支付的业务，于是银行也会反过来去做这一部分第三方支付的业务，与第三方支付平台进行竞争。由于当时金融业务还没有广泛普及，第三方支付在很多场合、很多应用场景上没有得到更好的应用，所以第三方支付平台不断地扩展它的业务范围，才得以继续生存。

就现在而言，银行和第三方支付平台是相互竞争、相互制约的关系，它们之间的业务冲突会越来越多，越来越明显。余额宝刚开始出现的时候，作为一种收益较银行利息高的货币基金，迅速把用户的离散资金从银行吸引走了，这就是第三方支付平台开始发展后直接跟银行产生业务冲突的一个典型例子。再比如银行原来的很多业务，像线下支付、代发工资、代缴水电煤气等，很多第三方支付公司都可以做到。随着第三方支付平台不断壮大，业务范围不断拓宽，第三方支付平台与银行之间竞争越来越激烈，业务冲突也越来越明显，使得银行跟第三方支付平台之间产生了一种既是合作又是竞争的微妙关系。这样的一种关系，无论是对于第三方支付公司，还是对于银行，都必须认真对待。未来随着第三方支付的不断发展，或许银行和第三方支付平台都会各自寻找到适合的支付领域，把整个支付的大市场进行细分，在合作与竞争这种微妙的关系中找到一个暂时的平衡。

6.2.3 第三方支付的分类

1．按第三方支付系统功能分类

根据第三方支付系统的功能可以分成 2 种形式：一种是单纯的第三方支付，如银联电子支付，NPS 网上支付等；另一种是以支付宝为代表的，具有电子钱包功能，可以进行电子现金存取、消费账单显示的第三方支付形式。

2．按支付工具分类

根据第三方支付工具分类可以分为线上支付和线下支付。线上支付主要指通过互联网进行支付，线下支付指不通过互联网，借助扫码或者 POS 机等完成支付。

3．按主导功能与模式分类

根据第三方支付的主导功能与模式分类，可以分为支付网关模式和信用中介模式 2 种形式。

支付网关模式主要是将不同的银行卡支付功能连接到一个统一的界面，从而为电子商务交易企业和银行对接形成接口，在交易结算过程中，客户可以通过独立的第三方支付平台向商家进行支付，使得第三方支付为企业和客户提供流动账户资金的平台。

信用中介模式主要负责第三方对信用中介负责的相关服务，并负责确保"收付""信用担保"等相关职责。买卖交易双方达成交易合作意愿后，买方应将付款存入支付平台指定账户，并在买方收到货后通知第三方支付平台付款。第三方支付平台将采取买方先前存入的付款从买方的指定账户转移到卖方的账户。

4. 按第三方平台所依托的基础分类

以第三方平台所依托的基础来分类，可将第三方支付平台划分为用户黏性平台与开放式平台。

用户黏性平台是指用户要获得该平台的支付及其他服务，必须拥有它们的账号，即须经过注册、认证等过程方可使用。支付宝、微信支付等黏性平台通过注册使用的方式抓住了相当大部分的终端直接用户，因此，这一类型的平台成了各大企业建立第三方支付平台的首选，然而用户黏性平台已慢慢发展成被支付宝和微信支付"瓜分天下"的局面。究其原因，首先，在技术不断发展的当下，用户更注重支付的便捷性和信息安全性，但用户想要使用用户黏性平台，不仅需要经过各种烦琐的注册、认证步骤，还需要用户提供银行卡信息、身份信息等各种较为隐私的信息；其次，支付宝、微信支付等率先发展壮大的用户黏性平台，都有其自身背靠的电商平台或社交平台提供庞大的用户基础，用户在该黏性平台上使用第三方支付等服务，其实都只是在该平台上获取的服务的一部分。总的来说，若一个第三方支付平台想要成为用户黏性平台，不仅需要更便捷高效的服务，还需要提供更深入、更切合用户痛点的服务。

支付宝等黏性平台通过注册使用的方式抓住了相当大部分的终端直接用户，但许多第三方支付平台却与支付宝背道而驰，它们希望通过无须注册的开放平台提供给用户更大的便利性，从而吸引更多的用户。这种无须注册的第三方支付平台，就是第三方支付开放式平台。这些平台全面支持 WAP 客户端、电脑端、IVR 语音支付（即电话支付），在支付介质上则支持信用卡、借记卡，在支持商户上，通过把平台开放出来，任何一个商户都可以在上面开发他们的移动支付工具，并希望通过无须注册的开放平台圈下更多的用户。开放平台与一些手机应用客户端进行了后台捆绑，而个人消费用户完成支付的同时，甚至无须知道背后调用了快钱的支付功能。独立的第三方支付企业并不需要资金沉淀，开放式地提供服务更能实现更多行业、商户资金的快速流转，从中获取手续费收入，这样的盈利模式更为明晰。在我国，比较典型的开放式第三方支付平台有快钱、易宝支付。

微信与支付宝有很大不同。第一个不同是模式不同，微信支付基于社交平台，只提供支付通道，没有独立的微信支付账户，通过与银行进行合作完成支付，因此微信本身不产生资金沉淀。而支付宝基于阿里系的交易平台，拥有独立账户，所有客户必须在支付宝上设立自己的账户，因此支付宝账户上每天都会产生大量的资金沉淀。第二个不同在于它们的安全标准和支付流程不同。微信支付直接使用微信钱包里的零钱完成支付，而支付宝支付必须登录支付宝账户才能完成支付。

微信与支付宝也有一些相同点。微信与支付宝都基于一个用户黏度较高的平台，虽然微信基于社交平台，支付宝基于交易平台，但是它们都是以客户为基础，客户必须完成注册后才能使用支付功能，所以两者第一个相同点在于他们的发展都离不开庞大的客户群。微信和支付宝都有开发相应的货币基金，微信的理财通对应华夏财富宝货币基金，支付宝的余额宝对应天弘基金，因此两者第二个相同点在于都选择与货币基金合作。另外，微信和支付宝都具备支付手段。

6.2.4 第三方支付的应用

第三方支付平台提供一系列的应用接口程序，将多种银行卡支付方式整合到一个界面上，负责交易结算中与银行的对接，使网上购物更加快捷、便利。消费者和商家不需要在不同的银行开设不同的账户，这样可以帮助消费者降低网上购物的成本，帮助商家降低运营成本；同时，还可以帮助银行节省网关开发费用，并为银行带来一定的潜在利润。在我国支付市场发展早期，尤其是2005年之后相当长的一段时间内，由于银行没能提供更好的网上支付渠道，第三方支付得到了快速发展，并使得第三方支付很快发展为综合性平台，为电子商务交易充当信用中介功能。从某种角度来说，第三方支付承担了银行的部分职责。当前第三方支付企业不仅充当了支付网关的作用，而且它不断地将应用场景扩展到各行各业，比如很多实体商店引入微信钱包、支付宝、淘点点等移动支付方式，使得支付革命从线上慢慢渗透到线下各个行业。

6.2.5 第三方支付的发展方向

1. 安全性

相对于传统的资金划拨交易方式，第三方支付可以比较有效地保障货物质量、交易诚信、退还要求等环节，在整个交易过程中，都可以对交易双方进行约束和监督。在不需要面对面进行交易的电子商务形式中，第三方支付为保证交易成功提供了必要的支持，因此随着电子商务在中国国内的快速发展，第三方支付行业也发展得比较快。

2. 环境宽松

无数行业发展史表明，初期国家为了支持某行业的发展，总是给其提供宽松的环境，但发展到一定程度特别是高速发展的时期，国家有关部门就会插手进行管理，提供必要、有效的规范、监督与管理，以保证行业继续健康发展。

3. 行业治理

第三方支付行业需要治理，无序竞争使各家的利润不高甚至在亏损中经营。目前大多数第三方支付平台仍然靠收取支付手续费来运营，即第三方支付平台与银行确定一个基本的手续费率，这部分手续费交给银行，然后第三方支付平台在这个费率的基础上加上自己的费率，向客户收取费用。但是由于激烈的竞争，为抢占更多客户，一些第三方支付公司将客户的提成份额一降再降，优惠条件层出不穷，使得第三方支付企业在很长时间一直处于亏损中。

4. 网上银行

除了第三方支付企业之间的残酷竞争外，原来第三方支付所依赖的银行也逐渐从幕后走向台前。早期第三方支付企业出现时，银行认为第三方支付有利于自己发展新业务，且不会威胁到银行在支付行业的主导地位，因此对于第三方支付的发展持有一种开明宽容的态度。目前，银行开始关注网上支付，中国工商银行、招商银行、兴业银行、广发银行等都已经在网上支付领域投入很大力量。除此之外，中国央行批准的15家外资银行准许在中国开办网上银行，这无疑会在中国银行业开放之后对中国国内第三方支付企业造成致命冲击。

6.3 电子交易系统

6.3.1 电子交易系统概述

交易往往被叫作"买卖"，在日常生活中几乎无处不在。如购物、信息检索、在线音乐、在线游戏等都是一种交易，有些交易是有形的，有些交易是无形的。其核心是两个独立的经济人之间的权益交换，一般利用货币对权益大小进行衡量。

电子交易是指借助信息技术特别是互联网技术，实现非面对面的、互联互通的交易，并自动完成商品、服务等买卖过程，是电子商务中的重要环节。电子交易以电子技术为手段，改变了企业经营模式，有利于降低企业的经营成本，提高企业经营效率，增加企业收入。

电子交易和传统交易本质上都是商品、服务、信息等的买卖过程，两者业务流程也相似，但由于电子交易采用了信息技术，使得电子交易与传统交易存在着诸多不同。

1．信息获取与传输方式不同

传统交易过程中，买卖双方通过传统媒介如报纸、纸质目录、往来信函等方式传输信息，使得双方难以充分地沟通、协调，增加了交易时间、费用和交易风险，而在电子交易中，信息的传输都是电子化的、即时的、交互式的，极大地提高了信息传递的速度，方便了双方的沟通和协调，节约了交易时间、费用，降低了交易风险。

2．签约方式不同

传统交易需要双方进行多轮面对面的沟通、谈判，出差成为销售代表的代名词；而电子交易可开展网上谈判，签订电子合同。

3．下单与订单履行方式不同

在电子交易中，客户可通过供应商的门户网站直接下单，方便快捷，而企业可通过ERP系统将订单系统与库存系统、生产系统集成在一起，在线接收到客户订单后，可以通过企业内联网在线检查库存中是否有存货，也可指令生产系统组织生产，然后确定如何交付产品，客户还可选择电子支付。

4．交易机制不同

一些在传统交易中难以实现的交易机制却被电子交易广泛使用，如拍卖、逆拍卖、由客户定价、定制等。

5. 售后服务不同

传统交易中，许多服务需要上门完成，但电子交易可通过网络指导、培训，使客户自己完成某些原本需要供应商完成的服务。购物体验的交流方式也与传统方式存在着明显差异。

自从互联网诞生以来，越来越多的企业"触网"，随着技术的进步和时代的发展，企业电子交易经过了几个历程。

第一阶段，黄页型。互联网提供企业或产品黄页，取代了传统的传播介质，与之相比，它的优势在于使用方便，内容新、多，传播范围广，获得成本低，直到现在，这种服务依然受到市场的欢迎，生命力极强。

第二阶段，广告型。互联网取代了传统的企业介绍画册，增加了多媒体内容，信息量更大，作用相当于一个广告，同时为企业和消费者建立了平等的沟通渠道，由于成本低廉，更多受到小企业的欢迎，拉近了小企业和消费者的距离，降低了小企业和大企业竞争的资本。

第三阶段，销售型。互联网取代传统的销售方式，一些适合在网上销售的产品开始向互联网转移，主要是出于减少流通环节和降低经营成本的考虑，同时因为互联网具有其他销售方式不可比拟的优势，集成了前两个阶段的功能，消费者和企业都更加乐意接受，最先采纳这种销售方式的是原有的邮购商品，大大降低了经营成本，使之成为最快获利的商业网站。当前国内互联网企业主要处于这个发展阶段，如B2C、B2B等，但就目前来说，还不能说"取代"传统的销售方式，只是提供了更多选择。企业在研究网络销售模式的时候，往往忽略的一点是产品是否适合网络销售，它和传统的销售方式是什么关系，属于互补型、竞争型、还是增强型。举例来说，一般计算机产品和CD是属于增强型，快餐属于互补型，药品属于竞争型，这是由商品的特性决定的，企业必须处理好各种关系。美国不少计算机公司在开始采取网络销售的初期，都曾经受到经销商的抵触，如DELL、COMPAQ、Cisco、HP等，可是现在经销商从网络销售中也获得了经济利益，COMPAQ还宣称找到了一条共同发展的最好途径。

第四阶段，整合型。前面几个阶段着重于外向型商务平台，其实内部电子交易从简单的计算机文字处理时代就已经存在了，财务管理、库存管理、人事管理、决策管理等企业应用层软件一直没有停止过网络化的步骤。随着服务器系统管理软件功能的强大，为了节约成本，越来越多的企业采用了整合型的方案，从产品销售、招聘、招商引资、企业宣传、售后服务、技术支持、合作意向等，凡是可以公开的内容，都上网了，从消费者、员工、经销商、零售商、供应商，直到管理者，根据不同的角色和权限，可以浏览各种相关的内容，进行各种各样的活动，如咨询、采购、面试、组织会议、发布消息、采访等，只要登录一台服务器。这时候，电子交易才真正成为一个企业应用平台，这不再是一个现在所谓的人机交互式的平台，而是人与人沟通的平台。消费者可以上网向值班的技术支持咨询，经销商可以上网了解生产进度，供应商可以上网和采购主管洽谈业务，客户不需要了解他的接触对象身在何处，也许在办公室，也可能在家，甚至可能在度假，也就产生了虚拟的概念，大部分都是通过网络会议技术实现的，员工每天第一件事情就是登录网络，在家办公也就成为可能。

第五阶段，在线生产在线消费（Produce Online & Consume Online，POCO）。其实这种方式已经存在，只不过它仅仅存在一些特殊商品上，被人们忽略罢了。如：软件、多媒体应用如电视、广播、电子图书、远程教育、远程医疗、咨询、报关、交税、金融业务等，这是电子交易化程度的最高形式。个人认为这是电子交易网站最快开始盈利的模式，只不过由于一些技术性问题阻碍了它的发展，如版权、稳定的带宽、网络安全、信用等，所以我们必须尽快过渡到这种盈利模式。也许有的企业认为：我是种水稻的，怎么可能POCO呢？这实际上是长期以来受实物经济束缚的结果，一直以来企业通过实物的形式实现价值，实物销售在企业获得的利润占很大比重，但是在新经济条件下，高附加价值的产品越来越多，产品本身的作用越来越淡化。同样一个汉堡，在麦当劳就可以卖9元，在其他地方只能卖6元，关键在于产品包含的附加价值不一样。销售水稻表面上看似乎就是销售一种粮食，聪明的企业会选择销售健康、销售环保，消费者通过网络接收到企业想传播的信息，了解了他们的产品，购买产品实际就购买了健康和环保，企业的价值也就实现了。

6.3.2 网络银行交易系统

网络银行，又称网上银行或在线银行，英文为Internet bank或Network bank。指一种以信息技术和互联网技术为依托，通过互联网平台向用户开展和提供开户、销户、查询、对账、行内转账、跨行转账、信贷、网上证券、投资理财等各种金融服务的新型银行机构与服务形式，为用户提供全方位、全天候、便捷、实时的快捷金融服务系统。其系统结构如图6-4所示。

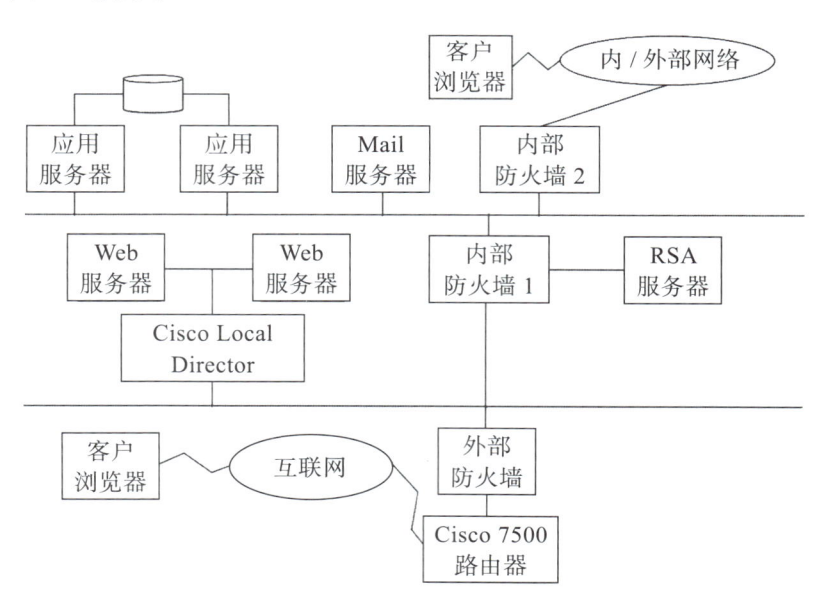

图6-4 网络银行系统结构

1. 网络银行的技术构成

网络银行的技术构成分为两级结构模式：网络银行中心和传统业务处理系统。其中网络银行中心完成因特网与传统业务处理系统间的信息的格式交换，传统业务处理系统完成具体的账务处理。其中系统结构包含以下部分。

（1）网站：负责提供银行的主页服务。

（2）网上银行中心：完成因特网与传统业务处理系统间安全转发网上银行的服务请求，负责客户申请受理、报表处理、客户信息管理等，不设账务系统，只是因特网与传统业务处理系统间的安全通道。

（3）CA认证中心：负责审核、生成、发放和管理网络银行所需的证书。

（4）传统业务处理系统：是各银行的综合业务主机系统，通过前置机接入网络银行。

（5）签约柜台：位于营业柜台，负责客户身份及签约账户的真实性审核。

2. 网络银行的业务构成

网络银行的业务构成包含以下3点。

（1）基本技术支持业务，如网络技术、数据库技术、系统软件和应用技术软件的支持，特别是网络交易安全技术的支持，使网络银行业务得以不断扩展和发展。

（2）网络客户服务业务，如客户身份认证、客户交易安全管理、客户信用卡/银行卡等电子货币管理，以及客户咨询等。

（3）网络金融品种及服务，如网络财经信息查询、网络股票交易、申请信用卡，以及综合网络金融服务等。

3. 网络银行的特点

从不同的角度可以得出网络银行的特点。

（1）从货币的角度来看，传统的货币形式以现金和支票为主，而网络银行的流通货币以电子货币为主。

（2）从运行模式来看，网络银行从传统运行模式转向虚拟数字网络，成为虚拟化的金融服务机构。

（3）从银行的角度来看，网络银行使商业银行经营理念从以物（资金）为中心走向以人为中心；银行获得经济效益的方式发生根本变化；银行的销售渠道发生了变化；银行业务范围发生了变化；银行人力资源管理战略和技能培训发生改变。网络银行给商业银行带来了一项重要的银行资产——经过网络技术整合的银行信息资产，使评估银行信用的标准发生改变，也给商业银行带来了新形式的风险。

（4）从客户的角度来看，网上银行没有时间和地域的限制，成为"3A（Anytime，Anywhere，Anyhow）"银行，对客户需求的满足大大超过传统商业银行。网上银行可满足5类金融服务产品的服务，即交易、信贷、投资、保险和财务计划；但客户对网上银行服务安全、隐私保护等存在担忧，这将成为制约网上银行业务健康发展的关键。

6.3.3 手机银行交易系统

手机银行又称"移动银行",是利用移动电话办理银行相关业务的方式,是通过移动通信网络将客户的手机连接至银行,实现利用手机界面直接完成各种金融理财业务的服务系统。

自1999年推出第一代手机银行以来,移动运营商已陆续推出了STK手机银行、WAP手机银行、SMS手机银行等多种基于不同平台、利用各种先进移动通信技术的手机银行服务。其中,基于移动通信技术的"JAVA手机移动银行"是手机银行中的佼佼者。通过移动银行服务,消费者能够在任何时间、任何地点,通过移动电话以安全的方式访问银行,而不需亲自前往或向支行打电话。

1. 手机银行的分类

按业务功能不同可将手机银行分为简单信息型和复杂交易型;按所采用的技术不同可将手机银行分为短消息服务型和无线应用协议型;按市场推广主体不同将银行分为以下3种,即银行的手机银行,移动运营商的手机银行与手机制造商的手机银行。

2. 手机银行的实现技术

想要实现手机银行的功能,可以基于以下技术方式:普通的短消息方式、STK卡的短消息方式、WAP(Wireless Application Protocol)方式、USSD方式,其中USSD是新型交互式移动数据业务的非结构化补充数据业务,是一种基于GSM网络的新型交互式数据业务,可以用于开发各种业务,还有K-JAVA方式与BREW(Binary Runtime Environment for Wireless)方式。

BREW的开放性不如K-JAVA,因此我们着重介绍K-JAVA方式。这种方式的优点在于:第一,实时在线,交互式对话;第二,图形化界面,操作非常友好;第三,采用一些1024位的RSA认证加密技术和128位的三重DES加解密技术,安全性相对较高。其局限在于:第一,K-JAVA手机价格较高,用户较少;第二,对不同型号的手机无法做到统一显示,需要对不同型号的手机做部分针对性的开发。

此外,手机的双向沟通、主动服务技术,手机银行的产生和短信息技术的应用,也使得银行可以主动将金融信息或账户信息发送给客户,还可以在特定时间发出提醒通知,帮助客户理财。即使关机也不影响信息的发送,客户打开手机仍可以收到信息银行发送的请求,时时保持与银行的联络,使银行变"被动服务"为"主动服务",加深了银行服务的深度。

3. 手机银行的影响

手机银行将会使传统银行竞争模式发生变化。手机银行将使得银行的竞争走向多元化、深层化,也会使银行的竞争策略发生变化。

手机银行还会使传统银行经营理念发生转变。手机银行使商业银行的经营理念从以物(资金)为中心逐渐走向以人为中心,使得传统银行的营销方式发生了巨大改变。

手机银行对传统银行在业务和管理上的影响主要有以下3点。

（1）手机银行重新定位了银行客户群体。

（2）手机银行扩大了银行的服务范围。

（3）手机银行调整了银行的管理模式。

4．手机银行的服务

手机银行的服务在继承了传统银行服务的同时也增加了一些新的内容，主要有账户查询、账户转账、账户挂失、银证转账、代理支付、外汇买卖、银证通、业务申请、新增服务与客户服务等。

5．手机银行的发展趋势

关于手机银行的发展，从长远看来，主要呈现以下几种趋势。

（1）新移动通信技术对移动银行业务的影响加深。

（2）移动应用发展具有梯度。

（3）银行在移动银行业务中的位置越来越重要。

（4）移动银行业务发展的环境越来越成熟。

6.3.4 网络证券交易系统

网络证券交易，是指投资者通过互联网来进行证券买卖的一种方式。网络证券交易系统一般都有提供实时行情、金融资讯、下单、查询成交回报、资金划转等一体化服务。网络交易与传统交易的最大区别就是：投资者发出的交易指令在到达证券营业部之前，是通过公共网络即互联网传输的。

网络证券系统为客户提供网上股票交易的实际环境，使得股民通过互联网进行方便快捷的在线交易、管理及其行情查询。业务涵盖股票买卖、行情查询、银证转账、账户余额、开户、销户、密码修改等方面。交易系统由几个不同的模块组成，主要任务是完成证券金融信息的收集、整理、发布以及交易等工作。

1．证券交易系统的构成

证券交易系统包括以下三方面构成。

（1）撮合主机。交易系统的核心，它将通信网络传来的买卖订单读入计算处理系统进行撮合配对，并将成交结果和行情通过通信网络传回给券商柜台。

（2）通信网络。连接券商柜台终端、交易席位和撮合主机的通信线路及设备，如单向卫星、双向卫星和地面数据专线以及互联网等，用于传递委托、成交及行情等信息。

不同交易席位需要使用不同的通讯，其中无形席位主要指与撮合主机联网的报盘终端，代表券商作为会员交易的权利。

（3）柜台终端。券商柜台终端系统用于券商管理客户证券账户和资金账户、传递委托、接受成交、显示行情等。投资者也可以通过互联网进行网上证券委托，其委托实质也是通过券商柜台系统，只是接入方式不同而已。

图6-5更为直观地展示了证券交易系统的构成。

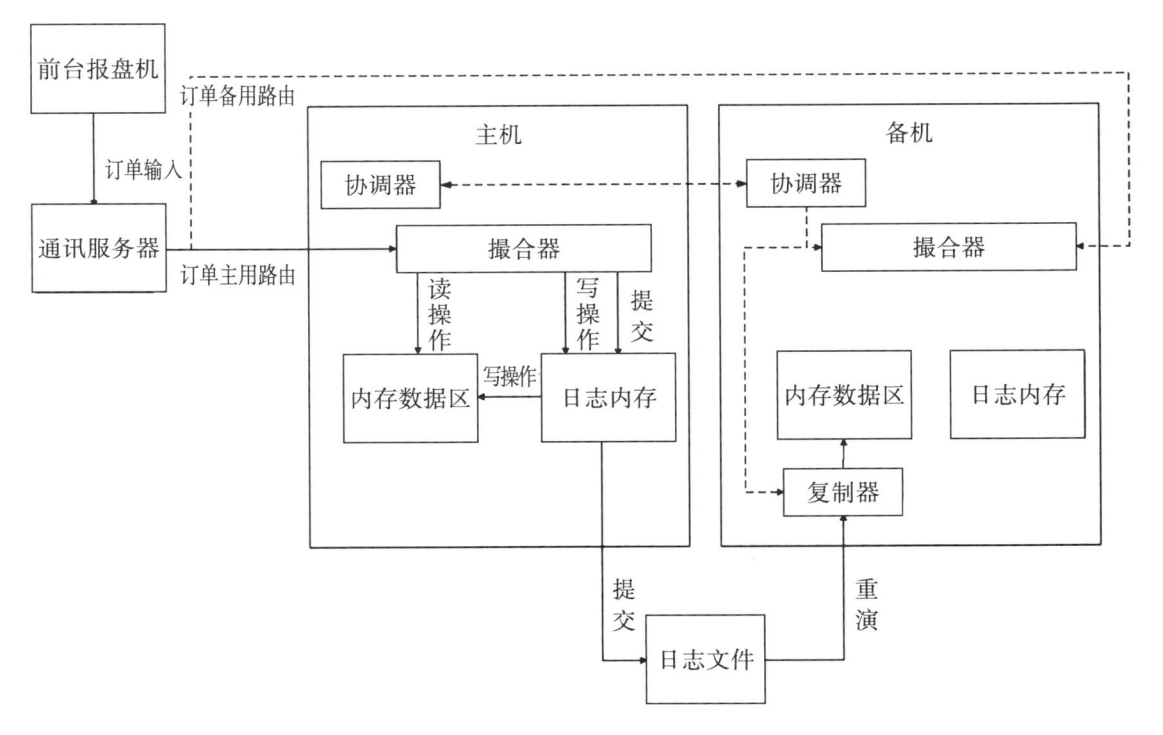

图6-5 证券交易系统的构成

2. 证券交易系统一般流程

证券交易市场也被称为"二级市场"或"证券流通市场",是指对已经发行的证券进行买卖、转让和流通的场所。证券交易程序是指投资在二级市场买进或者卖出已经上市证券的过程,主要有下列几个流程。

(1)开户。投资者在相应的交易所开立证券账户、在证券经纪商处开立证券交易的资金账户。

(2)委托。投资者不能直接进入交易所进行股票买卖,必须在券商(交易所的会员)处下达买进或者卖出的指令,这种行为称为委托。券商整合在其交易系统中的所有同一股票的买卖指令,并将其传送到交易所撮合主机,这个过程称为申报或者报盘。

(3)价格确定与成交。不同的交易机制有不同的价格确定方式。市商机制由做市商报价,即可与做市商进行买卖完成交易;而竞价机制则由交易市场按照一定的规则确定价格。买卖委托匹配后即可以成交。

(4)清算与交割。交易成功后,买卖双方进行核算,完成证券由卖方向买方转移,相应资金由买方向卖方转移,这一过程称为证券结算。证券结算包括证券交割和资金清算两个方面。结算包括交易所与证券商之间的一级结算和券商与投资者之间的二级结算两个层面。具体而言,券商收到成交汇报后,柜台系统立即与投资者进行预结算,根据成交的数量和价格,从投资者的证券账户或者资金账户中转入或者转出相应数量的证券和资金。当日交易结算后,交易所将个券商代理买卖的证券和相应资金在其内部进行收支相抵，然后计算各券商对交易所应收、应付的证券和资金净额，进行交收。

3. 证券交易系统的基本功能

图 6-6 展示了证券交易系统的基本功能。证券交易系统围绕整个交易流程而设计，系统的一条线贯穿客户的委托、申报、实时回报、日终清算；另一条线管理客户的资金、证券，并进行实时监视和分析。

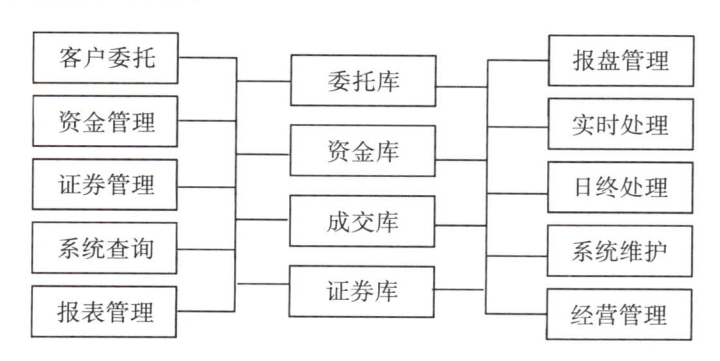

图 6-6　证券交易系统的基本功能

4. 证券交易系统面临的挑战

交易系统在设计之初就要考虑到如何满足和平衡各方面的技术需求，即高可用性、高性能与易扩展性。其中衡量交易系统高性能的主要指标为吞吐量、订单时延与系统容量。

（1）吞吐量：指单位时间内成功地传送数据的数量。

（2）订单时延：指订单从一个端口传送到另一个端口所用的时间。

（3）系统容量：指一个系统可处理容纳的最大能力。

这几项指标共同决定了交易系统性能的高低。

6.3.5 保险交易系统

保险交易系统与网络银行交易系统、手机银行交易系统、网络证券交易系统类似，主要区别在于接入方式的不同。保险交易系统中，后台对于保险业务实际上没有太多的改变。保险交易系统的结构主要包括了基础设施层、数据层、功能层和访问层，具体的结构可以参考图 6-7。

保险交易系统具有以下特点。

虚拟性：成本是低廉的网络服务费，节省了大笔佣金和管理费。

直接性：解除了传统条件下双方活动的时间、空间限制。

电子化：涉及内容包括电子单据、电子传递与电子货币交割。

风险性：在信息披露、网络安全、身份确认与信息保密等方面存在一定风险。

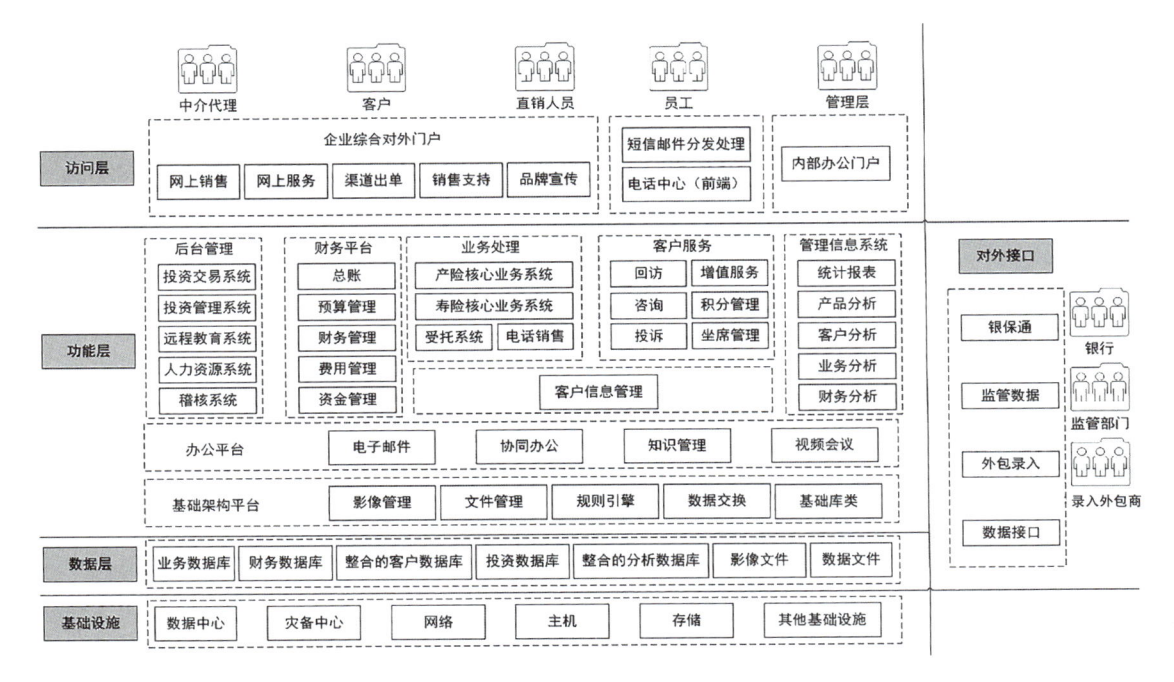

图 6-7　保险交易系统的结构

拓展阅读

CNAPS——电子支付的发展与我国国情的结合

加快建设现代化支付系统是个刻不容缓的任务。社会主义市场经济的建设，城乡经济的发展，企业间日益频繁的经济往来，日益扩大的资金流量，都要求银行为其提供优质的支付清算服务。建设现代化支付系统是社会主义市场经济发展的客观需要，是金融体制改革的必然要求，也是中国人民银行进一步发挥职能的内在需要，更是中国沿着中国特色社会主义道路，在市场经济时期进行现代化建设的重要任务之一。

建设现代化支付系统需要遵循以下指导思想：要能更好地发挥中国人民银行支付清算服务职能的作用；要有效支持中央实施金融监管；要有利于防范金融风险；能做到功能齐全、业务安全、手续简便、系统先进。

为了达到这些要求，中国现代化支付系统（CNAPS）应运而生。这是中国人民银行按照我国支付清算需要，并利用现代计算机技术和通信网络自主开发建设的，能够高效、安全处理各银行办理的异地、同城支付业务及其资金清算和货币市场交易的应用系统，包含中国人民银行支付清算系统、第三方服务组织支付清算系统、银行业金融机构行内支付系统、金融市场支付清算系统几大组成部分，可以加速资金周转，提高社会资金使用率，支撑多样化支付工具使用，提高财政资金的使用效益等。系统支持货币政策的实施，增强了金融宏观调控的能力。同时，该系统也具有防范支付风险的功能，可以维护金融稳定。现阶段中国的一些中小金融机构的风险控制能力依然薄弱，为此，央行在建设 CNAPS 时采取"大额支付实时清算，小额支付净额清算，不足支付排队处理"的原则，设置清算窗口时间和清算账户控制功能，对风险账户进行提前监控。这些人性化、科学化的设定都让 CNAPS 的安全性、可靠性得到了提升。

CNAPS 的意义是巨大的。现如今，这样的一套现代化支付系统是连接国内商业银行和外资银行的重要枢纽和桥梁，同时也是适应现代科技发展要求，促进网上银行、电子商务发展的重要基础平台。

作为当代大学生的我们也要树立投身于现代化经济浪潮的意识，同时也应注意防范以金融创新为名实施的金融违法犯罪活动侵害，在参与金融平台的融资、投资等业务时，树立金融投资风险责任意识，正确评估自身风险认知和风险承受能力。

课堂练习

一、判断题

1. 电子现金是一种以数据形式流通的货币。它把现金数值转换成为一系列的加密序列数，通过这些序列数来表示现实中各种金额的市值。（　　）

2. 电子支票是客户向收款人签发的、有条件的数字化支付指令。（　　）

3. 电子支付通过数字化的方式自动完成交易款项的支付。（　　）

4. 第三方支付就是一些和各大银行签约、并具备一定实力和信誉保障的第三方独立机构提供的交易支持平台。（　　）

5. 电子支付的工作环境基于封闭的系统平台。（　　）

6. 用户在第三方付费系统服务器上开通账号，并使用账号付费，这种方式的交易成本低，适用于大额交易。（　　）

7. 电子交易是指借助信息技术特别是互联网技术，实现面对面的、互联互通的交易，并自动完成商品、服务等买卖过程，是电子商务中的重要环节。（　　）

8. 对于网络银行而言，网络银行中心完成了因特网与传统业务处理系统间的信息的格式交换。（　　）

9. 网络银行的业务构成中，网络客户服务业务包括网络财经信息查询、网络股票交易、申请信用卡，以及综合网络金融服务等。（　　）

10. 网络银行业务与传统银行业务本质上是不同的。（　　）

二、选择题

1. 电子支付是电子交易的当事人使用安全的电子支付手段通过互联网进行的（　　）。

A. 数据传输　　　　　　　　　　B. 现金转账

C. 票据传输　　　　　　　　　　D. 货币支付或资金流转

2. 电子支票交易的流程是（　　）。

①银行通过验证中心对电子支票进行验证，无误后向商家兑付或转账。

②消费者和商家达成购销协议并选择用电子支票支付。

③消费者通过网络向商家发出电子支票，同时向银行发出付款通知单。

④商家通过验证中心对电子支票进行验证，无误后将电子支票送交银行支付。

　　A. ①②③④　　　　　　　　B. ②③④①

　　C. ③②④①　　　　　　　　D. ②③①④

3. 以下选项属于预支付的是（　　）。

　　A. 货到付款　　　　　　　　B. 扫码支付

　　C. 中国移动"神州行"业务　　D. 蚂蚁花呗

4. 快钱支付属于（　　）。

　　A. 监管型账户支付模式　　　B. 非监管型账户支付模式

　　C. 支付网关模式　　　　　　D. 信用中介模式

5. 下列国内第三方支付公司中，（　　）的用户规模最大。

　　A. 支付宝　　　　　　　　　B. 云闪付

　　C. 财付通　　　　　　　　　D. 快钱

6. 支付网关模式中不属于 B2C 支付交易流程主体的是（　　）。

　　A. 卖家　　　　　　　　　　B. 买家

　　C. 购物网站　　　　　　　　D. 支付平台

7. 网络证券交易系统中，（　　）用于券商管理客户证券和资金账户、传递委托、接受成交与显示行情业务。

　　A. 通信网络　　　　　　　　B. 撮合主机

　　C. 柜台终端　　　　　　　　D. 证券交易所报价系统

8. 网络证券交易的方式主要有 3 种：通过 IT 公司的网站提供服务方式、券商与银行合作提供服务方式及（　　）。

　　A. 券商和期货经纪公司联合建设网站

　　B. 券商自建网站提供服务方式

　　C. 自助模式

　　D. 券商和证券交易所联合建设网站

9. 以下选项中不属于 P2P 网贷平台类别的是（　　）。

　　A. 担保机构担保交易模式

　　B. 银行推出的互联网服务模式

　　C. 以交易参数为基点，结合 O2O 的综合交易模式

　　D. P2P 平台下的债权合同转让模式

10. 下列各项中，（　　）不属于衡量网络证券交易系统性能的主要指标。

A. 吞吐量　　　　　　　　B. 订单时延

C. 传输速度　　　　　　　D. 系统容量

三、材料分析题

据中国人民银行公布的《2021年支付体系运行总体情况》，2021年支付系统共处理支付业务9336.23亿笔，其中以银行卡及网络支付为主的银联和网联清算平台支付交易笔数分别为2080.04亿笔和6827.60亿笔，日均处理业务分别为5.70亿笔和18.71亿笔，经由两联（银联、网联）转接的支付交易数占支付系统处理业务总数的九成以上。

在网络支付方面，基本呈现出财付通和支付宝两大互联网支付平台垄断的格局，两者占市场总份额九成以上。支付行业也面临着一定的挑战：部分机构通过垄断地位开展不正当竞争；金融信息安全隐患增加；监管套利行为屡禁不止。

从国内外支付业务发展的历程看，银行卡的出现改变了现金、支票等纸质票据为主的支付格局，显著提升了支付便利性。但在银行卡发展初期，各银行以自发卡和自收单的模式为主，互不开放银行卡受理机具，在银行内实现所有交易，彼此之间相互竞争，导致酒店、百货商场等优质大型商户出现"一柜多机"，而小餐馆、小卖部等大量中小商户无法受理银行卡。为实现跨区域、跨机构的银行卡支付服务，美国在20世纪70年代由市场自发组建了Visa、万事达卡等国际信用卡组织。我国也在20世纪90年代初启动"金卡工程"，并于2002年组建了以实现"联网通用"为宗旨的中国银联。

国际信用卡组织的出现标志着银行卡支付四方模式的落地，极大地促进了支付产业的专业化分工，为股份制银行、城市商业行、农村信用社等金融机构以及第三方支付机构提供了市场发展机遇。在市场充分竞争的环境下，这些机构的专业化服务能力不断提升，商户和用户的支付服务成本不断下降，也为如今的互联网支付蓬勃发展奠定了良好基础。然而，如今随着支付平台的出现，当初市场垄断、恶性竞争、相互排斥的市场失灵情形重现，原有的支付四方模式受到严重冲击。

（资料来源：http://bank.hexun.com/2022-04-06/205662583.html，有删改）

思考并讨论，完成以下题目：

1. 我们要怎样发展支付四方模式来保障支付行业的健康发展？
2. 要怎么加快四方支付模式业务落地？

参考答案

一、判断题

1~5 √ × √ √ ×

6~10 × √ × √ ×

二、选择题

1~5 DBCBA

6~10 CCBBC

三、材料分析题

1. 要保障支付行业的健康发展，应从以下几个方面入手。

（1）加强对行业垄断与不正当竞争的防范，坚持规范与发展并重，监管机构应依法加强对资本和平台企业监管，持续做好垄断型支付平台整改工作；针对支付平台滥用市场支配地位，排斥其他业务参与方（特别是中小银行、非银行收单机构等），采用手续费价格补贴扰乱市场秩序，在商户和用户开通支付服务时强加霸王条款等违规行为进行整治；引导支付行业从业机构规避同质化发展，避免恶性竞争，通过业务创新为各类客户群体、各行各业、各种场景提供形式多样的个性化支付服务，促使支付行业呈现百家争鸣、生机盎然的发展格局。

（2）按照四方模式强化业务职能监管，从国家金融安全角度考虑，应加快我国支付服务国际化发展。Visa、万事达卡等国际信用卡组织都历经了业务从境内发卡境内受理、境内发卡境外受理、境外发卡境内受理、境外发卡境外受理的过程。必须在四方模式下将受理与发卡进行分离，才能够更好地对接各地支付业务参与方，更大程度地复用当地的金融服务设施，以便更好地满足不同国家和地区的支付监管要求。网络支付也应按照四方模式清晰定义业务参与方角色，从而打破支付平台"身兼多职"的封闭体系，促进支付业务监管化繁为简，保证支付市场公平竞争。

（3）推动我国信用卡组织的规则标准国际化。我国信用卡组织的规则标准如同网络协议，我国信用卡组织向国际标准化组织（ISO）申请的银行卡卡号如同IP地址，转接清算机构以及各业务参与方都应该遵守国际信用卡组织规则标准，才能确保支付交易的低时延、高可靠和高安全。在支付四方模式框架中，清算机构如同互联网中的路由器一样，处于支付业务中的枢纽地位，连接着发卡机构、收单机构、行业服务商、应用程序开发运营方等业务参与各方，在地区间、机构间、业务间提供标准化接入服务，实现支付中各业务参与方的互联互通。

2. 要打破支付平台现有的封闭体系，按照网络支付四方模式框架下的监管要求和清算机构规范标准，对现有支付业务进行改造。主要有以下3个改造点。

一是将支付机构"本代本"交易（支付交易中受理方与发卡方均为同一家机构）纳

入清算机构进行转接，支付机构在支付账户侧的业务应以发卡机构（账户管理机构）角色接入，在受理侧的业务应以受理机构角色接入。改造后，可实现对第三方支付机构体系内交易的穿透式监管，逐步统一支付账户与金融账户的监管标准。

二是 App 开发运营方作为应用服务方接入清算机构。改造后，App 开发运营方不用获取支付牌照，仅负责用户身份真实性审核和部分支付交易信息处理，不参与支付资金清算，使得业务边界更加清晰。

三是将支付平台系统中其他支付机构拓展的商户剥离出来，由真正拓展维护的支付机构履行收单机构职责。改造后，按照"谁拓展、谁负责"的原则，改变过去同一家商户面对多家支付平台的局面，由真正的拓展机构负责商户的日常维护，避免形成支付平台从用户垄断向商户垄断传导的局面。

第 7 章

互联网金融创新业务与理财

知识目标

（1）了解互联网媒介。
（2）掌握几种新型支付方式。
（3）理解熊彼特的创新理论。
（4）知道互联网创新的模式。
（5）懂得互联网理财。

素质目标

树立互联网理财风险意识。

案例导入

人脸支付产业发展简报

在2021第四届中国金融科技发展大会上,移动支付网正式发布了《2021中国人脸支付产业发展报告》。

疫情影响与产业发展背景

2020年年初,新冠肺炎疫情暴发,严重影响了商业的整体发展。在全民戴口罩的背景下,刷脸支付也受到了极大的冲击。疫情影响下,线下地推受阻,使得行业压货情况较为严重。据移动支付网了解,疫情初期某企业刷脸支付终端压货在千台以上。动辄百万的资金压力,极大地减少了企业资金流动性。2015—2020年中国支付清算协会的相关报告显示,移动支付用户使用生物识别的意愿比例正在下降。此外,2020年年末至2021年上半年半导体涨价的问题,在未来数年内也将影响刷脸支付产业链。

然而,中国的商户服务数字化升级、解决数字鸿沟等政策的发布,则在一定程度上推动了刷脸支付的发展。

巨头动向与产业现状

目前,银联、支付宝、微信支付为主要的刷脸支付推动方,各方策略有所不同。从官方发布的相关信息来看,支付宝的拓展政策主要有:增加增值服务,如发票、保险、贷款等;进一步完善服务商体系,让生态体系更加开放;提升设备活跃,推出增加扫码激励、刷脸激励翻倍等措施。新发布的新蓝海计划也在推动刷脸支付设备落地,而微信支付则在提升产品能力(例如秒级响应、免11位手机号等)、提升软件能力(如丰满会员系统,附加更多公众号关注、小程序能力,增加支付分等)、稳固供应链(如新增摄像头、增加公板等)等方面有所提升。银联在2020年11月的银联认证企业年会上透露了其刷脸支付产品的升级方向:探索终端开通方案,即解决用户线下终端开通痛点,丰富现有开通渠道;优化云闪付应用程序刷脸付功能模块,从功能首页、开通管理、产品运营等方面实现功能优化;进一步优化系统性能,在算法层面实现N值突破;在处理能力、系统容量、安全保护等方面持续优化,研究多模态辅助识别实现1∶N识别能力突破。

发展趋势与产业预估

在刷脸支付的产品和市场发展方向方面,巨头都会更加重视扫码支付在机具中的使用体验。在场景拓展方面,刷脸支付服务商需要找到强信任与不信任场景,观察并思考刷脸支付的切入点。在刷脸支付政策方面,以2021年两会期间提案为例,人大代表均意识到了以人脸为代表的生物信息具有唯一性,泄漏风险很大,目前产业的受监管力度尚不足等问题。借此,人大代表建议采集需许可、明确使用范围、明确监管职责、统一管控、推进立法等监管措施。

(资料来源:https://caifuhao.eastmoney.com/news/20210601114744314024300,有删改)

7.1 熊彼特的创新理论

关于创新，熊彼特提出了一套创新理论，解释了什么是创新。他所指的创新不仅仅是金融创新或者互联网金融创新，而是泛指创新的各种情况。熊彼特说创新有 5 种情况。

第一种情况是采用一种新的产品——也就是消费者还不熟悉的产品——或某种产品的一种新的特性。例如：新的信用卡代替了原来的纸币。这些新的产品一般会有一些新的特性，也会在市场上形成一些新的分支或者新的细分。

第二种情况是采用一种新的生产方法，这些新的生产方法会导致一些不同的生产方式，例如有了新的产品之后，产生了生产这种产品的新方法。

第三种情况是开辟一个新的市场。原有市场的市场份额已经趋于稳定，现在由于互联网金融的出现，新的市场被开发出来了，例如众筹，以前可能叫作集资，或者叫凑份子，但现在它是互联网上的新模式，因为互联网让大家沟通更方便，在人群里更容易找到与我们有共同爱好、共同兴趣的人，进而完成这种众筹。这就开辟了一个新的市场。

第四种情况是掠夺或控制原材料或者是半成品的一种新的供应来源。比如原来的中国人民银行关于银行卡的一套标准：1.0 时代用磁卡，2.0 时代用磁卡和芯片卡，3.0 时代用芯片卡。从磁卡到芯片卡就是用了一种新的原材料。

第五种情况是实现一种新的组织形式。这种组织形式可以有好多种，比如 SOHO（Small Office Home Office）就是一种新的组织形式。因为美林证券觉得证券分析师不需要在办公室就可以拿到证券市场上的各种信息，通过各种软件、数学模型分析股市的走势，这是一种因互联网而诞生的新的组织形式。

熊彼特提出的五种创新情况可以概括为产品创新、技术创新、市场创新、资源配置创新和组织创新。这五种创新在互联网金融领域也得到了很好的应用。

由于金融体系和金融机构开始产生变化，监督监管的方式也就产生了变化。

第一个是能够通过数据监管整个运行状况，这跟 SOHO 有点类似。不需要到办公室就可以工作，不需要到券商、银行、保险公司处就可以完成监管。这种监管方式往往更有效率。

第二个是流程的创新，比如新业务的引进、拓展，银行、证券公司新的创意，这些创新都会使整个金融的运作更加有效率。网络银行有一个词叫作"电子渠道替代率"，就是指所有金融业务有多少被电子渠道替代。很多银行的替代率已经达到了九成，招商银行在提高电子渠道替代率方面就做得非常好。这种替代使得银行的成本大幅降低，使得他们能够将节省下的成本用以各种各样的金融创新。同时，互联网的出现使得整个业务的流程也简化了，不再需要去网点排队、拿号，只需要拿着手机、平板电脑、手提电脑，就可以完成各种业务，流程上的创新使得银行和消费者都得到了极大的便利。

新的金融衍生品出现，证券的种类变得更多，交易系统变得更加复杂，面临的风险也更加多样化。有些人期盼获得高收益，可以选择高风险的投资，有些人风险承担能力不足，可以选择低风险的投资。总之，金融创新对互联网金融有很大的促进，而互联网金融也恰恰是金融创新的一部分。

7.2 互联网金融创新业务（1）：边缘创新

边缘是一个相对概念，强调的是主流产品与主流市场之外的新领域，而边缘创新强调的是满足边缘价值网中尚未被满足的需求，不同于侧重规避"不能做什么"的错位竞争与侧重找到"什么过剩了，什么有潜力"的颠覆创新，边缘创新侧重于发现"哪里有空白"，然后在这个空白之处做出新的成果。

7.2.1 互联网媒介

1. 互联网媒介的重要性

很多互联网新业务都来源于互联网媒介的创新。比如最初在银行的柜台办理金融业务，后来用 ATM 机、POS 机办理金融业务，再后来通过电话、网络、移动互联网这些方式办理互联网金融业务。

从这个轨迹上看，互联网新业务的创新与互联网媒介创新息息相关。由此可以看出互联网媒介的重要性。

2. 互联网媒介的特点

互联网媒介有其自身的特点，总体来讲可以归纳为以下几点。

第一，它存储的信息量比较大，信息的接入以及开放程度比较高。

第二，它的时效性、实时性比较强。

第三，它具有一些多媒体的功能，不但有声音，还有图像，这一点对互联网金融的开展会有交互方面的改进。

第四，它具有交互性和易检性。交互性实际上是跟多媒体特性有关，易检性就是比较容易检查。

第五，它在某些程度上可以对传播环境的主体体现它的个性化，实际上这一点多体现在网络银行、网络证券中。

3. 移动互联网的优势

近年来，手机银行以及手机支付的发展使移动互联网的应用达到空前高涨的地步，很多人都使用过移动互联网环境下的金融业务。实际上，移动互联网融合了互联网和手机的优势，手机作为一个个性化非常明显的终端，与其他媒体相比，具有无可比拟的优势。

第一个是便携性。手机这种移动终端非常便于携带。

第二个是强时效性。手机可以通过移动互联网实时跟客户进行交互。

第三个是多媒体性。手机媒介的移动性加上多媒体特性，使它的个性化体现得更为明显。

第四个是精准性。精准性会为互联网金融带来一些好处，比如精准推荐、精准推销、精准广告、精准业务等，都是由精准性带来的。

第五个是个性化。与其他终端相比，手机的个性化特征十分明显。

第六个是交互性。作为一个个性化非常明显的媒介，手机具备非常强的交互性。

手机媒介还具备其他一些特性，例如它可以最大限度地利用用户的时间碎片，用户在工作、娱乐的间隙可以利用手机完成一些操作。

7.2.2 边缘媒介

1. 边缘媒介的发展

这几年不断地出现边缘性的媒介，这些媒介的发展也使得互联网金融出现一些边缘性的业务。

比如通过指纹进行支付，通过声音进行个人身份的验证，还有通过人脸进行识别等，都属于边缘媒介。在金融电子化以后，银行、证券等金融行业一直在思考如何为客户带来更方便、更快捷的金融服务。

从银行的角度看，支付创新不仅限于通过ATM机进行转账、支付，通过网络银行、互联网等快捷方式也可以完成支付，将来也许可以通过其他一些媒介服务。这些新技术的引入和新媒介的发展实际上可以使互联网金融为客户提供更好的服务，并可以采用更好的认证和验证机制。

比如从原来的磁条卡到现在的芯片卡；从原来的某一个因素的认证，加入双因素甚至多因素的认证，即从原来的输入账号密码进行认证，到现在可以通过图像、影视、声音、指纹、人脸等因素进行认证。这种新的技术同时也带来了反欺诈能力的提升，比如可以加入一些神经网络技术、人工智能技术、SMS用户通知技术等，这都是边缘媒介不断发展的成果。

2. 边缘媒介的特点

在竞争激烈的市场环境下，业务的创新通常伴随着技术的创新，业务创新和技术创新是相辅相成的。在用户为主的互联网时代，金融技术的创新将会不断促进互联网金融的发展，尤其是在支付领域。用户在金融方面的基本需求有若干个，其中支付是首要需求。现在，支付的场景不断地更新，线下线上业务互相渗透，支付工具和支付方式不断地拓展，使得用户对于消费体验和消费习惯的改变越来越快。前几年我们还沉醉于使用网络银行、支付宝以及其他支付工具，而现在我们线下可以用微信、支付宝、Apple Pay等应用，也可以用其他的支付方式，如指纹支付、刷脸支付等。

基于互联网时代，支付业务依靠边缘媒介的一些特征使得创新特点越来越明显。

第一个特点是支付工具的虚拟化。以前进行支付、买卖，或带现金，或带卡，现在不需要了。手机上面可以通过某些应用程序绑定银行卡，进行支付时不需要银行卡，也不需要现金，这就是支付工具的虚拟化。

第二个特点是支付平台的云端化。云端化实际上就是指云计算，将某些服务器设置在不同的地方，支付平台的服务将会体现在不同的服务器上，也就是所谓体现在云端而不是在本地。

第三个特点是身份识别手段的多样性。从最早的指纹，到后来的声纹，再到人的面部、视网膜识别等，身份识别手段将会更加多样化，而不仅仅限定在网络银行中使用的数字证书，这也就可以做到多因素认证用户身份。

第四个特点是支付的个性化。个性化使支付更加方便，尤其是手机支付更贴近个人的需求，有效连接线上线下。比如微信与支付宝可以在线下实体店进行支付，而不需要再通过银行卡或者现金去完成支付。

7.2.3 二维码支付与 NFC 近场支付

1. 二维码支付

在边缘媒介的作用下，银行、证券、保险和其他金融业，不断地推出一些新型业务。在支付方面，O2O 环境下经常会使用到二维码支付。二维码支付实际上结合了二维码技术和移动支付技术，是一种基于账户体系搭建起来的新一代无线支付方案。在该支付方案下，商家可把账号、商品价格等交易信息汇编成一个二维码，并印刷在各种报纸、杂志、广告、图书等载体上发布。

二维码支付可以分成两种：一种是主动扫码，就是拿出手机主动扫商家的收款码；另外一种是被动扫码，用户通过出示付款码给商家的扫码仪器，便可实现与商家账户的支付结算，最后，商家根据支付交易信息中的用户收货、联系资料，进行商品配送，完成交易。

二维码是条形码的一种发展。条形码由一组规则排列的条、空组成，而二维码有两个维度，它能够存储更多的信息，包括支付信息、个人身份信息等。现在很多人已经不带名片了，扫描相应二维码，相关的单位信息、手机信息、邮箱信息甚至住址信息等都能呈现出来。

二维码是由一些专门软件生成的，它可以跟不同的支付媒介进行兼容。众多互联网公司以及商业银行都在二维码支付方面做了一些很好的研究，并且基于实体建立了属于自己的二维码支付体系，可以连接到手机银行的支付界面，也可以连接到一些第三方支付平台。像支付宝、微信等二维码的应用已经越来越普及，很多线下店已经在使用二维码进行支付方面的业务。

2. NFC 近场支付

另一个广泛应用于支付领域的技术是 NFC 近场支付技术。NFC 近场支付是指消费者在购买商品或服务时，即时通过手机向商家进行支付，支付的处理在现场进行，使用手机射频（NFC）、红外、蓝牙等通道，实现与自动售货机以及 POS 机的本地通信。NFC 近场支付最典型的例子就是 Apple Pay。2016 年 2 月，Apple Pay 进入中国市场，并采用了跟银联合作的方式，由银联在 POS 机上安装识别 NFC 的读卡器，苹果手机自带 NFC 的收发装置，只要用 NFC 接收信号以后跟银行卡进行绑定，就可以直接进行支付。实际上之前也有很多移动运营商跟银行合作推广近场支付，这种近场支付在这之前已经有很多先例了，比如高速公路的 ETC 车道，很多城市推出的公交卡既可以坐公交也可以坐地铁，就是一个基于 NFC 近距离无线通信的例子。

NFC 由飞利浦公司发起，之后由一些著名厂商，包括诺基亚、索尼一起推出。它的 NFC 近场支付，就是当客户在购买商品或是服务时，可以采用带有 NFC 的手机，靠近读卡器读取设备，来完成相应的支付。支付处理是现场进行的，读取的过程不需要连入移动网络，使用的是射频技术，借助手机跟银行卡绑定，完成相应的支付。NFC 技术用于移动支付的历史已经很久了，之所以没有得到推广，是因为使用这种技术必须换卡。将 NFC 的接收和发射装置安装在手机上的方法有两种，一种是换一个手机后盖，把接收和发送装置贴在上面，另一种就是更换 SIM 卡。NFC 实际上是一种短距离的高频无线通信技术，它允许电子设备之间进行一种非接触式的、点对点的数据传输，然后通过这种方式来完成数据交换。这个技术可以跟无线射频识别（RFID）技术结合。

NFC 技术，作为一种移动支付方式，与二维码支付有着显著的区别。二维码只能存储一些信息，其本身没有发送信息的功能，而 NFC 是一种高频无线的通信，可以进行信息交换，并且在进行识别的过程中不需要使用移动网络。可以把手机当作一个支付终端，类似于银行卡，一旦绑定以后，就可以变成一种支付工具，直接进行刷机。随着这个技术的应用，手机变成了一个包含现金和银行卡的手机钱包。

7.2.4 声波支付、指纹支付与人脸识别

1．声波支付

声波支付是指利用声波的传输，完成两个设备近场识别的技术。它想解决的是身份认证的问题。其具体过程是，在第三方支付产品的手机客户端里，内置有"声波支付"功能，用户打开此功能后，用手机麦克风对准收款方的麦克风，手机会播放一段"咻咻咻"的声音完成支付。声波适应性强，比较方便，比如说在开车过程中可以用声音的识别完成相应的支付。低成本和离线等特点都是声波支付的明显特征。将来银行可以使用声波做一个支付的接入口，与电信运营商和第三方支付公司进行合作，推出基于声波的个性化识别的支付模式。现在很多手机都可以用语音识别，比如要拨打某个号码，直接念出一个人的名字就可以。实际上我们也完全可以想象只是说出要支付多少钱，就可以直接进入到支付场景完成相应的支付。对此，支付宝已经在做了，它推出了叫作空付的技术，可以随时随地发起一个订单并且完成相应的支付。

对于声波支付，最大的问题在于它对噪声的识别可能直接影响到这项技术的应用，还可能会错误地识别其他声音，这种问题如果不解决，那么声波支付很难进入到实用阶段。

2．指纹支付

指纹识别其实早就已经在用了，它最早是在银行的柜台用于对身份的认定。银行是采取两级审核的，有审核也有复核。复核下要进行身份认定，就会采用指纹认证。

指纹支付是利用用户指纹作为特征识别个人身份，最后进行电子支付交易的一种模

式。因为指纹跟每个人的特征相关，具有唯一性，结合其他一些相应的技术和安全措施，可以达到安全交易的目的。指纹支付也有可能会成为电子支付技术的一种方式，现在很多智能手机都在使用指纹开机，也完全可以把指纹作为支付密码。微信支付及其他的一些支付方式，都可以通过指纹识别省掉输入密码的过程，这也就大大简化了整个消费程序，从而使用户的使用更加方便。所以这一种应用很快就可以走入实际的用处当中。

3. 人脸识别

最后一个基于边缘媒介的金融新业务，是人脸识别。

人脸识别，是基于人的脸部特征信息进行身份识别的一种生物识别技术。用摄像机或摄像头采集含有人脸的图像或视频流，并自动在图像中检测和跟踪人脸，进而对检测到的人脸进行脸部识别的一系列相关技术，通常也叫做人像识别、面部识别。

刷脸支付最大的障碍就是脸部的特征可能会发生改变，比如减肥、整容，或者化妆。所以刷脸支付需要找到一些手段，进一步抓住核心的生物特征，这是人脸识别最终走向实际使用的重要因素，让我们拭目以待。

7.2.5 安全方面相关业务

任何互联网新业务的出现，最应该考虑的都是安全方面的问题。之所以会用到一些生物特征对从事金融的新业务进行绑定，就在于这些生物特征很多情况下是跟个人身份相关的，它是具有唯一性的，在安全方面是比较有保障。

随着智能手机时代和5G时代的到来，手机银行的应用、手机支付的应用越来越普及。但现在的手机应用程序很多只是输入密码或加入指纹，从银行的角度来讲，怎么解决手机银行的数字证书问题是非常重要的，将来可能进一步推广到很多支付场合。

手机证书要解决身份认证问题有以下几种途径：一种是使用文件存储的方式，比如手机银行，一旦开设以后，它就下载一个数字证书，这种途径安全性不高；另一种就是用SD卡，SD卡类似现在的U盘，存储数字证书；还有一种直接用SIM卡，在SIM卡的某一个区域里边划出一个区域来存储证书，这种SIM卡的存储需要银行和移动运营商进行合作；还有通过耳机插孔来连接的手机银行数字证书，这种应用非常广泛，比如说之前的拉卡拉之类，包括国外的一些公司也推出了基于手机插孔外接数字证书的方式。目前这几种技术到底哪一种会真正应用在手机银行上，还不得而知，随着技术的发展，可能各个银行都会有相应的方案。

7.2.6 机具方面相关业务

移动互联网跟手机、互联网金融跟金融业务相结合，实际上最早是基于机具的结合，也就是POS机。

以前POS机传输支付的信息，都是通过一根电话线、拨号、上网，连到银行网络，来完成支付信息的传递。实际上移动互联网跟金融业务相结合是采用移动POS终端这种模式。在餐馆或者是在宾馆结账时使用到的POS机，就属于移动的POS机具，而手机完全可以替代它，成为手机POS机。这种手机POS机和传统POS机相比，有很大的不同，主要体现在以下几个方面。

第一，传统的 POS 机只有一般的收款功能，没有其他的功能，但手机的 POS 机，可以跟手机银行进行接合，从而进行银行卡的查询、转账、支付等操作。

第二，传统的 POS 机是商家才有的，个人没有。商家要跟银联签约成为它的特约商户，才能拿到 POS 机，过程比较复杂，但是对于手机 POS 机，个人就可以去申请，而且非常方便。

第三，传统的 POS 机一般来讲体积比较大，但手机 POS 机可随时跟手机连上，体积小、重量轻，可以随身携带。

第四，传统的 POS 机不能转账，但手机 POS 机因为跟手机银行绑定，可以实现卡到卡以及 ATM 机转账的功能。

第五，传统的 POS 机一般来讲要通过拨号网络、移动网络或者租用网络专线去跟银行系统进行连接。但手机 POS 机不需要，只要借助移动运营商的网络就可以直接把相关的信息连到银行的专用网络里边，可以针对所有银联支持的信用卡、借记卡等。

第六，传统的 POS 机在费利收取时，是采取 1%～5% 不等的费利，特殊行业的费利会更高，但使用手机 POS 机，银联及移动运营商都会对费利进行封顶。

总体来说，随着新媒介的出现，基于边缘媒介的新互联网金融的创新将层出不穷，我们期待着将来会出现更多的新媒介，比如智能手表、有线电视、汽车等。

7.3 互联网金融创新业务（2）：网络众筹与支付创新

7.3.1 风险投资

投资分成很多种。如果拿风险和收益来衡量，风险最低的就是把钱放到银行，这也是一种投资的行为，只是它的收益率非常低，但风险也几乎为零。风险比这个高一些的，是定期储蓄，但是它的收益也会高一点。比定期风险更高的是购买债券，其中国债的收益率会比企业债要低一些，因为国家的信用比企业的信用更高。

和企业债券相比，企业股票的风险和收益会更高。因为如果公司倒闭，首先是清偿到期债务，之后才把剩下的钱分给股东，所以股票的风险比债券要高。期货的风险会比股票更高一些，因为有价格杠杆的效应。比这个风险更高的是期权，它买的是权利，在未来可以买入或卖出的一定数量的某种东西的权利。比如要操作 100 股的股票，可能只需要给 5% 的资金就可以获得操作它的权利。

比期货风险更高的，就是风险投资。风险投资的收益很高，但是它的风险也是很高的。这意味着，投资 100 个项目，可能 90 个项目都会失败，但是一旦有一个项目能够成功，它的收益都很可观。

我国很多公司，都是得到了风险投资并以此使他们的股票最终能够上市，而风险投资人也从中得到了非常丰厚的回报。风险投资使得这些企业在初创阶段和发展阶段能够高速发展，这是一种非常好的金融创新。

7.3.2 互联网金融创新的模式

互联网金融的创新事实上跟互联网的发展有着非常密切的关系。互联网的出现让我们有了大量交互的信息，后来就有了电子商务、网络购物，也就牵涉到了资金的问题。

在支付领域，比如支付宝，大量的资金通过支付宝开始沉淀之后，就有了余额宝，之后又有了第三方支付的各种创新的业务，比如网络众筹。积累了大量的数据之后，又有了互联网金融的大数据，有了信息化的独立的互联网金融机构，还有基于互联网的一些金融的门户。在众多模式中，我们主要讲解的是网络众筹。

1．网络众筹

网络众筹指通过互联网方式发布筹款项目并募集资金，是以互联网为载体，汇集资金，去支持某一特定项目的一种形式。

网络众筹模式一般来说有下列几种。

第一种是捐赠模式，指的是投资者对项目或公司进行无偿捐赠，比如慈善、赈灾、救助的捐助。

第二种是债权模式，它是指投资者对项目或公司进行投资，获得其一定比例的债权，未来获取利息收益并收回本金。

第三种是股权模式，指投资者对项目或公司进行投资，获得其一定比例的股权。

第四种是回报模式，指投资者对项目或公司进行投资，获得产品或服务。

众筹盈利模式的关键点包括：所有的参与者都能得到好处；每个参与者都必须贡献出来不可替代的一种资源。

在众筹中有几种简单的盈利模型。首先是两部门模型：消费者和商家之间，消费者出钱，商家为消费者生产产品。比如：消费者向农民买菜，消费者得到了菜，农民得到了钱，双方均有收益，这是最初的交易模型。两部门模型之后，出现了三部门模型。例如：购买远方的商品时需要寄送，产生了物流，物流公司变成了第三方，且物流公司、消费者、生产者均能得到收益。

由两部门、三部门模型渐渐地衍生出了六部门模型，六部门模型如图7-1所示。

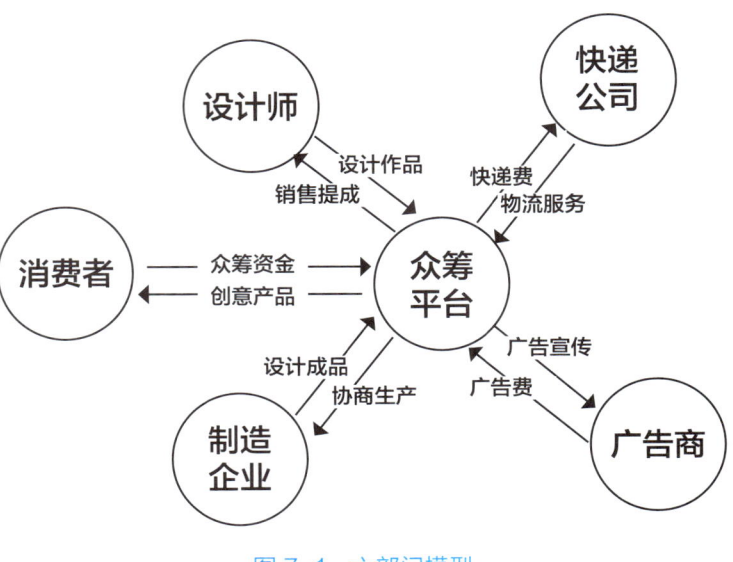

图7-1 六部门模型

六部门模型为众筹平台的搭建提供了参考，通过六部门模型，可以搭建一个运行良好、具有前景的众筹平台。

但众筹也不是万能的，它一方面会带来一些收益，同时也会带来一定的风险。

比如欺诈现象、借款者卷款潜逃、项目失败等。然后需要考虑如何保护投资者的权益，比如平台倒闭的问题，资金追溯的问题。最后它还可能会卷入非法的金融活动，比如非法集资，结果就是面临大量的金融风险。如何利用法律对这种新的事物进行更好的管理和监督，这也是一个亟待解决的问题。

2．支付创新

支付的手段多种多样，有预付卡、纸币、银行卡、游戏币等，还有各种各样的电子化支付手段，甚至还可以刷脸支付、指纹支付。同时，由于这些支付方式带来了各种金融创新，比如支付宝、微信支付，吃顿饭可以轻松AA制，直接通过微信转账就行。除此之外，还有各种支付方式、支付技术，比如磁卡、RFID技术；还有各种支付工具，比如可以用手机上的一些软件完成支付。

现在的支付手段越来越多，这些使得我们的生活变得更加便利，而各种新的手段也会层出不穷，单一功能的支付手段必然会被多功能的支付手段取代，而单一功能的载体也会被多功能的载体取代，便捷性会越来越高，到最后很可能是什么都不用带，带张脸出门就行了。

7.4 互联网理财：一站式与混业经营

在互联网普及之前，我们国家理财业的发展相当困难。财富管理机构比较少，而且吸引力不高，跟传统银行的利息相差无几。但是由于互联网的出现，类似余额宝这种平台，对普通投资者的吸引力是很大的，因为其投资门槛非常低。而且通过互联网这个渠道，钱的流转速度较快，方便快捷，这对于消费者或投资者来说吸引力是很大的，并且赎回手段也很简单。同时，这些优点使得年轻人开始注意到理财这个事情，比如基金、余额宝等，这也是互联网理财近来能够流行的原因。

7.4.1 互联网理财

1．互联网理财的定义

互联网理财是指通过互联网管理理财产品，获取一定利益。一些大的互联网理财平台，有余额宝、百度理财等。"互联网理财"这个词，是一个非常热门的话题，它涵盖的范围非常广，比如个人的财务规划、资产管理、投资理财等领域。互联网理财是以个人为中心，根据个人的经济状况、人生规划、社会发展的前景，设计出一套综合利用各种金融产品的服务，实现对财富的长期保值、增值的目标。

支付宝最初是为了解决买卖双方信息不对称问题，以一种担保交易模式为淘宝网服务的。但是随着它的发展，交易额变大，资金上万亿的时候，沉淀在系统里面的资金就变得很多了，用户的资金较长时间存于支付宝内，得不到有效利用，于是支付宝推出了余额宝。余额宝的推出受到用户的广泛欢迎。余额宝类似于 SFNB，它没有门店，可以给存款者更高的利息，给贷款者更低的利息，因此市场可以很快地接纳它。并且它解决了安全问题，具有金融级的安全性，于是天弘基金马上就成为全国最大的基金。

2. 直接理财和间接理财

互联网理财分成两大类：一个是互联网的直接理财，一个是互联网的间接理财。

直接理财是指理财主体依靠自身的独立判断和经验，将财富和资金直接转化为金融市场风险收益特征不同的各类金融工具和产品，以期实现财富与资产的保值和增值，实现预期投资收益与未来效用满足最大化。互联网直接理财通过互联网平台把这些资金直接流到资金的需求方，比如购买股票，投资方知道资金的流向。

间接理财是指理财主体借助委托理财、集合理财计划方式以及金融理财规划师的援助与建议进行理财活动。理财主体可以借助各类金融中介服务机构的金融理财规划师和理财专员的服务间接参与金融理财活动。类似于通过金融中介机构进行理财的方法，互联网间接理财并不知道互联网上资金的具体流向，互联网在其中只起到信息对接的作用。

7.4.2 一站式的金融服务

一站式的金融服务就是可以在一个地方把所有金融业务办完的一种服务。最近这几年，银行几乎包揽了银行、证券、保险的所有业务。

这种一站式的服务打通了整个行业，资金开始找到更好的出口，综合化的财富管理方案、综合化的理财方案、综合化的风险评估方案、综合化的信用评级方案等，全都能做。这种平衡机制是传统模式无法比拟的。

但是问题是，把银行业、证券业、保险业连在一起，变成一站式金融服务之后，这些行业就会一荣俱荣，一损俱损。就像《三国演义》里，曹操在赤壁的江面把战船连起来，江面行走起来倒是如履平地，但是遇到火攻就难以应对了。一站式服务也是这样，在原来的防火墙拆散后，一方面增加了效率，另外一方面也加大了风险。

与此同时，传统银行的盈利方式是吃利差，而互联网理财产品将利率市场化，它们的成本更低，银行的地位岌岌可危，亟待转型。

7.4.3 混业经营

互联网理财的市场是以互联网为桥梁的金融业的混业经营，对于管理者来说也是一个挑战。在 2018 年金融机构改革后，我国的金融监管机构由原来的"一行三会"变为"一行两会"，其中"一行"是指中国人民银行，"两会"是指中国证券监督管理委员会和中国银行保险监督管理委员会，它们的职能是分开的，但是互联网理财产生后，混合在一起的金融业务到底归谁管呢？

混业经营使得这些行业之间的边界开始模糊，这种多元化对传统的银行、证券、保险的管理造成的冲击非常大，而全球金融一体化和自由化的浪潮不断高涨，混业经营又是整个国际金融业大的趋势。世界上的许多国家已经实现了金融业的混业经营，而我国现在也正在从分业经营走向混业经营，这应该是金融体系的最终选择。

但这种选择对这些行业的影响是非常大的。互联网理财在混业经营的过程中起到了很好的推动作用。混业经营优势很多，全能的机构开始诞生，这些业务开始互相促进、互相支持、优势互补，就像银行保险一样。再者它们数据可以互相交换，进而降低存贷款风险、证券承销风险、授信风险等各方面风险。而且银行、保险、证券这些行业之间优胜劣汰，对于提高整体效益也可以起到一定作用。长远来看，混业经营是大势所趋。然而混业经营也会遇到一些问题。

首先，它很容易形成整个金融市场的垄断，产生不公平的竞争。大机构和大机构开始互相结合，从一个领域变成各个领域的垄断者。其次，客观上的混业经营也使得金融的非协同效益显著地超过经营方向的协同效益。过度的金融创新可能会带来新的风险。次贷风险、次贷危机，包括信用违约掉期的风险，或许也是金融创新的不良后果。复杂的金融产品使得整个金融业的杠杆率过高，最终风险集中爆发，而这种风险一旦发生，会使得传统的金融和互联网的理财受到相当大的冲击。

如何做好理财的混业经营呢？可以从以下几点寻找答案。

第一个是成本领先，证券是标准化的商品，成本低更有吸引力。

第二个是差异化，这意味着做不一样的东西。如电子化。

第三个是聚焦，要成为这个行业的代名词。比如起手机可能会想起华为。

7.4.4 未来趋势

互联网理财未来的发展趋势备受关注。传统的金融企业在做电子化、一体化，互联网企业也在做这些事情，这两股力量在互相竞争。除此之外，它们内部也有很大的竞争。对消费者来说，这当然是好的。然而单纯拿电子化来作为差异化的竞争并不是长久之计，发展到未来一定是专业化的竞争，专业的分析师队伍很重要，渠道的市场细分很重要，企业的品牌建设也很重要。未来数据也许会变得更重要。

整个互联网理财都存在门槛低、缺乏核心竞争力等问题。大量的企业严重依赖外部投资，缺乏成熟稳健的机制，且人才也是一个问题，互联网理财行业缺乏大量的专业分析师，并且还存在风险防控机制、监管机制、系统的技术等安全技术方面的问题。同时，个人的理财意识、行为能不能跟得上整个行业的发展，也值得思考。但是不管怎样，这个行业在不断地前进，未来是光明的。

> **拓展阅读**

防范互联网理财风险

互联网金融对传统金融业和金融监管的挑战前所未有，必须充分认识到互联网带来的挑战，做好应对准备。

首先，互联网金融加剧混业经营，要加强统合监管，完善监管协调机制；要加强功能监管，而不仅是对传统金融机构进行机构监管。互联网金融的发展是以技术升级为基础的，随着大数据、云存储、社交媒体、移动互联化、终端个体化的发展，金融业的生态和业态将在很大程度上被改变。未来，金融业的实体门店存在的意义将发生巨大改变，因为人们可以随时随地进行交易和支付，各种跨界组合创新的互联网金融产品将会层出不穷。

其次，行使监管权必须突破权力主导和机构监管的传统思维，防止行政权力的滥用，要以金融消费者权益保障作为互联网金融立法与监管的基本宗旨。在互联网金融时代，金融消费者的权利是互联网金融创新的出发点和落脚点，金融监管者的主要任务是平衡互联网金融经营者和金融消费者的权利与义务。消费主权意识的兴起将推动金融法律制度的重构和金融监管方式的变革。

再次，施行软法治理和柔性监管，通过成立互联网金融协会、商会等社会创新方式促进互联网金融健康发展。互联网金融产业的发展需要有社会组织，发挥社会组织的积极作用，引导企业形成产品的规则、企业的规则，提炼出来形成行业标准，形成我们的社会组织自律准则、公约。这种方法，现代法学称为软法。

最后，金融监管部门要形成一定的监测预警机制，并制定好应急处理预案，严守不发生区域性和系统性金融风险的底线。金融监管部门可先从信息披露和风险提示的角度入手，要求互联网金融公司加强信息披露和风险提示。同时，考虑到互联网金融行业具有技术相对密集、参与人员众多、跨区域发展等特点，一旦陷入非法集资的泥沼，可能会影响社会稳定。只有在守住底线的基础上鼓励创新，才能激发全社会的创新潜力和创业动力。

因此我们要树立互联网金融理财风险意识，对于理财应谨慎探索，强化风险意识，避免变成非法集资。

课堂练习

一、判断题

1. NFC是一种移动支付方式，与二维码扫码支付的区别在于，NFC是一种高频无线通信技术，不需要使用移动网络。（　　）

2. 在激烈的市场竞争中，业务创新和技术创新加剧了全球范围内的企业竞争，减少了合作。（　　）

3. 无线移动具有无线单向交流的潜力，这使手机成为信息传播最方便的媒体。（　　）

4. 风险投资的风险比期权期货高，收益也比期权期货高。（　　）

5. 众筹盈利模式的关键点包括：所有的参与者都能得到好处；每个参与者都必须贡献出来一种不可替代的资源。（　　）

6. 以互联网为载体，汇集资金用来支持某个特定项目或组织的形式叫作众筹。（ ）

7. 资金通过互联网渠道流向银行和基金公司等金融机构，再由这些专业的金融机构进行投资，这就是互联网直接理财。（ ）

8. 金融创新不是引起金融危机、次贷危机等的原因之一。（ ）

9. 互联网企业做互联网理财，比传统企业更加彻底。（ ）

10. 金融危机很大程度上是和金融创新相关的，因此要限制金融创新。（ ）

二、选择题

1. 互联网媒介的特点不包括（ ）。
   A. 信息的海量性和开放性　　B. 高度的交互性与保密性
   C. 强时效性与多媒体功能　　D. 全球性与个性化

2. 下列各项中，不属于数字认证技术的是（ ）。
   A. 数字签名　　　　　　　　B. SET 协议
   C. 数字信封　　　　　　　　D. 数字时间戳

3. 以下支付产品中，相对来说，安全性较低的是（ ）。
   A. 二维码支付　　　　　　　B. 声波支付
   C. 指纹支付　　　　　　　　D. NFC 手机支付

4. 中国人民银行关于银行卡的标准要求 3.0 使用的是（ ）。
   A. 磁卡　　　　　　　　　　B. 芯片卡
   C. 磁卡和芯片卡　　　　　　D. 磁卡或芯片卡

5. 下列不属于 21 世纪支付创新的是（ ）。
   A. 现金支付　　　　　　　　B. 刷脸支付
   C. 指纹支付　　　　　　　　D. 支付宝

6. 众筹的特征不包括（ ）。
   A. 通过互联网完成投融资全过程
   B. 依托于社交网络进行市场营销
   C. 高成本
   D. 高效率

7. 下列哪项是互联网理财的优势（ ）。
   A. 门槛低　　　　　　　　　B. 监管体系成熟
   C. 技术发展完备　　　　　　D. 资金规模大

8. 传出大量企业"跑路"，引发信用危机的是以下哪一类互联网理财平台。（ ）
   A. 互联网基金　　　　　　　B. 互联网保险
   C. P2P 借贷　　　　　　　　D. 折扣券商

9. 随着竞争对手都开始电子化，自身电子化的优势无法长久保持，面对此种情况，应当推行（   ）。

  A. 规范化   B. 专业化

  C. 精确化   D. 个性化

10. 大量互联网理财平台的出现，使得（   ）缺口迅速增大。

  A. 专业化人才   B. 法律法规

  C. 监管机构   D. 安全技术

三、材料分析题

这届年轻人为何迷恋起了攒"金豆豆"？

  "小小年纪体会到买金的快乐""就像攒硬币，一个一个攒"……最近，以"金豆豆"为主的"1克金"商品走红，每月攒一颗"金豆豆"成为不少年轻人投资的"小目标"。今天，我们就来聊聊这件事。

  曾几何时，说起买黄金，很多人都会想起"中国大妈"。每当金价出现波动或是春节来临之际，各大商场的黄金柜台前总是少不了她们的身影。一些人印象中的黄金饰品总是与亮闪闪的"大金镯子""大金链子"相关联，高饱和度的视觉冲击加上足够广泛的消费人群，黄金消费一度被打上"有点土""不够时尚"的标签。从这个意义上说，买黄金似乎与年轻人的调性并不相符。

  然而近年来，这种情况逐渐发生了转变，越来越多年轻人加入黄金消费的队伍中来。除了最近走红的"金豆豆"以外，"复古国潮款""转运珠""金钞"等新式黄金饰品也备受年轻人的青睐。有媒体报道称，2021年12月以来，某电商平台上黄金饰品的订单数同比增长近八成，其中，"80后"、"90后"和"95后"黄金饰品订购数同比分别增长约72%、80%和105%。

  这届年轻人为何迷恋起了攒"金豆豆"？一个可能的答案是，黄金的保值属性一定程度上能缓解年轻人的投资焦虑。有网友半开玩笑半认真地说，黄金是在超新星爆炸、中子星合并中形成的金属，在经过漫漫长夜后与地球相遇，是恒星的亘古余晖，堪称"宇宙级硬通货"。把目光从史诗拉回现实，当股票、基金和一些理财产品收益出现波动时，寻找更加稳妥可靠的投资渠道是自然而然的选择。而相比一些金融和理财产品的"跌宕起伏"，"中规中矩"的黄金或许更能体现出稳定保值的价值，获得年轻人的欢迎也就在情理之中。

  不仅如此，攒"金豆豆"也契合年轻人的投资习惯。对于初入职场、积蓄不够丰厚的年轻人来说，几十克、上百克的投资金条可能并不友好。1颗"金豆豆"的重量在1克左右，按照目前的金价计算，售价大概在400~500元，每月买1颗"金豆豆"对一些年轻人来说压力不大，"攒金豆"也被不少人视作"变相存钱"。此外，由于采用了全新的制作工艺、新颖的设计等原因，目前不少新式黄金饰品样式更丰富、颜色更好看，戳中了不少年轻人的审美，改变了人们对黄金饰品的固有印象。社交平台上的分享传播，进一步带动了年轻人的消费投资热情。

　　不过，跟风式理财不可取，在投资理财领域，理性和谨慎是更为重要的品质。以"金豆豆"为例，与投资金条一样，"金豆豆"本质上也是一种实物黄金。在投资实物黄金时，投资者不仅要重点关注金价的波动，也要注意黄金成色、购买渠道和保存条件，以及商家对黄金的回购要求等情况。在选择理财产品时，更要全面考虑收益率、抗风险能力、赎回条件等因素。总之，无论采取何种理财方式，包括年轻人在内的所有投资者都应该守好自己的"钱袋子"，不断提高自身的判断能力，做出理性的投资决策，切勿盲目跟风。

　　从只会把钱放在银行卡里拿利息，到主动了解种类丰富的金融和理财产品，在互联网中成长起来的年轻一代对于理财无疑也抱有更加开放积极的探索心态。但如果笃定"跟着别人买就对了""哪个销量好就代表哪个能赚钱"就贸然入场，很有可能达不到预期的目标。"理财有风险，投资需谨慎"绝不仅仅是一句口号，所有投资者都要时刻牢记。尤其是在地铁站或者公交站台看到铺天盖地的理财广告时，更要在心里多多默念两句这句话。

（资料来源：https://baijiahao.baidu.com/s?id=1728554741683514927，有删改）

思考并讨论，完成以下题目：

1. 你有过攒"金豆豆"的经历吗？请简要谈谈你对这种行为的看法。
2. 文中提到"理财有风险，投资需谨慎"，请结合具体的事例谈谈如何防范理财风险。

参考答案

一、判断题

1~5 √ × √ √ √

6~10 √ × × √ ×

二、选择题

1~5 BBABA

6~10 CACBA

三、材料分析题

1. 略（结合自己的实际经历并说明自己的看法即可）。

2. 略（围绕"怎样使得互联网理财更加安全"这个主要方向叙述即可）。

第 8 章

移动互联网环境下的金融业务

知识目标

（1）了解移动支付的概念。
（2）熟悉三种移动支付模式。
（3）理解O2O模式。
（4）掌握移动金融的相关知识。

素质目标

坚持合规开展业务，培养规则意识。

互联网金融

案例导入

德勤报告：中国已成为全球移动支付的引领者

国际会计师事务所德勤于2021年1月10日在京发布的移动消费者调研报告显示，中国的移动支付引领全球，并已经开始向发达国家或地区输出。支付宝在美国通过与金融服务公司合作覆盖超过400万家商户，在德国已经覆盖超过2000家商户。报告指出，当前中国移动支付在世界发达国家输出，主要是为了满足数量庞大的中国游客。发达国家当地居民的移动支付渗透率仍相对较低，消费者已经习惯于使用信用卡进行消费，造成移动支付发展缓慢，如美国仅有14%的年轻人经常使用移动支付。德勤认为，移动支付场景多样化、提升支付稳定性及支付速度，甚至引入生物识别技术衍生脱离手机的支付方式，都是促使消费者提高其使用率的关键。

德勤调研数据表明，在无现金社会的发展之下，中国消费者使用移动支付的频率较高，超过五成消费者通过移动支付开展各类活动。金融类活动是移动支付使用最为频繁的领域，用户尤其喜爱用手机上网购物，每月使用手机购物和浏览购物网站的用户比例均突破八成。在付款场景中，实体店内支付最为频繁，每月使用该方式的用户占比达到81%，且零售商提供的扫描支付以51%的用户使用比例占据支付途径的首位。德勤中国电信行业领导合伙人林国恩指出："培养消费者使用习惯，拓展覆盖场景，特别是对于众多分散的小商铺的覆盖，成了以支付宝、微信为核心的零售商成功占据移动支付市场领先地位的关键。"

可以发现，移动支付越来越深刻地影响着我们的生活，近年来我国涌现了越来越多的移动支付产品。

（资料来源：http://www.ce.cn/xwzx/gnsz/2008/201801/10/t20180110_27671912.shtml，有删改）

8.1 移动支付

8.1.1 移动支付的概念

移动支付，也被称为"手机支付"，是指交易双方为了某种货物或者服务，使用移动终端设备为载体，通过移动通信网络实现的商业交易。移动支付所使用的移动终端可以是手机、具有无线功能的掌上电脑、移动POS或者笔记本电脑等设备。

8.1.2 四种移动支付模式

1. 运营商为主体的移动支付模式

这种移动支付模式以移动运营商为价值链核心，对上、下游企业的移动支付发展进行协调。消费者接受服务或者产品的消费资金支出来自手机费用，其进行的一般都是小额消费。这种消费模式主要有以下几种特点：首先，此支付活动并没有银行参与，消费者是直接和移动运营商进行交易的；其次，这种交易方式不需要太高的技术成本；再者，相应的交易风险以及责任是由移动运营商独立承担的，不会和国家的金融政策发生冲突。

2. 以银行为主体的移动支付模式

这种移动支付模式的价值链核心是银行，而处于价值链下游的企业则是移动运营商，其主要负责的任务就是信息服务，并不涉及支付活动。在这种商业模式条件下，用户可以直接通过手机登录自身的银行账户完成相关交易，但是在进行交易的时候用户需要支付相关企业提供的服务费用、银行的数据费用以及移动运营商的流量费用等三方面的费用。工商银行使用的就是这种商业模式，拥有工商银行卡的用户可以直接通过手机完成相应的缴费、转账及查询业务。而这种商业模式的特点主要有以下几种：第一，不能跨行进行业务办理；第二，移动服务商并不涉及资金交易工作，只负责提供信息服务；第三，用户需要支付相对较多的成本才能够进行手机终端的改变或者转换银行的操作。

3. 以第三方支付平台为主体的移动支付模式

以第三方支付平台为主体的移动支付模式的产业链核心是作为独立经济主体的第三方支付平台，不管是银行还是移动运营商在这种模式下都仅仅是第三方支付平台的合作伙伴。

这种模式的主要特点是：拥有更为灵活的产业价值链结构，第三方支付平台可以和不同的银行组成合作伙伴，其用户来源会变得更为广泛；另外，用户可以更加简单方便地享受到相应的服务。但是这种移动支付商业模式还有一点问题，就是其对第三方支付平台的客户管理能力、市场管制能力及资金运转能力都有较高要求，若第三方支付平台的能力不足，这种商业模式的发展必然会出现问题，给客户带来损失。

4. 银行与移动运营商合作的移动支付模式

这种移动支付模式的产业链核心是由移动运营商和银行共同组成的，它们都会参与到用户资金交易之中。使用这种商业模式进行移动支付，运营商和银行必须共同努力发挥各自优势，使移动支付技术的信用管理及安全都得到有效的保障。

这种移动支付商业模式的特点如下：银行和移动运营商会花费更多的成本进行核心技术研发，并通过互补来进一步提升自身竞争力；同时，银行和移动运营商在资源共享、产品开发以及信息安全等方面的联系会变得更加紧密；除此之外，移动运营商可以和多个银行组成战略发展联盟，为用户提供更加方便优质的服务。

8.1.3 移动支付的分类

1. 按用户支付的额度分类

按用户支付的额度，可以分为微支付和宏支付。

微支付是指那些款额特别小的电子商务交易，类似零钱应用的网络支付模式，如手机铃声、彩信、图片、新闻、电影、音乐和网络游戏等许多数字产品以及价格很低的一些产品的支付。

宏支付是指交易金额较大的支付行为，例如在线购物或者近距离支付。

2. 按完成支付所依托的技术条件分类

按完成支付所依托的技术条件，可以分为近场支付和远程支付。

远程支付指通过移动网络、短信、GPRS 等空中接口，和后台支付系统建立连接，实现各种转账、消费等支付功能的支付方式。

近场支付是指通过具有近距离无线通信技术的移动终端实现本地化通信，以此进行货币资金转移的支付方式，也是我们通常所说的 NFC。Apple Pay 实际上就是近场支付。

3. 按支付账户的性质分类

按支付账户的性质，可以分为银行卡支付、第三方账户支付、通信代收费账户支付。

银行卡支付是直接采用银行的借记卡或贷记卡账户进行支付的形式。比如 Apple Pay，实际上就是绑定了一张银行卡。

第三方账户支付是指为用户提供与银行或金融机构支付结算系统接口的服务通道，实现资金转移和支付结算功能的一种支付服务。第三方支付机构作为双方交易的支付结算服务的中间商，需要提供支付服务通道，并通过第三方支付平台实现交易和资金转移结算安排的功能。随着智能移动终端的高速发展普及以及金融脱媒趋势的日益强化，传统金融正受到前所未有的冲击，以众筹、第三方支付为核心的互联网金融新兴产业正在逐渐形成。

通信代收费账户支付是指基于移动话费账户系统的移动电子商务支付服务。覆盖范围包括软件付费、邮箱付费、数字点卡购买、手机保险、电子杂志等领域。

4. 按支付的结算模式分类

按支付的结算模式，可以分为即时支付和担保支付。

即时支付是指支付服务提供商将交易资金从买家账户即时划拨到卖家账户。一般应用于"一手交钱，一手交货"的业务场景（如商场购物），或应用于信誉度很高的 B2C 以及 B2B 电子商务，如首信、易宝支付、云网等。

担保支付是指支付服务提供商先接收买家的货款，但并不马上支付给卖家，而是通知卖家货款已冻结，卖家发货；买家收到货物并确认后，支付服务提供商将货款划拨到卖家账户。支付服务商不仅负责货款的划拨，同时还要为不信任的买卖双方提供信用担保。担保支付业务为开展基于互联网的电子商务提供了基础，特别是对于没有信誉度的 C2C 交易及信誉度不高的 B2C 交易，比如支付宝的支付模式。

5. 按用户账户的存放模式分类

按用户账户的存放模式，可以分为在线支付和离线支付。

在线支付是指用户账户存放在支付提供商的支付平台，用户消费时，直接在支付平台的用户账户中扣款。

离线支付指在进行支付时，支付手段（智能卡）不需要联网。

8.1.4 手机钱包的定义与分类

1. 手机钱包的定义

手机钱包最早被定义为移动运营商开发的业务，但是现在，手机钱包的概念有了扩充，比如基于第三方支付的微信、支付宝。

手机钱包业务是指基于无线射频识别技术的小额电子钱包业务。手机可以发挥钱包的功用，用来支付购物账单、获得免费食品和购物优惠券。

Apple Pay 就是一种手机钱包，并且微信、支付宝的账户也是以手机钱包的形式存在的。以微信支付为例，微信有两种模式：第一种是零钱，相当于钱包里边的现金；第二种是微信钱包中绑定的银行卡，这和现实中的钱包具有相同的功能。

2. 手机钱包的特点

手机钱包的特点是便捷、安全、可靠，且不需要物流，采用的是 NFC 技术。这是一种近距离无线通信技术，它允许不同的器材之间进行通信。

手机钱包之所以能起到支付作用，并不是因为钱包本身，而是因为钱包里边的零钱和卡。随着移动通信速率的加快和所提供服务的多样化，使用手机钱包作为一种支付手段，在这几年已经得到长足发展。可以预见，在今后一段时间内，手机钱包依然会发挥很重要的作用。

手机钱包用到的 NFC 技术全名叫作近距离无线通信技术，它主要是使用无线射频识别技术，再加上一些互联互通的通信技术和网络技术整合在一起演变出来的，它可以将相关的线路和芯片在一个单一芯片上集成到一起，并结合一些读卡器、卡片实现点到点的功能，在短距离内和兼容的设备进行识别和数据交换。

现在近场支付的技术有很多，比如很多城市出现的交通卡。这种技术跟移动互联网环境以及移动商务环境结合在一起，作为一个可用于支付的工具，正在快速发展，并得到越来越多的人认可。

8.2 三种第三方支付模式及其对比

第三方支付模式是指具备一定实力和信誉保障的独立机构，通过与网联对接而促成交易双方进行交易的网络支付模式。

在第三方支付模式中，买方选购商品后，使用第三方平台提供的账户将货款支付给第三方，并由第三方通知卖家货款到账，要求发货；买方收到货物、检验货物，并且进行确认后，再通知第三方付款；第三方再将款项转至卖家账户。现在做得比较好的第三方账户的移动支付模式有微信、支付宝，包括在 2016 年 2 月底才在中国市场出现的 Apple Pay。

8.2.1 三种第三方支付模式

1. 微信和支付宝

支付宝是蚂蚁金服旗下的一个公司，而微信的后台是腾讯公司。这两个平台都有移动支付的业务，但是他们之间存在着明显的不同。支付宝使用的是独立账户的体系，最显著的特点是有资金沉淀；而微信虽然也有自己的账户体系，却没有资金沉淀。

支付宝一直把自己视为资金的管理者，属于中介。支付宝和淘宝、天猫有共同的目标，就是希望消费者的整个消费流程能够在他们的体系范围内，消费者想要什么，他们就可以提供什么。他们希望构建起一个独立的、相对封闭的生态环境，最终也就造就了淘宝、天猫、支付宝、余额宝围起来的"购物圈"。

微信支付依靠的是社交平台，在社交平台中将微信钱包作为资金流动的通道，在快捷支付的基础上让支付流程进一步简化，资金不在微信平台上有任何停留时间，更多是在追求流量而非存量。相比之下，支付宝由于自身构建的生态环境的存在，无法舍弃存量而追求流量。

微信支付紧靠的是使用微信的庞大用户，支付宝则紧靠淘宝和天猫，二者的用户黏度都是比较大的，它们的发展也离不开背后庞大的客户群。

不论是支付宝支付还是微信支付，安全级别都是金融级的，安全性相对较高，但二者之间也有差别。支付宝的安全性依赖整个交易流程的安全性，也就要求它要有一个自建的账户体系来提升安全等级；微信支付则依赖银行卡的安全性。

对于支付宝而言，其他第三方支付公司、银行等都是其竞争者，它们之间处于正面竞争和对抗的关系，支付宝规模越大，与其他第三方支付公司的竞争也就越激烈；微信支付作为一个追求流量的通道，则不和任何支付机构形成竞争关系，这也是它可以和支付宝提到同一个等级竞争的原因。

2. Apple pay

Apple Pay 是 2016 年 2 月 18 日才进入到中国市场的，实际上它在 2014 年就已经在美国推出了，而 Apple Pay 能够支持的终端只限于苹果公司的产品范围内，是一个相对封闭的应用环境。

进入中国市场以后，很多银行都宣布支持 Apple Pay，包括中国农业银行、中国银行、中国建设银行、中国工商银行等一系列银行。这种支付模式操作简便，只需在设置中将钱包与银行卡进行绑定即可应用，使用起来跟微信支付和支付宝支付没有什么不同。但它没有零钱的设置，且一定要跟银行卡绑定才可以使用。它的应用集中于线下，由于 Apple Pay 是跟银联合作来推广的，任何有银联闪付标志的 POS 机上都可以使用 Apple Pay 进行支付。

8.2.2 三种第三方支付模式的对比

从技术本身来讲，支付宝、微信和 Apple Pay 是存在一定区别的。Apple Pay 是基于手机的支付模式，手机上的 NFC 发射和接收装置使其依靠线下硬件就可以实现支付，不依赖网络，和基于第三方支付的支付宝支付和微信支付相比，Apple Pay 的安全级别也更高。

从信息安全角度看，Apple Pay 不会把银行卡信息发送到苹果平台，也就比微信支付和支付宝支付更安全。

从快捷程度上看，三者各有各的优势。支付宝支付和微信支付在支付时都需要打开相应的 App，通过扫码、付款、输入密码等一系列程序完成支付；Apple Pay 则只需要把手机靠近有闪付标志的 POS 机上，通过指纹或输入密码就可以完成支付。从支付流程上看，Apple Pay 更加便捷一些，但在实际支付前，微信、支付宝的 App 是可以提前打开的，所以 Apple Pay 的优势并不明显。

从使用范围上看，Apple Pay 只能在苹果公司生产的一些产品上使用，微信支付和支付宝支付则可以在任何一台下载有相应 App 的智能手机上使用，对智能手机的品牌没有要求和限定，也就更具优势，这种应用场景相对开放的支付方式能够覆盖到的支付范围要比 Apple Pay 广得多。

从费用上来讲，三者都不会向消费者收费，但对于商户的收费却有区别。Apple Pay 通过网银进行结算，苹果手机不过作为银行卡的载体，支付时和使用银行卡支付没有区别，商户需要依照每一笔交易向银联交纳相应的费用；微信和支付宝通过中国人民银行的超级网银结算系统组建了自己的体系，费用方面可以灵活调整，也就意味着它可以采用比银联更低的费率向商户收费，以吸引更多客户。

8.3 "O2O" 概念

8.3.1 "O2O" 的定义

O2O 即在线离线/线上到线下（Online To Offline），是指将线下的商务机会与互联网结合，让互联网成为线下交易的平台。这个概念最早来源于美国。O2O 的概念非常广泛，既涉及线上，又涉及线下。比如线上买东西，在线上通过支付宝或者微信进行支付，然后在实体店拿货，就是 O2O。

随着互联网发展，O2O 的普及是必然趋势，也是自然规律。商品从线下有区域性与有边界的交易进化到线上无区域与无边界的交易再到线上与线下的交融，区域的体验与无边界的交易将会是商业模式共同发展的基础，线上无法颠覆线下，线下也无法吞并线上。

8.3.2 "O2O" 的四大核心应用场景及举例

O2O 有 4 大核心应用场景。

第一种是线上（互联网）到线下模式。在互联网上发现生活应用，通过网络支付购买，线下接受服务，这就是线上到线下模式，包括了淘宝、大众点评、口碑等。

第二种是线上（移动互联网）到线下模式。就是在移动互联网上发现服务，通过手机支付，再到线下接受服务。包括手机点评、百度身边等应用场景。

第三种是线下到线上（移动互联网）。在线下进行扫描，获取相应的信息，然后手机支付，通过物流快递给消费者，相关产品有快拍、购物搜索、手机淘宝等。

第四种是线下到线上再到线下。线下扫码获取信息，手机上支付，再到线下接受服务，这就是线下到线上再到线下的模式，比如大众点评等。

8.3.3 关于"O2O"模式下金融类应用程序的推出

手机银行是一种将移动的通信技术和金融行业的服务结合在一起的业务，由相关金融业企业提供应用程序，让消费者能够快速注册并进行使用，这是手机银行。另外还有手机上的证券应用程序和保险应用程序。

所谓的保险应用程序，实际上是一些保险企业通过手机提供一些保险服务，也称为移动保险。保险业利用移动网络开展相应的保险业务的经营方式，包括在保投保户、政府以及其他参与方之间，通过移动设备来共享结构化或者非结构化的一些信息，从而完成商务活动、管理活动以及消费活动。它的主要应用范围包括移动报价、移动执行、移动投保，甚至结合理赔等。

手机证券是使用手机进行信息查询和委托等证券方面应用服务，实际上它让智能手机成了一个良好的处理终端，线路资源相对比较丰富，比电话委托以及网上委托更加方便，而且它能够占用股民和消费者的空余时间。炒股手机基本分为两种，一种是软件扩展型，还有一种是第三方软件，比较常用的还是证券公司推出的应用程序，完全第三方平台的手机炒股也有出现，但它不如那些专用的应用程序方便。

8.4 移动金融

8.4.1 移动金融的定义

移动金融是指使用移动智能终端及无线互联网技术进行金融企业内部管理及提出对外产品服务的解决方案。它最大的优点是个性化明显，可以做到在任何时间、任何地点，以任何方式处理金融业务，只要能连接到移动互联网，用户就能够享受这种金融服务。

8.4.2 移动金融的特点

移动金融具有以下特点。

（1）泛在化。随着互联网的发展和智能手机的普及，移动金融已涉及多个领域且无处不在。

（2）及时地处理。移动金融的服务不受时间和地点的限制，也就使得处理可以更加及时。

（3）普惠化。很多人都可以使用移动金融带来的服务，使金融服务不再成为某些人的特权。

（4）线上线下的融合。移动金融的服务结合了线上与线下，符合互联网金融发展的趋势。

（5）个性化。移动金融可以提供满足不同客户需求的个性化服务，从而提高客户使用忠诚度。

8.4.3 移动金融的竞争

移动金融市场的发展给金融行业带来了前所未有的激烈竞争。

这里包含了两类。第一类是同行之间的竞争，有的公司通过整合业务渠道和转变金融模式，率先完成传统金融服务向移动金融服务的升级，这些金融机构在同行竞争中占据了比较有利的位置，不但降低了成本，增加了用户的便利，也强调了用户体验，大大提升了企业的品牌形象。另外一种是来自非同行的竞争，由于一些支付机构、电信运营商、互联网企业等参与到移动金融市场的开发和竞争中，移动支付、二维码、O2O 这些支付场景的竞争也变强了。

总的看来，移动金融领域的竞争力度比其他领域竞争力度更大，它将会被越来越多人重视。

8.4.4 移动新媒介

移动新媒介是指具有移动便携特性的新兴媒介，比如手机、汽车甚至眼镜等。这些媒介在为用户提供金融服务方面将会开辟新的道路。伴随着如指纹识别、掌纹识别、人脸识别、视网膜识别等识别技术的兴起，新媒介有可能会带来更多的金融方式。

拓展阅读

规范互联网金融健康持续发展

为深入贯彻落实党的十九届五中全会、中央经济工作会议及中央财经委员会第九次会议精神，进一步加强对网络平台企业从事金融业务的监管，强化反垄断和防止资本无序扩张，推动平台经济规范健康持续发展，2021 年 4 月 29 日，几大金融管理部门联合对部分从事金融业务的网络平台企业进行监管约谈，中国人民银行副行长潘功胜主持约谈。腾讯、度小满金融、京东金融、字节跳动、美团金融、滴滴金融、陆金所、天星数科、360 数科、新浪金融、苏宁金融、国美金融、携程金融等 13 家网络平台企业实际控制人或代表参加了约谈。

金融管理部门指出，近年来，网络平台企业在提升金融服务效率和金融体系普惠性、降低交易成本方面发挥了重要作用，发展的总体态势是好的，但同时也普遍存在无牌或超许可范围从事金融业务、公司治理机制不健全、监管套利、不公平竞争、损害消费者合法权益等严重违规问题。此次联合监管约谈的从事金融业务的网络平台企业，具有综合经营特征且业务规模较大、在行业内有重要影响力、暴露的问题也较为典型，必须率先严肃纠正。

金融管理部门强调，党中央、国务院高度重视网络平台企业的规范健康持续发展，对加强平台企业金融监管、规范平台经济竞争秩序等做出了一系列重要部署，提出了明确要求。各网络平台企业要认真学习领会党中央会议精神，高度重视自身存在问题，对照金融法律法规和各项金融监管制度全面自查整改。开展金融业务要以服务实体经济、防范金融风险为本。对于违规经营行为，金融管理部门将依法严肃查处。

金融管理部门针对当前网络平台企业从事金融业务中普遍存在的突出问题提出了整改要求。一是坚持金融活动全部纳入金融监管，金融业务必须持牌经营。二是支付回归本源，断开支付工具和其他金融产品的不当连接，严控非银行支付账户向对公领域扩张，提高交易透明度，纠正不正当竞争行为。三是打破信息垄断，严格通过持牌征信机构依法合规开展个人征信业务。四是加强对股东资质、股权结构、资本、风险隔离、关联交易等关键环节的规范管理，符合条件的企业要依法申请设立金融控股公司。五是严格落实审慎监管要求，完善公司治理，落实投资入股银行保险机构"两参一控"要求，合规审慎开展互联网存贷款和互联网保险业务，防范网络互助业务风险。六是规范企业发行交易资产证券化产品以及赴境外上市行为。禁止证券基金机构高管和从业人员交叉任职，保障机构经营独立性。七是强化金融消费者保护机制，规范个人信息采集使用、营销宣传行为和格式文本合同，加强监督并规范与第三方机构的金融业务合作等。

金融管理部门要求，网络平台企业要充分认识自查整改工作的必要性和严肃性。要树立严格遵守金融监管要求的合规意识、坚决维护公平竞争环境的市场意识、以消费者权益保护为核心的服务意识，以让党和国家放心、让人民群众满意、让同行尊重为目标，认真查找问题，稳妥有序抓好整改。自查整改期间，要保持企业正常经营和业务连续性。金融管理部门将与网络平台企业保持密切沟通，充分听取意见建议，并将适时对整改情况开展检查。对整改不到位或顶风违规的，依法依规严肃查处。

金融管理部门表示，将始终坚持发展和规范并重，支持和促进平台经济守正创新、行稳致远。一方面，牢牢坚持"两个毫不动摇"，依法保护产权，弘扬企业家精神，激发市场主体活力和科技创新能力，促进平台企业不断提升金融服务，巩固和增强国际竞争力；另一方面，坚持从严监管和公平监管，一视同仁对各类违法违规金融活动"零容忍"，保障数据产权及个人隐私，坚决维护公平竞争的金融市场秩序。

综上，当代年轻人更应该始终坚持发展和规范并重，注意保护个人隐私，维护市场规则，树立严格遵守金融监管要求的合规意识、坚决维护公平竞争环境的市场意识、以消费者权益保护为核心的服务意识。

课堂练习

一、判断题

1. 电子货币的本质是价值信息工具，它已经不再是商品，但却代表着商品；已经不再具有价值，但却代表着价值。（　　）
2. 一次完整的支付过程，包括支付和结算两个步骤。（　　）
3. 电子现金具有匿名性、不可跟踪性、节省传输费用、节省交易费用的特点。（　　）
4. 支付宝的运作实质是以支付宝作为信用中介，在买家和卖家之间做担保，在买家确认收到商品前，由支付宝替买卖双方暂时保管货款的一种服务。（　　）
5. 网络金融的业务风险主要来自操作风险、市场信息风险、信誉风险、法律风险等方面。（　　）
6. 对于网络银行而言，网上交易的安全性通过各种加密和认证技术而得到了十分有效的保障。（　　）
7. 电话支付是电子支付的一种线下实现形式。（　　）
8. 电子钱包是电子商务购物活动中顾客常用的支付工具，是在小额购物或购买小商品时常用的新式钱包。（　　）
9. 目前，我国银行的电子支付方式只有电子现金支付一种。（　　）
10. 智能卡、借记卡、电话卡都属于电子信用卡。（　　）

二、选择题

1. 在支付全过程的两个层次中，既参与支付服务系统活动，也参与支付资金清算系统活动的是（　　）。

    A. 商业银行　　　　　　B. 客户

    C. 中央银行　　　　　　D. 人民银行

2. 电子支付是指电子交易的当事人，使用安全电子支付手段，通过（　　）进行的货币支付或资金流转。

    A. 发卡银行　　　　　　B. 开户银行

    C. 信息网络　　　　　　D. 中介银行

3. 网上交易的安全性是由（　　）来保证的。

    A. 厂家　　　　　　　　B. 认证中心

    C. 银行　　　　　　　　D. 信用卡中心

4. 网上购物时，银行卡电子传输系统采用的是（　　）。

    A. 城域网　　　　　　　B. 因特网

    C. 专用网　　　　　　　D. 局域网

5. 在银行卡型电子货币中，具备"先存款，后支用"特征的是（　　）。

    A. 贷记卡　　　　　　　B. 准贷记卡

    C. 借记卡　　　　　　　D. 准借记卡

6. 为了确保安全、防止伪造，电子现金在实际应用中主要用到了（　）技术。

A. 数字签名　　　　　　　B. 数字证书

C. 盲签名　　　　　　　　D. 数字摘要

7. 下列网上支付工具中不适合进行小额支付的是（　）。

A. 电子现金　　　　　　　B. 电子支票

C. 银行卡支付系统　　　　D. 信用卡支付系统

8. 全球第一家网络银行出现在（　）。

A. 美国　　　　　　　　　B. 英国

C. 法国　　　　　　　　　D. 中国

9. 目前，电子支付存在的关键问题不包括（　）。

A. 效率问题　　　　　　　B. 安全问题

C. 成本问题　　　　　　　D. 观念问题

10. 中国第一家发行银行卡的银行是（　）。

A. 招商银行　　　　　　　B. 中国银行

C. 中国工商银行　　　　　D. 中国建设银行

三、材料分析题

消失中的ATM机

随着人们的支付方式不断被数字化重塑，如今现金、支票和自动取款机也逐渐消失在人们的视线内。

中国人民银行发布的2021年第二季度支付体系运行报告显示，中国的ATM机数量已不足百万，并呈现继续减少的态势。截至2021年第二季度，中国投入使用的ATM机仅剩98.67万台，较上季度又减少了近2万台，2021年上半年，中国的ATM机共减少了2.72万台。

ATM机衰落，首当其冲的是相关制造服务商。几家生产ATM机的厂商2021年上半年业绩依然在下降。数据显示，企业生产ATM等金融机具的毛利率正在不断下滑，一些企业销售给银行柜员机的毛利率只有2%左右。同年8月26日，某ATM机生产商发布的半年度报告显示，公司半年度营业收入3.33亿元，同比减少25.23%；归属于上市公司股东的净利润约426万元，同比减少78.47%。该股票价格已从2017年的23.014元跌至5.32元，跌幅达76.8%。官网显示，其智能金融的硬件产品主要是银行智能柜台、取款机、现金钞柜、智能密码产品蓝牙Key等；软件产品涉及银行跨平台系统等，其中还包括VIP人脸识别系统。

那么，在金融科技巨头的不断"入侵"以及传统银行数字化转型的趋势之下，银行ATM会在未来消失吗？

麦肯锡公司此前分析称，目前中国银行业大概30%的客户只通过手机银行与银行互动，但此类客户黏性最低，对银行收入的贡献也最低。银行和客户之间大体有9个互动渠道，包括网点、网上银行、ATM机等。使用3个渠道以上与银行互动的客户约占20%~30%；使用4个以上渠道与银行互动的客户，其客均收入是单一渠道客户的两倍多。银行服务全面走向线上仍需借助网点。

有业内人士指出，银行传统网点规模收缩是趋势，但不会消失。传统网点应该利用线下渠道客户接触时间多、互动效果好、银行参与度高的特性，发挥营销、咨询和服务职能。

不少专家直言银行不应盲目撤销网点。银行战略专家刘兴赛认为，当前很多银行的网点裁撤只是基于客户减少背景下的运行成本考量，是一种被动性的战略收缩，并没有厘清网点在未来银行形态中的角色、定位，也没有将裁撤与未来银行发展结合起来。在这种情况下，银行网点的过快裁撤会降低对特定群体的服务质量。

（资料来源：https://www.163.com/dy/article/GJS5H71F053469LG.html，有删改）

思考并讨论，完成以下题目：

1. 请分析ATM减少的原因。
2. 相比于ATM，移动支付有哪些优点？

参考答案

一、判断题

1~5 √ × × √ √

6~10 × √ √ × √

二、选择题

1~5 ACBBC

6~10 CCAAB

三、材料分析题

1. 略（言之成理即可）。

2. 例如：操作简单；不受时间和空间限制；附带优惠性（比如积分兑换活动等）；更高的安全性等。

第 9 章

互联网金融安全与技术

知识目标

（1）了解互联网金融面临的安全问题。
（2）了解互联网金融系统安全基本需求。
（3）熟悉操作系统的安全机制和安全策略。
（4）认识防火墙技术及其设计原则。
（5）认识入侵检测技术。
（6）了解计算机病毒及其防范。

素质目标

培养互联网金融安全意识。

互联网金融

案例导入

新型病毒化身"商贸信",目标锁定外贸公司

随着跨境贸易业务的不断扩大,各类用于交流商务信息的电子商贸信成为外贸行业传递业务信息的重要媒介。商贸信因其在业务洽谈中的高频使用度和承载信息的高敏感性,近年来成为黑色产业链大肆攻击和利用的对象。

2019年年初,腾讯御见威胁情报中心检测到来自一款全新的商贸信病毒的变种攻击。与以往多以word文件作为邮件附件进行的钓鱼攻击不同,商贸信病毒家族的这类"新型攻击"是通过发送伪装成图片的邮件附件的方式进行恶意攻击的。其攻击方式更为灵活、直接。

伪装图片文件一旦被双击打开,恶意代码将会立即执行下载并运行NanoCore RAT(一种商业间谍软件),达到窃取用户关键信息、远程控制用户电脑并展开拒绝服务(DOS)攻击的目的。目前,腾讯御点终端安全管理系统可全面拦截并查杀此类商贸信病毒。

据腾讯安全技术专家介绍,此类商贸信病毒的攻击方式简单粗暴,其恶意代码的执行无须借由电脑安全漏洞,具有较高的隐蔽性和欺骗性。

首先,一旦被攻击者点击查看附件中病毒伪装的"图片",暗藏其中的下载执行远程脚本和指向下载执行远程脚本就会被启动,令用户防不胜防。

随后,入侵病毒将联网下载并展示一张图片掩人耳目,并在后台继续下载商业间谍软件NanoCore RAT。通过NanoCore RAT,攻击者即可利用远程指令完全控制用户电脑。用户储存在电脑中的文件资料、键盘记录的关键密码信息以及音频、摄像头设备等都将完全暴露。此外,攻击者还可经由恶意程序的下载和执行,对用户电脑进行更大范围的攻击。此类病毒一旦入侵成功,将给相关人员、公司乃至行业带来巨大损失。

(资料来源:https://pcedu.pconline.com.cn/1020/10202676.html,有删改)

9.1 互联网金融安全问题

互联网是全世界最大的计算机网络系统,存在各种各样的用户。因此,在互联网上会出现各种各样的问题,其中互联网金融的安全问题是用户最为关心的问题。本节将从网络信息系统的脆弱性、互联网金融系统的内部威胁、互联网金融系统的信息安全问题和互联网金融系统安全的基本需求4个方面剖析互联网金融的安全问题。

9.1.1 网络信息系统的脆弱性

互联网的信息系统非常脆弱,很容易受到攻击。其中最主要的原因是互联网自身的开放性。互联网非常开放且方便,任何人都可以登录互联网。网络的信息系统其实是众多硬件和软件的大集成,而软、硬件之间的交织并不是无缝的,所以信息系统本身也存在一定的漏洞。互联网上还存在专门利用互联网漏洞对网络进行恶意攻击的用户,这些用户利用病毒随意控制某一台电脑,窃取该电脑用户的各种账号、密码等信息,他们对

互联网金融的应用有非常大的威胁。总而言之，网络信息系统本身和它的外部应用环境都存在比较大的安全问题。

9.1.2 互联网金融系统的内部威胁

互联网金融系统内部存在很多威胁。互联网系统主要基于 TCP/IP 协议，该协议将系统分成了 5 个层次，包括物理层、数据链路层、网络层、传输层和应用层。TCP/IP 协议体系是一个工业标准，从应用的角度来看，协议本身并不是特别完善。因此，应用该协议体系结构的互联网存在一定的问题，有可能引起一些固有的威胁。威胁主要来自 TCP/IP 协议系统的各个层次：①物理层可能会存在窃取、插入、删除等威胁，但这需要一定的技术、专业知识和设备；②数据链路层很容易被线路监听，泄露传输信息的内容；③网络层中会存在 IP 欺骗等针对网络层协议漏洞的攻击，比如，攻击者利用伪基站伪装银行向用户手机发送假冒网站的链接，用户在该网站输入的密码等敏感信息会被盗取；④在传输层同样存在 TCP 连接欺骗等针对传输层协议的漏洞的攻击；⑤最顶层的应用层存在更多的安全问题，例如互联网金融交易中各方身份的认证问题、访问控制问题、数据传输完整性问题、保密性问题等。

9.1.3 互联网金融系统的信息安全问题

互联网金融系统是一个信用信息系统，其信息安全在开放的网络上也存在很多隐患。

（1）信息的截获和窃取。攻击者针对网络通信过程安装截收装置，截获数据，获取机密信息，如消费者的银行账户和密码。

（2）信息的篡改。当攻击者熟悉网络信息格式后，对网络传输信息进行插入、篡改和删除，并发往目的地，从而破坏信息的完整性。

（3）信息的假冒。当攻击者掌握了网络信息数据规律或者解密了信息以后，可以假冒合法用户或者发送假冒信息，如伪造电子邮件来欺骗其他用户。

（4）交易抵赖。在现实生活中经常发生的恶意抵赖现象同样会存在于网络上。例如，交易发起者事后否认曾经发送或者收到某条交易指令信息或者内容，使得通过网络完成的金融交易活动产生纠纷。

9.1.4 互联网金融系统安全的基本需求

面对多种多样的安全问题，互联网金融系统想要运行起来，需要达到一些基本的安全需求。

（1）有效性。交易过程中的数据在规定的某个时刻、某个执行点是有效的，参与方的真实身份和账号、密码是真实的。

（2）保密性。信息不泄露给非授权用户、实体或过程，不被非法利用。

（3）完整性。数据未经授权不能进行改变，即信息在存储或传输过程中保持不被修改、破坏和丢失。

（4）可用性。可被授权用户访问并按需求使用，即当授权用户需要时总能够存取所需的信息。网络环境下，拒绝服务、破坏网络和有关系统的正常运行等都属于对可用性的攻击。

（5）可控性。对信息的传播和内容具有控制能力。

（6）不可否认性。发送者不能否认其发送的信息。

这些基本的安全需求需要使用一定的技术手段实现，在本章会详细介绍这些实现基本安全需求的技术手段。

9.2 构建相对安全的网络环境

构建一个安全的网络环境，我们可以从4个方面着手：操作系统、防火墙、入侵检测技术以及病毒防范。但需要注意的是，虽然构建安全的网络环境的相关技术非常重要，但真正的安全更需要的是一种意识，而非技术。技术只是解决问题的方法，世界上没有一种技术能够保证绝对安全、可以百分之百解决网络上的所有问题。所以安全的意识要置于安全技术之前，不能完全依赖技术。

除此之外，我们构建安全的网络环境时需要综合采用多种产品，使用单一产品来构建网络环境有其缺陷：①网络环境是动态多变的，而防御方法和防御策略往往是静态的，有其局限性；②网络环境面临来自外部和内部的双重威胁，以单一技术构建的安全网络环境无法应对。

9.2.1 操作系统

操作系统的安全需要从4个角度进行控制。

（1）系统安全。操作系统要求经过核准的用户进行注册和登记，以保证系统的入口安全。

（2）用户安全。操作系统中，通过管理员为所有用户分配文件的访问权限。用户对文件访问权限的大小，是根据用户分类、用户需求和文件属性决定的。

（3）资源安全。资源安全是系统管理员或授权的资源用户通过对资源属性的设置，来控制用户对文件、打印机等的访问的。

（4）通信网络安全。网络中信息主要有存储、处理和传输3个操作，其中传输受到的威胁最大。用户可以使用用户身份验证、对等实体鉴别、访问控制、数据完整性、防抵赖和审计等技术最大限度地保证其通信网络的安全。

针对操作系统安全的4个角度，互联网系统产生了几种操作系统的安全机制。

（1）身份鉴别机制。身份鉴别机制指的是证实用户的真实身份与其所声称的身份是否相符，并且验证该身份是否合法的过程。这是大多数保护机制的基础，主要通过协议或者算法共同实现。身份鉴别机制分为内部身份鉴别和外部身份鉴别两种：内部身份鉴别机制用于确保用户身份的合法性；外部身份鉴别机制是为了验证用户登录系统的合法性，关键是口令的保密。

（2）访问控制和授权机制。访问控制是确定谁能访问系统（鉴别用户和进程）、能访问系统何种资源（访问控制）以及在何种程度上使用这些资源（授权）。授权机制规定系统可以给哪些主体（一种能访问对象活动的实体，如人、进程或设备）访问何种客体的特权。访问控制和授权机制的运行过程包括确定访问权限、授权和实施，即规定以读或写、或执行、或增加、或删除的方式进行访问。

（3）加密机制。加密是将信息编码成像密文一样难解的形式的技术，可以保证信息在存储、处理和传输过程中的安全性。

操作系统中还包含一定的安全策略，主要从2个方面考虑。

（1）物理安全策略。一是为了保护计算机系统、网络服务器、打印机等硬件实体和通信链路，以免受自然灾害、人为破坏和搭线攻击的影响；二是验证用户的身份和使用权限，防止用户越权操作；三是确保计算机系统有一个良好的电磁兼容工作环境；四是建立完备的安全管理制度，防止有人非法进入计算机控制室和各种偷窃、破坏活动的发生。

（2）访问控制策略。访问控制是对要访问系统的用户进行识别，并对访问权限进行必要的控制，是维护计算机系统安全、保护其资源的重要手段。访问控制的内容主要有入网访问控制、目录级安全控制、属性安全控制、网络服务器安全控制、网络监测和锁定控制、网络端口和节点的安全控制、加密策略、防火墙控制策略等。

9.2.2 防火墙

防火墙是设置在两个或者多个网络之间的安全屏障，用来保证内部网络的安全性。防火墙通常是软件和硬件等多个系统的组合。普通的电脑上的防火墙通常都是软件，但大型应用计算机的防火墙通常是软硬件结合的系统，这种防火墙用以保证内网信息资源的安全，防止外来非法用户的侵犯。

防火墙被建立在互联网和局域网的中间地带，从而保证内部网络的相对安全，如图9-1所示。防火墙实际上是一种信息传输控制技术，主要是阻止信息资源的非法访问，

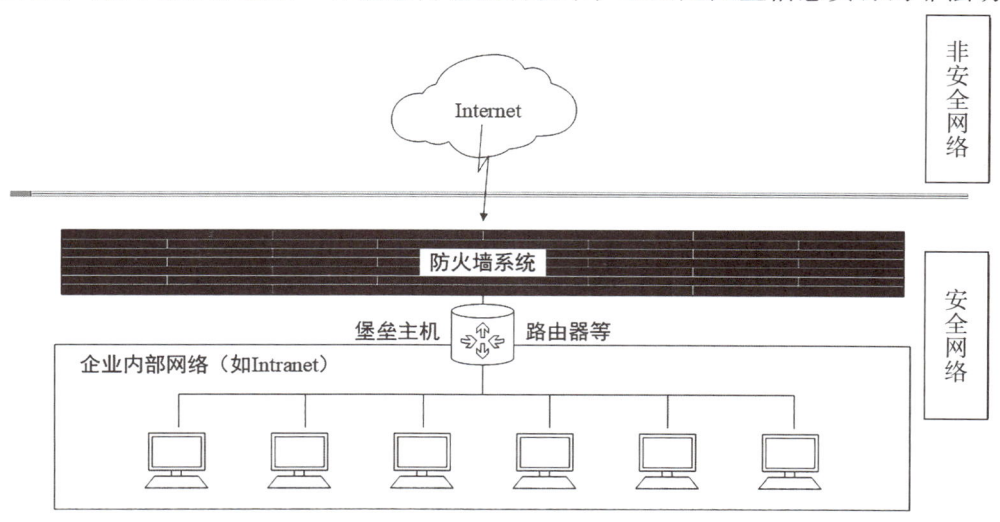

图 9-1 防火墙的作用

从而防止内部的信息从被保护的网络中非法输出。在很多互联网金融系统里都必须要设置防火墙，不同系统的防火墙需要用不同的方法进行设置。例如，网络银行的系统设置有相应的外服务器和数据库服务器，通常银行会把防火墙设置在外部网络和这些服务器的中间，在外部的访问者直接访问服务器的同时保证服务器的安全。

防火墙按技术来分主要有3种。

（1）包过滤防火墙。互联网上的信息都是以数据包的形式进行传输的，包过滤防火墙会对进出的每一个数据包进行过滤检测，以确保网络环境的安全。但包过滤防火墙并不会对数据包中的所有数据进行检测，而是查看所流经的数据包的包头，以决定拒绝或者接受这个数据包。包过滤防火墙对用户来说是透明的，处理速度快且易于维护。但是不能鉴别不同的用户和防止IP地址盗用，并且配置烦琐，会影响运行速度。

（2）应用级网关防火墙。应用级网关防火墙可以在开放式系统互联通信参考模型（OSI）的任一层上工作，能够检查进出的数据包，通过网关防火墙复制传递数据，防止受信任服务器和客户机与不受信任的主机间直接建立联系。应用级网关防火墙能够理解应用层上的协议，能够进行一些复杂的访问控制，并做精细的注册和审核。这种防火墙与包过滤防火墙相比更为安全，它更有效地防止了外网对内网的访问和内网对外网状况信息的访问，并且会详细记录所有访问状态的信息。但这种做法会使访问速度变慢，并且应用级网关防火墙不允许用户直接访问网络，透明性较差。

（3）状态监测防火墙。状态监测防火墙是第3代防火墙技术，也是目前最常用的防火墙。它使用一个被称为监测引擎的在网关上执行网络安全策略的软件模块，在不影响网络正常运行的前提下，采用抽取有关数据的方法对网络通信的各层实施监测，抽取状态信息，并动态地保存起来，作为执行安全策略的参考。

要实现防火墙的功能，设计防火墙必须遵循2个原则。

（1）过滤不安全服务的原则。这个原则具体表现在没有明确允许的就是禁止的，只有明确和积累在册的服务允许通过，其他都在禁止之列。防火墙应封闭所有的信息流，然后对希望提供的安全服务逐项开放，将不安全的服务或者可能有安全隐患的服务一律扼杀在萌芽之中。

（2）屏蔽非法用户的原则。这个原则具体表现在没有明确禁止的就是允许的。防火墙应允许所有的用户和站点都能对内部网络进行访问，然后网络管理员对未授权的用户或者不信任的站点进行逐项屏蔽。

需要明确的是，防火墙系统并不能保证绝对的安全，防火墙技术也依然存在不足。防火墙技术的不足主要表现在以下8方面。

（1）防火墙能保护网络系统的可用性和系统安全，但由于无法理解数据内容，它并不能提供数据安全。

（2）防火墙对用户不透明，可能带来传输延迟、瓶颈和单点失效等问题。

（3）防火墙不能防范不经过它的连接。

（4）防火墙当使用端到端加密时，防火墙的作用会受到很大限制。

（5）防火墙过于依赖拓扑结构。

（6）防火墙防火墙不能防范病毒。

（7）防火墙仅仅是一种静态防御技术，无法动态地防止外部的侵害。
（8）防火墙通常防火墙需要进行配置，而这个配置往往比较复杂。

9.2.3 入侵检测技术

防火墙实际上是一种被动的安全技术，为了维护安全的网络环境，我们还可以使用一种主动对内网系统进行检测的技术，即入侵检测技术。入侵是指任何企图危及资源完整性、机密性和可用性的活动。而入侵检测指的是识别非法用户未经授权使用计算机系统或合法用户越权操作计算机系统的行为，入侵检测技术通过收集计算机网络中若干关键节点或计算机系统资源信息并对其进行分析，从中发现网络或系统中是否有违反安全策略的行为和被攻击的迹象。入侵检测的目的是智能地发现可能来自外部的一些攻击，并且把这些可能存在的攻击情况进行记录并发出报警信息，启动应对动作。

入侵检测技术的作用主要体现在以下 5 个方面。

（1）实时检测：实时地监视、分析网络中所有的数据包；发现并实时处理所捕获的数据包。

（2）安全审计：对系统记录的网络事件进行统计分析；发现异常现象；得出系统的安全状态，找出所需要的证据。

（3）主动响应：主动切断连接可能来自外网的攻击或与防火墙联动，调用其他程序处理。

（4）防范透过防火墙的入侵、利用应用系统漏洞及后门实施的入侵及利用防火墙配置失误实施的入侵。

（5）防范来自内部网的入侵。内部网的攻击占攻击事件总量的 80%，来自内部的攻击会更直接，影响更大。没有监测的内部网是内部人员的"自由王国"，所以要对内部网进行专业监测和控制。

入侵检测技术和防火墙应该配合起来使用，通过动态和静态的互补，进行一些合理的部署和联动，从而提高网络系统的安全性。入侵检测技术可以检测来自外部和内部的一些入侵行为和资源滥用行为，而在一些关键性的边界点，防火墙可以对主机进行访问控制，及时隔断任何可能存在的隐患。可以说，入侵检测技术和防火墙相辅相成，在网络安全中各自承担不同的角色。防火墙主要起到被动保护作用，入侵检测系统起到主动发现问题并对其进行检查的作用，二者互补可以起到对整个网络系统的整体防范作用。

9.2.4 计算机病毒防范

《中华人民共和国计算机信息系统安全保护条例》对计算机病毒做了明确定义："计算机病毒，是指编制或者在计算机程序中插入的破坏计算机功能或者毁坏数据，影响计算机使用，并能自我复制的一组计算机指令或者程序代码。"计算机病毒不仅可以自行传播，更会破坏计算机功能或数据，所以通常对于个人使用的电脑来讲，也需要安装一些相应的病毒防范软件。对于互联网金融系统来讲，计算机病毒防范尤为重要。

计算机病毒的生命周期可分为 4 个阶段。

（1）隐藏阶段。该阶段病毒处于休眠状态，这些病毒最终会在某些条件（如日期、某特定程序或特定文件的出现、内存的容量超过一定范围等）下被激活。需要注意的是，并不是所有的病毒都经历此阶段。

（2）传播阶段。病毒程序将自身复制到其他程序或磁盘的某个区域上，或者传播到其他计算机中，每个被感染的程序或者计算机又因此包含了病毒的复制品，也会进入传播阶段。

（3）触发阶段。病毒在被激活后，会执行某一特定功能，从而达到某种目的。和处于潜伏期的病毒一样，触发阶段病毒的触发条件是一些系统事件，可以是病毒复制自身的次数，也可以是系统日期或者时间。

（4）执行阶段。病毒在触发条件成熟时，即可在系统中发作。由病毒发作体现出来的破坏程度是不同的：有些是无害的，有些则给系统带来巨大危害。要防止计算机病毒，需从其生命周期的几个阶段着手去阻止其最后的执行。

计算机病毒有以下 6 个特征。

（1）传染性。计算机病毒可以通过中介进行传播，如 U 盘、光盘、电子邮件等。传染性是计算机病毒的最基本的特征，也是其最重要的判别条件。

（2）破坏性。恶性病毒可以影响计算机程序的正常运行，删除计算机的文件。良性病毒不会破坏计算机的数据或程序，但会占用计算机资源。

（3）潜伏性。处在隐藏阶段的病毒不容易被发现，但被触发后会在不被用户察觉的情况下进行传染。

（4）可执行性。计算机病毒的实质就是一段可执行程序，它和其他正常的计算机程序一样可以被执行。

（5）可触发性。在触发阶段，计算机病毒会被某一条件激活，如时间、日期、文件类型、特定数据等，继而实施攻击。

（6）隐蔽性。病毒本身短小精悍，通常依附在正常程序或磁盘引导扇区中，导致感染病毒后的程序难以与正常程序区别。

互联网金融系统的服务器要防止计算机病毒的入侵可以从以下几点着手：安装正版的杀毒软件、拦截受感染的附件、合理设置权限、取消不必要的共享、重要数据定期存档等。

终端用户也可以采取安装杀毒软件和个人防火墙、禁用预览窗口功能、删除可疑的电子邮件、不随意下载文件、定期更改密码等病毒防范措施。

9.3 构建安全交易环境的安全技术和措施

9.3.1 数字加密技术

数据加密的基本过程就是对原来为明文的文件或数据按某种算法进行处理，使其成为一段不可读的代码（通常称为"密文"），用户只能在输入相应的密钥之后才能显示出本来内容，以此达到保护数据不被非法窃取、阅读的目的。加密在互联网上的作用就是防止重要或私有化信息在网络上被拦截和窃取。加密的逆过程为解密，即将该编码信息转化为原来数据的过程，如图 9-2 所示。

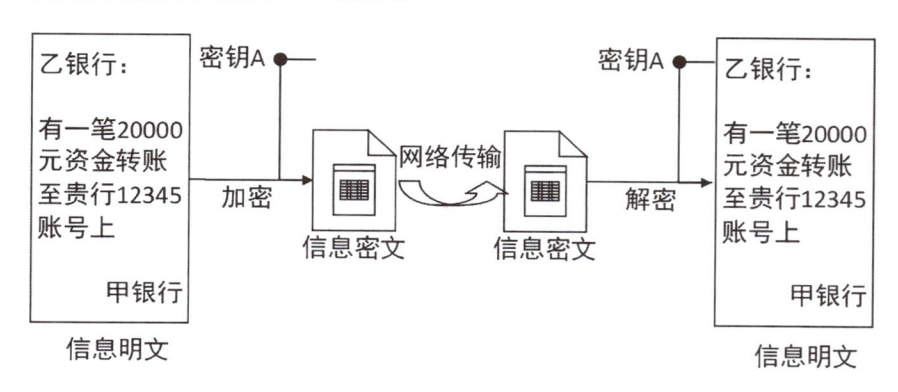

图 9-2 数字加密技术原理示意图

密码分析的基本要素：密文必须全部隐藏在密钥里；密码分析者已经掌握密码算法。加解密函数为

$$E_{k_1}(M) = C;\ D_{k_2}(C) = M;\ D_{k2}(E_{k_1}(M)) = M$$

式中，C 为密文，M 为明文（即待加密的消息），E 为加密函数，D 为解密函数，k 为密钥。上式中若没有 k_1 和 k_2，密码则被称为无钥密码。

现代加密技术以密钥为标准，可将密码系统划分为对称密钥密码体系和非对称密钥密码体系。上式中，若 $k_1 = k_2$，则为对称算法；若 k_1 不等于 k_2，则为公开密钥或者非对称算法。

对称密钥密码体系又叫单钥密码体系。其最基本的特点是加密密钥与解密密钥相同或者实质上等同。密钥 k 必须通过安全的密钥信道传给对方。信息的发送方和接收方必须使用相同的密钥去加密和解密数据，其算法是对称的，既可用于加密也可用于解密。以前最具代表性的对称加密密钥算法是美国加密标准 DES。这种算法是银行、证券业常用的加密算法，至今已经使用了 40 多年。目前也有一些比 DES 算法更安全的对称密钥加密算法，如 IDEA 算法、Rc2 算法、Rc4 算法、Skipjack 算法等。形象地说，我们可以将对称密钥算法看成保险柜，密钥就是保险柜的号码组合。所有知道号码组合的人都可以打开和关闭保险柜，而不知道密钥的人就必须采取一定的方法去猜测号码组合。

非对称密钥密码体系，也称为双钥密码体系。它使用 2 个不同的密钥：一个用来加密信息，叫加密密钥；另外一个用来解密信息，称为解密密钥。用户把加密密钥公开，又称为公开密钥，简称公钥；用户将解密密钥保密，称之为私有密钥，简称私钥。公钥对外公开，可以通过普通的通道传递；私钥由个人秘密保存。信息用公钥加密后，就只能用对应的私钥进行解密。密钥的发布和管理问题是目前商业密码的核心。非对称密钥算法的主要代表有 RSA 算法、DSA 算法、Diffie-Hellman、PKCS 和 PGP。我们可以将非对称密钥算法看成邮箱，把邮件投进邮箱相当于用公开密钥加密，任何人都可以向该用户发送邮件，但只有知道邮箱密码的人才能打开邮件，私钥解密相当于用邮箱密码取出邮件。

9.3.2 数字摘要

数字摘要是将任意长度的消息变成固定长度的短消息，它类似于一个自变量是消息的函数，也就是哈希函数。数字摘要就是采用单向哈希函数将需要加密的明文"摘要"成一串固定长度（128 位）的密文。这一串密文又被称为数字指纹，它有固定的长度。不同的明文摘要成密文，其结果总是不同的，而同样的明文其摘要必定一致。

一个哈希函数的好坏是由发生碰撞的概率决定的。如果攻击者能够轻易地构造出两个具有相同哈希值的消息，那么这样的哈希函数是很危险的。一般来说，安全哈希标准的输出长度为 160 位，这样才能保证它足够安全。这一加密方法亦称安全散列算法（Secure Hash Algorithm，SHA）或 MD5 信息摘要算法（MD5 Message-Digest Algorithm）。

9.3.3 数字签名

数字签名（又称"公钥数字签名"）是一种类似写在纸上的普通的物理签名，但是使用了公钥加密领域的技术实现的用于鉴别数字信息的方法。一套数字签名通常定义两种互补的运算，一个用于签名，另一个用于验证。数字签名，就是只有信息的发送者才能产生的别人无法伪造的一段数字串，这段数字串同时也是对信息的发送者发送的信息真实性的一个有效证明。数字签名是非对称密钥加密技术与数字摘要技术的应用。

数字签名的文件的完整性是很容易验证的，而且数字签名具有不可抵赖性。简单地说，所谓数字签名就是附加在数据单元上的一些数据，或是对数据单元所作的密码变换。这种数据或变换允许数据单元的接收者来确认数据单元的来源和数据单元的完整性并保护数据，防止其他人（如接收者）伪造。它是对电子形式的消息进行签名的一种方法，一个签名消息能在一个通信网络中传输。

基于公钥密码体制和私钥密码体制都可以获得数字签名，但我们主要还是使用基于公钥密码体制的数字签名。这其中又包括了普通数字签名和特殊数字签名。普通数字签名算法有 RSA、ElGamal、Fiat-Shamir、Guillou-Quisquater、Schnorr、Ong-Schnorr-Shamir、Des/DSA、椭圆曲线数字签名算法、有限自动机数字签名算法等。特殊数字签名有盲签名、代理签名、群签名、不可否认签名、公平盲签名、门限签名、具有消息恢复功能的签名等，它与具体应用环境密切相关。显然，数字签名的应用涉及法律问题，美国联邦政府基于有限域上的离散对数问题制定了自己的数字签名标准（DSS）。

数字签名的过程如下。发送报文时，发送方用一个哈希函数从报文文本中生成报文摘要，然后用自己的私人密钥对这个摘要进行加密，这个加密后的摘要将作为报文的数字签名和报文一起发送给接收方。接收方首先要用与发送方一样的哈希函数从接收到的原始报文中计算出报文摘要，再用发送方的公用密钥来对报文附加的数字签名进行解密，如果这两个摘要相同、那么接收方就能确认该数字签名是发送方的。如图9-3所示。

数字签名有2种功效：一是能确定消息确实是由发送方签名并发出的，因为其他人冒充不了发送方的签名；二是数字签名能确定消息的完整性，因为数字签名的特点是它代表了文件的特征，文件如果发生改变，数字摘要的值也将发生变化，不同的文件将得到不同的数字摘要。一次数字签名涉及一个哈希函数、发送者的公钥、发送者的私钥。

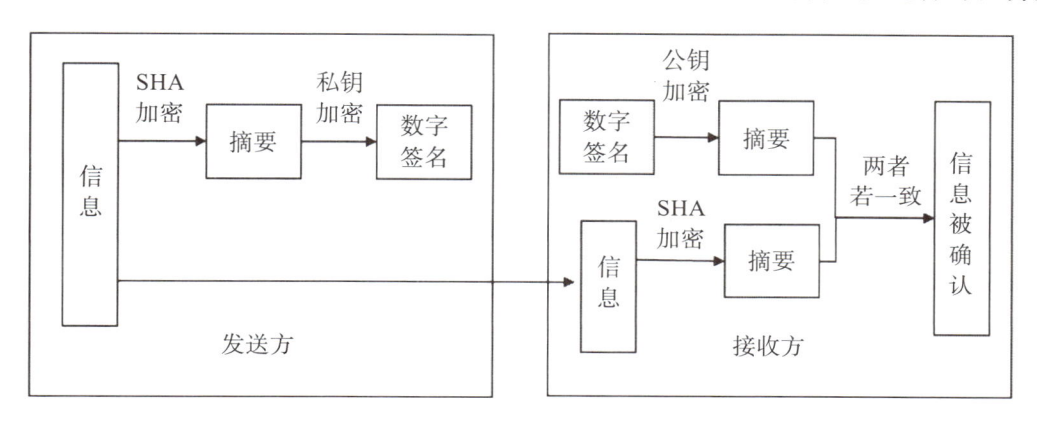

图 9-3 数字签名原理示意图

9.3.4 数字证书

数字证书是互联网通讯中标志通讯各方身份信息的一串数字，它提供了一种在互联网上验证通信实体身份的方式。数字证书不是数字身份证，而是身份认证机构盖在数字身份证上的一个章或印（或者说是加在数字身份证上的一个签名）。它是由权威机构——证书授权中心（Certificate Authority）发行的，人们可以在网上用它来识别对方的身份。

数字证书可用于发送安全电子邮件、访问安全站点、网上证券交易、网上招标采购、网上办公、网上保险、网上税务、网上签约和网上银行等安全电子事务处理和安全电子交易活动。

数字证书具有以下3个特点。

（1）安全性。为了避免传统数字证书方案中由于使用不当造成的证书丢失等安全隐患，支付宝创造性地推出了双证书解决方案：支付宝会员在申请数字证书时，将同时获得两张证书，一张用于验证支付宝账户，另一张用于验证会员当前所使用的计算机。第二张证书不能备份，会员必须为每一台计算机重新申请一张，这样即使会员的数字证书被他人非法窃取，仍可保证其账户不会受到损失。

此外，支付宝还有一种叫做支付盾的保险措施。支付盾是一个类似于 U 盘的实体安全工具，它内置的微型智能卡处理器能阻挡各种风险，让账户始终处于安全的环境下。目前保证电子邮件安全性所使用的方式是数字证书。

（2）唯一性。支付宝数字证书根据用户身份给予相应的网络资源访问权限。用户申请使用数字证书后，如果在其他电脑登录支付宝账户，在没有导入数字证书备份的情况下，只能查询账户，不能进行任何操作，这样就相当于拥有了类似"钥匙"一样的数字凭证，提高了账户使用的安全性和唯一性。

（3）便捷性。

数字证书的便捷性体现在以下几个方面：即时申请、即时开通、即时使用；量身定制多种途径维护数字证书，如通过短信、安全问题等；不需要使用者掌握任何数字证书相关知识也能轻松掌握。

9.3.5 数字信封

数字信封是公钥密码体制在实际中的应用，用加密技术保证只有特定的收信人才能阅读通信的内容。数字信封主要包括数字信封打包和数字信封拆解两个过程。数字信封打包是使用接收方的公钥将对称加密密钥进行加密的过程，只有接收方的私钥才能将加密后的数据还原；数字信封拆解是使用私钥将加密过的数据解密的过程。

在数字信封中，信息发送方采用对称加密密钥算法来加密信息内容，然后将此密钥用接收方的公开密钥加密（这部分称数字信封）之后，将它和加密后的信息一起发送给接收方。接收方先用相应的私有密钥打开数字信封，得到对称加密密钥，然后使用对称加密密钥解开加密信息。这种技术的安全性相当高。

数字信封的功能类似于普通信封，普通信封在法律的约束下保证只有收信人才能阅读信的内容，数字信封则采用密码技术保证了只有规定的接收人才能阅读信息的内容。数字信封中采用了对称密钥密码体系和非对称密钥密码体系。信息发送者首先利用随机产生的对称加密密钥算法加密信息，再利用接收方的公钥加密，被公钥加密后的对称密钥密码被称为数字信封。在传递信息时，信息接收方若要解密信息，必须先用自己的私钥解密数字信封，得到对称密钥密码后，才能利用对称密钥密码解密所得到的信息。这样就保证了数据传输的真实性和完整性。

在一些重要的电子商务交易中，密钥必须经常更换，为了解决每次更换密钥的问题，技术人员结合对称密钥加密技术和公开密钥技术的优点创造了数字信封。它克服了私有密钥加密体系中私有密钥分发困难和公开密钥加密过程中加密时间长的问题，使用两个层次的加密来获得公开密钥加密技术的灵活性和私有密钥加密技术高效性。信息发送方使用密码对信息进行加密，从而保证只有规定的接收人才能阅读信息的内容。采用数字信封技术后，当加密文件被他人非法截获时，因为截获者无法得到发送方的通信密钥，故无法对文件进行解密。数字信封技术原理如图 9-4 所示。

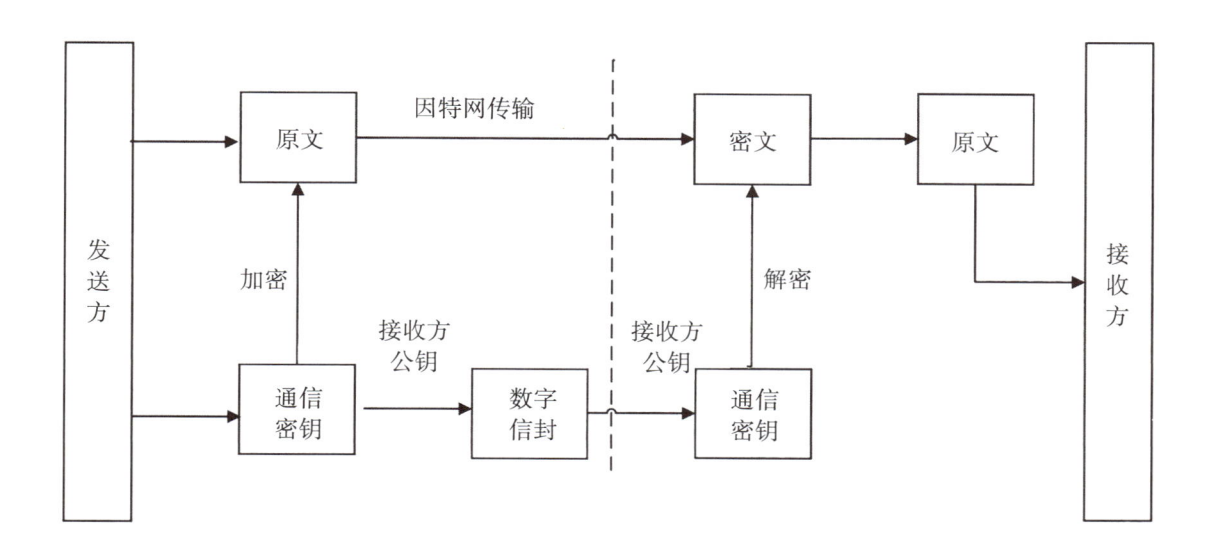

图 9-4　数字信封技术原理示意图

9.3.6 数字时间戳

数字时间戳是指在电子交易中，对交易文件的日期和时间信息采取的安全措施。数字时间戳服务（digital timestamp service，DTS）为电子文件发表时间的安全提供了保护。数字时间戳服务是网上安全服务项目，由专门的机构提供。时间戳是一个经加密后形成的凭证文档，它包括需加时间戳的文本的摘要、数字时间戳服务收到文件的日期和时间、数字时间戳服务的数字签名 3 个部分。

一般来说，数字时间戳产生的过程如下：用户首先将需要加时间戳的文件用哈希算法运算行程摘要，然后将该摘要发送给数字时间戳服务，数字时间戳服务在加入了收到文件摘要的日期和事件信息后再对该文件加密（数字签名），然后送达用户。

9.3.7 CA 认证机构

CA 认证机构是承担网上认证服务、能签发数字证书、并能确认用户身份的受大家信任的第三方机构。其任务是确认用户身份、受理数字凭证的申请、签发数字证书以及对数字证书进行管理等。

数字证书必须同时满足以下 3 个条件才是有效的。

（1）证书没有过期。所有证书都有期限，因此要检查证书的期限。

（2）密钥没有被修改。如果密钥被修改，就不应该继续使用，密钥对应的证书应被视为无效。

（3）有可信任的颁发机构及时管理与回收无效证书，并且发行无效证书清单。

从 CA 中心的建设背景来看，国内的 CA 认证机构大致可以分为 3 类：行业性 CA、区域性 CA、商业性 CA。

1. 行业性 CA

行业性 CA 通常是金融、电信和对外经济贸易等行业和政府部门建立的相关证书机构。其特点是规模较大，由一个行业内的多家企业共同参与组建，为行业内的企业提供安全认证服务，同时也向非行业内的企业提供安全认证服务。如由国内 13 家商业银行联合建设的中国金融认证中心（CFCA）、由中国电信组建的 CA 安全认证体系（CTCA）、由国家对外经济贸易部建立的中国国际电子商务中心（CIECC）等。

2. 区域性 CA

区域性 CA 通常是由政府授权建立、以公司机制运行、按照行政区域来命名的 CA 认证机构。区域性 CA 虽然不是政府直接建立，但是依然有浓厚的政府背景。如上海电子商务认证中心（SHECA）、广东电子商务认证中心、北京数字证书认证中心（BJCA）、天津数字证书认证中心、福建省数字安全证书管理有限公司等。

3. 商业性 CA

商业性 CA 主要由商业企业建立，如天威诚信、国富安、吉大正元、德达创新、信安世纪等。

CA 认证机构在建设中也存在许多问题，例如：CA 认证机构已经在行业或局部实现了互通，但在全国范围内并没有实现真正的联合；CA 的管理混乱，上级部门太多；技术多为引进，仅有少数为自主开发；等等。

9.3.8 安全套接层协议

安全套接层协议（Secure Sockets Layer，SSL）（图 9-5）及其继任者安全传输层协议（Transport Layer Security，TLS），是为网络通信提供安全及数据完整性的一种安全协议。SSL 与 TLS 主要在传输层对网络连接进行加密。SSL 协议由美国网景公司（Netscape）于 1995 年开发和倡导，它是目前安全电子商务交易中使用最多的协议之一。SSL 主要用于提高应用程序之间的数据安全系数。

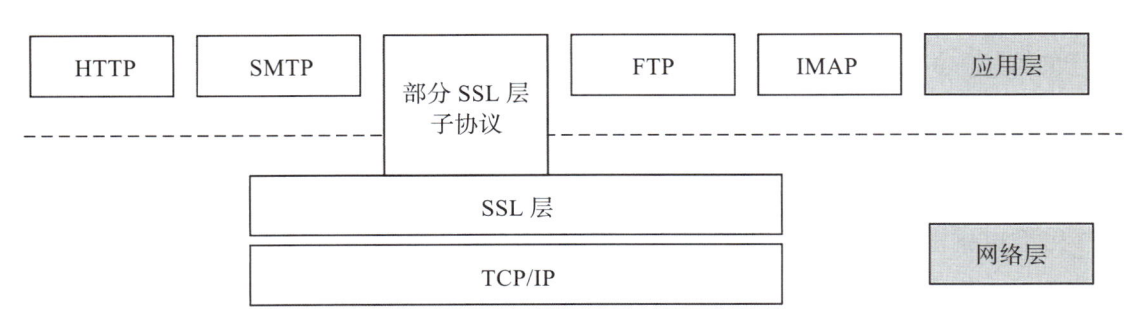

图 9-5 安全套接层协议 SSL 示意图

SSL 协议位于 TCP/IP 协议与各种应用层协议之间，为数据通信提供安全支持。SSL 协议可分为两层：SSL 记录协议（SSL Record Protocol），建立在可靠的传输协议（如 TCP）之上，为高层协议提供数据封装、压缩、加密等基本功能的支持；SSL 握手协议

（SSL Handshake Protocol），建立在 SSL 记录协议之上，用于在实际的数据传输开始前，通信双方进行身份认证、协商加密算法、交换加密密钥等。

9.3.9 VPN 技术

VPN 的英文全称为 Virtual Private Network，意为"虚拟专用网络"，可以理解为虚拟出来的企业内部专线。VPN 被定义为通过一个公用网络（通常是因特网）建立一个临时的、安全的连接，是一条穿过混乱的公用网络的安全、稳定的隧道。它是对企业内部网络的扩展，提供了一种在公共网络中实现网络安全保密通信的方法。VPN 通过在共享网络当中开挖一条保密隧道的技术来仿真一条点对点连接、用于发送和接收加密的数据。

VPN 的虚拟性指的是不需要占用实际的线路，而是使用互联网公众数据网络的长途数据线路。VPN 的专用性指用户可以为自己制定一个最符合自己需求的网络。专用网的特点包括封闭的用户群、极高的安全性和优良的服务质量。VPN 的实现要求支持数据分组的透明传输、支持安全功能和提供服务质量保证。

VPN 技术按业务类型划分，可以分为企业内部虚拟网（Intranet VPN）、远程访问虚拟网（Access VPN）和企业发展虚拟网（Extranet VPN）。

9.4 成本与安全的平衡

网络安全是为了保护网络不受来自网络内外的各种危害而采取的防范措施的总和。网络的安全策略就是针对网络的实际情况（被保护信息价值、被攻击危险性、可投入的资金），在网络管理的过程中，具体对各种网络安全措施进行取舍。网络的安全策略可以说是在一定条件下的成本和效率的平衡。虽然网络的具体应用环境不同，但在权衡网络安全与成本的关系时应遵循需求、代价、风险平衡分析原则，对任何一个网络而言，绝对的安全是不可能达到的，也是不必要的。我们应从网络的实际需求出发，对网络面临的威胁及可能承担的风险进行定性和定量相结合的分析，在需求、代价和风险间寻求一个平衡点，在此基础上制定规范和措施，确定系统的安全策略；不要为了追求绝对的安全环境而投入巨大的成本，这样反而得不偿失。

9.5 网络社会的安全

网络从诞生到被植入人类文明社会，进而发展成为网络社会，对当下人们的生存环境的推动与渗透都是前所未有的。信息技术在植根于人们生活的同时也改变了人们生活的格局在信息技术的影响下，我们的生活也发生着深刻的变化，网络社会的高速发展为人类带来了空前的便利，拓宽了人们沟通交流的渠道，扩大了信息共享的广度，打破了地理上的局限，进而实现了全球的同步性与同时性。但与此同时，网络社会也带来不可忽视的威胁，在网络社会中，人们的信息安全难以得到保证，网络安全问题的日益凸显使得人们开始对网络社会有了更深层次的认识和反思。

网络社会作为一个特殊的信息存储领域，既满足了网络主体对信息共享的需求，同时也在个人信息的传送方面实现了变革性突破。但是随着一些信息失窃、信息泄露、信息威胁等负面问题的出现，信息安全问题也引起了人们的思考。信息作为对人具有特殊意义的有效资源，它在网络系统中的安全是整个安全体系的关键所在。信息安全这一概念具有广泛性，从国家机密到个人隐私都有所涵纳。信息安全的保护囊括了计算机系统在编程、操作、运转及内在安全机制下各个环节的安全保护，以防止任何一个可能对整体系统构成威胁的介质的存在。信息安全问题实质为网络体系中硬件、软件数据保护问题，需要确保不会因为某种因素的存在致使网络中存储的信息遭到恶意的破坏或泄露，从而确保整个网络体系可以正常运行。确保私密信息的不外泄、真实信息的完整性以及所有未授权拷贝和所寄生系统的安全性是信息安全的重要宗旨。

为了达成信息安全这一目标，很多时候信息在通信的过程中要做加密处理，通过对信息源的认证及非授权访问的限制保障信息的安全。

为了实现信息安全这一目标，各种信息安全技术在使用时必然要遵守一定的行为准则。第一，敏感信息流通范围最小化原则。涉及个人隐私的敏感信息，一定是要在国家法律以及相关政策允许的前提下小范围流通。第二，制衡原则。在信息流动的过程中，切实禁止信息垄断的行为，将信息的主客体分开，每一个信息的掌握者都仅拥有部分权限而非全部，从而实现信息持有者间的相互制衡。

拓展阅读

互联网金融等融合产业的蓬勃发展，给社会经济发展注入了新的动力，同时也产生了一些安全风险，特别是互联网金融安全问题。互联网金融安全问题是长期、复杂且重大的问题，依靠国家互联网应急中心的力量远远不够，必须集中整个行业的智慧，对互联网金融安全技术问题进行跟踪，展开超前性的研究探索，开展互联网安全技术交流。国家互联网应急中心二十余年来始终致力于捍卫国家网络安全秩序，努力营造中国互联网安全健康有序的发展环境，实现了对国家互联网金融安全总体情况的掌握，以及对互联网金融业务的运行异常、网络安全异常等风险的实时监测和预警。

因此，在学习过程中，我们更是要树立正确的价值观，坚持绿色共享，共同抵制非法入侵，同时要建立风险意识，维护互联网金融安全。

课堂练习

一、判断题

1. 由于IP协议在网络层，无法理解更高层的信息，所以IP协议中的身份认证实际上不可能是基于用户的身份认证，而是基于IP地址的身份认证。（　　）
2. SSL协议可用于加密任何基于TCP/IP的应用。（　　）
3. 计算机病毒本质是一组程序，隐藏在电脑操作系统或者存储介质里面。（　　）
4. 一个防火墙通常由屏蔽路由器和代理服务器组成。（　　）
5. 计算机病毒按破坏性分为良性病毒和恶性病毒。（　　）
6. 防火墙能有效地监控内部网和互联网之间的活动，保证内部网络的安全。（　　）
7. 安全的网上交易系统具有三大功能：身份验证、数据加密传输、网上支付。（　　）
8. 基于公开密钥加密技术的数字证书是电子商务安全体系的核心。（　　）
9. 电子商务安全的研究属于纯技术范畴。（　　）
10. 密钥管理中分配密钥和存储密钥是十分棘手的问题。（　　）

二、选择题

1. 电子商务的安全需求不包括（　　）。

　A. 可靠性　　　　　　　B. 真实性

　C. 匿名性　　　　　　　D. 完整性

2. 下面关于病毒的叙述不正确的是（　　）。

　A. 病毒可以是一个程序

　B. 病毒可以是一段可执行代码

　C. 病毒能够自我复制

　D. 病毒无法快速传播

3. 防火墙软件不能对付的破坏者有（　　）。

　A. 未经授权的访问者　　　B. 违法者

　C. 内部用户　　　　　　　D. 地下用户

4. 针对木马病毒的防范，以下正确的是（　　）。

　A. 设置复杂密码，最好包含特殊符号

　B. 随意打开来历不明的邮件的附件

　C. 浏览不健康网站

　D. 网上下载的软件未经扫描就使用

5. 根据物理特性，防火墙可分为（　　）。

　A. 软件防火墙和硬件防火墙

　B. 包过滤型防火墙和双宿网关防火墙

C. 百兆防火墙和千兆防火墙

D. 主机防火墙和网络防火墙

6. 在防火墙技术中，内网这一概念通常指的是（　　）。

A. 授信网络　　　　　　　　B. 非授信网络

C. 防火墙内的网络　　　　　D. 互联网

7. 信息安全技术的核心是密码技术，下列属于密码技术的是（　　）。

A. PKI　　　　　　　　　　B. SET

C. SSL　　　　　　　　　　D. ECC

8. 下列数字证书中，CA认证机构不能提供的证书是（　　）。

A. 个人数字证书　　　　　　B. SSL服务器证书

C. 安全电子邮件证书　　　　D. SET服务器证书

9. 通常为保证商务对象的认证性采用的手段是（　　）。

A. 信息加密和解密

B. 信息隐匿

C. 数字签名和身份认证技术

D. 数字水印

10. 阻止非法用户进入系统应该使用（　　）。

A. 病毒防御技术　　　　　　B. 数据加密技术

C. 接入控制技术　　　　　　D. 数字签名技术

三、材料分析题

一天，比利时的街头突然出现一顶白色的神秘帐篷，许多路人被邀请至帐篷内，亲自体验一番神秘的读心术。读心术大师随即施展起魔法，读出这些"幸运儿"许多过去与现在的生活点滴，甚至是账户数据。正当"幸运儿"们正对大师的读心术感到不可思议的时候，帐篷里的幕布落下，真相被揭开——背后一群蒙面军师正在奋力搜索他们的网络资料。原来，这是比利时网络银行Febelfin的一则营销活动。它想用这样的方式提醒大家注意网络安全问题，由此宣传自家的安全保障功能特色。

充分享受网络带来自由便利的同时，用户或许从未意识到自己的信息亦随之散落各处，随时面临为人利用的风险。作为一家网络银行，该如何向客户宣传自己安全服务的独特卖点呢？

比利时网络银行Febelfin的选择是策划一场搞怪营销活动。工作人员在比利时的街头冷不丁地搭起一顶白色帐篷，邀请路人进来，说是可以提前体验电视台即将开设的一档读心术新栏目"Starring David"。

大家不过是抱着一番一探究竟的好奇心进来，没想到"读心大师"竟能神奇地说出他们生活中的点滴，甚至是自己一直小心守护的银行账户资料。个个被惊得目瞪口呆，讶异之余不禁叹服于"读心大师"的神技。

正当大家沉浸其中之时，帐篷的一面墙布猛然被"轰"一声拉开。人们惊奇地发现原来后面还藏着一群蒙面军团，正在忙碌地搜寻他们的网络资料。他们这才恍然大悟，原来"读心大师"读出的每个信息，包括账户数据等，其实都来自网络。参与人员不禁莞尔一笑，这委实是一次有意思的活动！

思考并讨论，完成以下题目：

1. 为什么你的账户数据会被"读"出来？你在使用网络银行应该采取什么措施来提高安全性？
2. 银行应该怎么建立网络银行的安全架构？

参考答案

一、判断题

1~5 √ × √ × √

6~10 √ √ √ × √

二、选择题

1~5 CDCAA

6~10 AADCA

三、材料分析题

1. 没有标准答案。可以从下面的角度来谈：因为客户在有些网站上登记了自己的隐私信息，而在进行网络银行账户、密码的保护时，用了比较简单的方法进行设置，从而使账户信息可以被轻易获取。用户使用网络银行时采取的措施可以从设置账号密码、使用数字证书等方面入手去讨论。

2. 建立一个安全交易体系。

一项网络金融活动大致包括3个方面。①交易信息通过网络进行传输；②在网络上传输的信息需要进行加密；③进行商务活动的双方进行某种身份认证，保证交易的安全性。

通常，网络金融活动的信息安全体系包括以下3个方面。①基本加密技术（网络信息传输安全、信息加密及时、基本加密算法）；②安全认证技术（数字信封、数字签名等）；③安全应用标准与协议。

第 10 章
互联网金融的风险、征信与监管

知识目标

（1）熟悉金融监管的方式。
（2）了解行业监管三个方面的内容。
（3）熟悉监管信息系统的组成。
（4）了解P2P平台存在的风险及相关监管。
（5）辨析互联网金融风险产生的原因。
（6）掌握征信发展的三个阶段。
（7）了解大数据征信对风险监控的意义。

素质目标

培育遵守市场规则、维护消费者权益的意识。

案例导入

互联网金融企业逐步被清理整顿

2020年包括银行保险监督委员会、互联网金融风险专项整治工作领导小组办公室等在内的监管方，继续对外释放年内完成互联网金融整治的消息，各地方监管也纷纷表态进行网贷清退任务。

与此同时，针对互联网贷款需求，监管适时打开了"正门"，发布《商业银行互联网贷款管理暂行办法》，将银行业互联网贷款纳入监管范围，规范业务合作范围，促进了互联网贷款的健康发展。

未来，在银行保险监督委员会等机构的监管呵护下，互联网贷款市场将交由银行、消费金融公司等正规机构主导。P2P网贷、现金贷等一众曾经立于聚光灯下的互联网金融产品，则将被逐步清理整顿。

（资料来源：https://cj.sina.com.cn/articles/view/7442203669/1bb9704150010117bw?tj=none，有删改）

10.1 什么是金融监管

10.1.1 金融监管的概念

金融监管是金融监督和金融管理的总称。金融监督是指中央银行对金融机构实施的全面性、经常性的检查和督促，并以此促进金融机构依法稳定地进行经营活动；金融管理是指中央银行依法对金融机构开展领导、组织、协调和控制等一系列的活动。一般意义上，金融监管是政府通过中央银行对金融交易主体行为的一种限制和规定，其目的是促进金融行业的发展，使金融业更加依法依规、更加稳健地经营和发展。综观世界各国，凡是实行市场经济体制的国家，无不客观地存在着政府对金融体系的监管。

金融监管的概念有狭义和广义之分。狭义上，金融监管是指金融监管机构（包括中央银行和其他的金融监管部门）根据法律对整个金融业进行监管，如我国的"一委一行两会"（即国务院金融稳定发展委员会、中国人民银行、中国证券监督管理委员会、中国银行保险监督管理委员会）为代表的监管格局。广义上，金融监管包括国家制定相关的法律政策、金融机构对内部的控制和审核（内控）、风险管理机构的介入、成立同行业间的自律性组织、社会中介机构的介入等。

金融监管的主要内容如下：批准新的金融机构成立；监管金融机构的财务状况；对金融市场的综合性监管，如准入门槛、融资方式、利率监管、法律法规等；对会计核算进行审查；控制外汇资产与对外负债的总量；对贵金属（主要是黄金）进行综合管制；对非存款类金融机构（包括信托、证券、保险公司等）进行监管；对其他的金融活动（如租赁、典当等形式）进行严格监管。

金融监管对提升金融资源配置效率与提高社会福利有着重要的意义。金融监管可以降低整个金融体系的风险，守住不发生系统性金融风险的底线，促进金融业健康发展。但同时也容易因监管成本过高导致入不敷出。因此，金融监管存在一个需要重点关注的问题，即平衡监管成本和监管效率。监管方若在金融监管实施过程中增加一个参数，监管成本可能成倍增加；若在金融监管实施过程中增加更多的参数，考虑更多可能性，那么金融监管成本可能呈几何倍数增长。因此，金融监管需要控制成本，整合金融监管资源，进而提高金融监管的效率。

10.1.2 金融监管的方式

在当前的市场经济下，有3种金融监管方式。第一，外部监管。以监管部门为代表的外部监管是一种使公共利益不受侵害的强制性的制度安排。但是这种监管存在限度和边界，例如监管法规的滞后性、监管弹性不足等，从而导致监管的有效性受到限制。与此同时，社会中介、行业自律、内部控制、市场约束也具有一定的监管优势，这些成为了防范金融机构经营风险的重要防线。金融监管和上述各主体之间形成了一种相互整合的关系。第二，金融机构的自我管理，即金融机构对自身的内部运作、人员的配置以及资金安全进行监管控制，金融机构为了提高运作能力、保护所控资产的安全与完整、确保有关法律法规和规章制度的贯彻与执行而制定的一系列控制方法、程序和措施。内部监管往往根据当前国际金融行业的特点，同时结合我国金融机构的实际经营情况，以及金融业务存在的高风险性特点，制定相应的监管目标，选择适当的控制方法。第三，社会监督，包括民众监督和中介机构监督。其中，民众监督主要通过偶发性事件对不规范的金融行业行为进行揭露，此种监督方式往往通过社交媒体传播渠道增加监督的影响力。中介机构监督则是通过第三方关系人实施监督行为。

10.1.3 金融监管的手段

金融监管机构的管理手段属外部监督，从各个国家的监督案例来看，一般使用的金融监管手段有4种：法律手段、行政手段、经济手段、技术手段。

法律手段主要是国家通过制定法律条文及条款规定，来遏制金融行业不良行为的发生和促进其向良好方向发展。因此，该手段实施的重点在于根据金融行业发展情况和存在问题制定相应法律文件。为大众所熟知的法律文件有《中华人民共和国证券法》《中华人民共和国中国人民银行法》等。法律手段监管在保障多数弱小个体的利益上具有重要意义，比如股民在股市上受上市公司行为影响，遭受了一定数额的经济损失，单个股民的损失诉讼成功概率极低。律师事务所将受到此次事件损失的大多数小股民聚集起来，从而提起集体诉讼，其成功概率远高于个体上诉。因此，法律手段能在一定程度上遏制大企业在金融市场的不规范行为。

行政手段是指依照法律享有金融监管权的行政机关，对金融机构及其相关活动进行管理、规范和监督的行为，属于国家行政权力的范畴。尽管法律手段对金融市场具有较强的制约性，但仅靠法律手段难以全面有效地实现金融监管。因为法律手段仅仅能够针对金融市场中普遍的问题或是基于大的框架制定相关法律，而无法详尽制定各种细节上的制度法规。金融市场随时处于变化发展之中，尤其是在市场机制发挥作用有限的金融市场中，应配置行政手段和稽核检查手段，以此对金融机构的行为进行比较及时的干预和调节。

与行政手段同时出现的是经济手段，如发现了金融市场中存在的问题，相关部门会通过经济手段对责任主体进行处罚。

技术手段是指相关部门通过信息技术对金融市场的活动进行管理，即在人工智能时代背景下大数据的应用。在银行和证券市场的网络中，仅以日为单位就可能存在上万亿的交易数额，如何从金融市场的交易中找出那些存在问题的内幕交易，就成为金融监管中的重要问题，这时相关部门利用大数据时代下的技术手段对有问题的交易进行甄别就显得十分有效。数据工程师可以通过对数据、模型的分析、构建，及时地发现有问题的交易，从而警示、制止交易可能存在的风险。技术手段还包括舆论的监督，比如社交媒体，大众能够通过微信、微博传播有价值的观点，加大舆论对不规范行为的压力。同时，政府部门的公众号、官方微博也是信息获取的良好渠道，通过整理大众反馈的大量信息，政府部门能尽早了解到一些可能存在风险的领域。

拓展阅读

反垄断监管备受瞩目

2020年是国家防范化解金融风险的收官之年。2020年上半年在疫情影响下，金融风险的防控难度加大，下半年随着经济复苏和疫情防控常态化，金融风险监管力度也随之加大。国家在规范金融秩序、控制债务风险、防范资产泡沫等诸多方面均采取了强有力的措施。

展望未来，全球经济复苏前景还有较大的不确定性。在全球经济衰退、大宗商品价格下跌、资本外流加剧和地缘政治冲突等因素的相互交织下，我国金融风险防范仍将面临严峻考验。

欺诈发行最高判15年

在2020年12月28日召开的资本市场建立30周年座谈会上，中国证券监督管理委员会主席易会满表示，要"紧紧围绕打造一个规范、透明、开放、有活力、有韧性的资本市场的总目标，坚持稳中求进工作总基调，坚持'建制度、不干预、零容忍'，聚焦'全面实行股票发行注册制，建立常态化退市机制，提高直接融资比重'等核心任务，一步一个脚印，扎扎实实办好自己的事，为夺取全面建设社会主义现代化国家新胜利积极贡献力量"。

2020年12月26日，第十三届全国人民代表大会常务委员会第二十四次会议表决通过了《中华人民共和国刑法修正案（十一）》。欺诈发行、信息披露造假等违法犯罪行为是资本市场的"毒瘤"，修正案大幅强化了对上述犯罪的刑事打击力度。对于欺诈发行，修正案将刑期上限由5年有期徒刑提高至15年有期徒刑，并将对个人的罚金由非法募集资金的1%~5%修改为"并处罚金"，取消5%的上限限制，对单位的罚金由非法募集资金的1%~5%提高至20%~100%。对于信息披露造假，修正案将相关责任人员的刑期上限由3年提高至10年，罚金数额由2万~20万元修改为"并处罚金"，取消20万元的上限限制。

2019年以来，资本市场法治建设力度明显加强，监管框架和思路较为明确，既加大了相关规章制度的制定和出台，又强化了对市场违法违规行为的稽查和处罚力度。

《中华人民共和国证券法》第二次修订满一年后《中华人民共和国刑法修正案（十一）》表决通过，充分说明了新证券法律对于资本市场违法违规行为的认定得到了市场认可。《中华人民共和国刑法修正案（十一）》的修改与之协同，从整体上加大了对违法行为打击力度，形成精确打击、零容忍的高压态势，能够切实加大违法违规成本，进一步提高上市公司质量。

反垄断风暴愈演愈烈

2020年底，"反垄断"成为科技行业出现频率最高的关键词之一。2020年12月14日，国家市场监管总局依法对阿里巴巴投资、丰巢网络、阅文集团分别处以50万元人民币罚款。

数字经济时代，科技巨头日益成为全球反垄断的重点监管对象。在世界各地，一些超大型数字平台的涌现正在加速改变许多行业和领域的产业组织和商业规则，引发全球主要反垄断辖区的关注。针对不同程度的反垄断规定，美国、欧盟等国家和地区已经进行了多维度的实践。

财政部原副部长朱光耀在第四届中国互联网金融论坛上指出："就像银行可能'大而不能倒'一样，巨型数字平台也可能有'大而不能拆'的特征。如何进行合理的监管，对世界都提出了挑战"。

10.2 金融监管的重要性

金融监管的实施是促进金融行业健康发展的重要前提，它对经济发展起着重要的促进与规范作用，能够保障金融体系的稳定与安全。同时，金融监管也在保证经济社会的平稳发展中发挥重要作用，推动着现代经济向高质量发展阶段过渡、实现更成熟的发展。

金融监管对金融业具有非常重要的作用。

（1）弥补金融市场失灵。金融市场失灵主要是指金融市场对资源配置的无效率，不能实现资源的最优配置。一般认为，导致金融市场失灵的原因包括垄断或者寡头垄断、规模不经济及外部问题等因素。

（2）规避道德风险。道德风险是指在信息不对称的条件下，不确定或不完全合同使得负有责任的经济行为主体不承担其行动的全部后果。在受监管的金融体系中，个人和企业通常认为政府会确保金融机构安全，或至少在发生违约时帮忙偿还存款。因此，金融监管有利于降低金融市场的成本、维持正常合理的金融秩序、提升公众对金融的信心，这是对金融市场缺陷有效和必要的补充。

（3）促进现代货币制度演变。从实物、贵金属到数字凭证，货币的发展一方面使得金融市场交易与资源配置效率提高，一方面促进了现代纸币制度和部分储备金制度两种重要金融制度的创新。

（4）稳固全球金融系统的发展。金融系统是"多米诺"骨牌效应最为典型的经济系统之一，任何对金融机构的怀疑都会引起连锁反应，骤然出现的挤兑狂潮会在很短的时间内使金融机构陷入支付危机，这也进一步导致公众金融信心的丧失，最终导致整个金融体系崩溃。金融的全球化趋势则进一步加速一国金融危机传导至整个世界金融市场的速度。

10.3 银行业监管

10.3.1 银行业监管的概念

银行业监管有狭义和广义两种理解。狭义上，银行业监管是国家金融监管机构对银行业金融机构的组织及其业务活动进行监督和管理的总称。广义上，银行业监管不仅包括国家金融监管机构对银行业金融机构的外部监管，而且包括银行业金融机构的内部监管。世界各国的银行业监管体制可分为两种类型：第一，设立专门的银行业监管机构，将中央银行的监管职能完全分离；第二，中央银行与其他金融管理机关共同行使金融监管权。

银行业监管是一个国家金融监管体系的重要组成部分。尽管在不同的历史时期，各国金融监管的内容、手段和程度有所变化，但与其他行业相比，以银行业为主体的金融业从来都是各国监管最严格的行业。究其原因，主要是由金融业本身存在的特殊性及其在现代市场经济中的重要地位决定的。

首先，在世界经济日益全球化、资本化、电子化的今天，金融在经济中已不再扮演简单的"工具"或"中介"角色，而是积极地对各国经济起着促进甚至是先导的作用，成为一国经济发展的关键因素。因此，金融业的稳定与效率直接关系到国家经济的发展、社会的稳定乃至国家的安全。国家必须对金融业进行严格的监管，确保金融体系的健康发展和高效运作。

其次，银行等金融机构的服务主体为社会公众，其经营水平与公众对银行的信任度存在密切关系，带有鲜明的公众性的特点。相对而言，银行是一个非自由竞争的行业，具有一定的垄断性，这必然影响市场机制发挥作用。另外，出于安全或保护客户财务信息机密的需要，银行的信息披露程度较低，造成银行与社会公众存在信息不对称问题，使公众难以对金融机构的风险和业绩做出准确判断。因此，政府需要从外部对金融机构的行为进行有效监管，以调节银行等金融机构垄断带来的市场机制相对失衡的现象，减少信息不对称造成的评价及监督困难问题，达到保护公众利益的目的。

最后，金融业尤其是银行业有着特殊的风险。与一般的工商企业不同，高负债和无抵押负债经营是银行经营的基本特点，存款客户可以随时要求提兑，这种特殊的经营方式容易导致风险的聚集与放大。由于银行业风险横向传染性的存在，一旦出现挤兑现象或其他的经营危机，所危及的往往不只是单个银行，还会涉及其他银行乃至整个银行体系，引发系统性金融危机。20世纪下半叶以来，金融市场全球化以及金融创新的活跃在促进金融业迅速发展的同时，也大大加剧了金融体系的风险，并对传统的监管制度提出了挑战，对金融监管提出了新的要求。在这种情况下，国家加强对银行业的监管尤为重要，这已成为各国监管机构及专家学者们的共识。

国家金融监管机构对银行业的外部监管与银行业金融机构的自律监管是相辅相成的。国家金融监管机构的外部监管以维护社会公共利益、保障金融秩序的宏观稳定为目标，以防范和化解银行业风险为重点，在银行业监管中起着主导作用。但是，金融监管机构的外部监管不可避免地存在滞后性和监管盲区，尤其对于金融机构的某些高风险业务，如以金融衍生品为代表的银行表外业务，监管部门很难及时、有效地予以监管。因此，20世纪末以来，随着金融创新的发展对传统银行监管制度形成冲击，各国普遍重视金融机构的自律管理，通过立法要求银行等金融机构加强以内部风险控制为核心的自我监管，并制定标准指导银行对其自身风险进行内部考量与评估。由此表明，银行业金融机构的内部自律监管是对政府监管部门外部监管的必要的有益补充。

10.3.2 金融犯罪

在银行业的监管案例中，最为大众熟知的针对金融犯罪的监管就是反"洗钱"。"洗钱"指犯罪人通过银行或者其他金融机构将非法获得的钱财加以转移、兑换、购买金融票据或直接投资，从而压缩、隐瞒其非法来源和性质，使非法资产合法化的行为。

"洗钱"的方法主要有保险"洗钱"、海外投资、通过地下钱庄以及各类赌场等机构"洗钱"。

保险"洗钱"主要集中在寿险领域，尤其是在团体寿险中。不法分子通过"长险短做""趸交即领""团险个做"等不正常的投保、退保方式，达到将集体的、国家的公款转入单位账户、化为个人私款或逃避纳税的目的。

海外投资的一般做法是：进口时，不法分子高报进口设备和原材料的价格，以高比例佣金、折扣等形式支付给国外供货商，进而从中抽取回扣，并将非法所得留在国外以逃避监管；出口时，大肆压低出口商品的价格，或采取发票金额远低于实际交易额的方式，将货款差额由进口商存入出口商的国外账户。

地下钱庄一般通过多个空壳公司的名义在多个银行开设多个账户，进行造假财务报表、虚报营业额和利润等非法活动。在没有任何营业活动和收入的情况下，地下钱庄不断缴纳各种税收和保险。由于钱庄资金往来量巨大，不法分子需要频繁地进行更换账户操作，从老账户里把资金转到新账户上。

赌场是最传统的"洗钱"场所，早期不法分子团体的毒品买卖大都是采取现金交易方式，钱上往往沾有毒品的痕迹，一旦被警察抓住难以脱罪。不法分子团体成员往往选择采取将现金在赌场兑换为筹码来逃避监管。一旦输掉差不多30%的钱，不法分子就会把剩下的筹码换回现金，顺理成章地把赃钱变成"干净"的收入。与实体赌场相比，网络赌场已经成为"洗钱"的"安全天堂"。赌博网站总部大多设在有"逃税天堂"之称的加勒比地区，许多网络赌场完全规避政府部门的监管，也无须遵守国际赌场的游戏规则，它们甚至不会查问客户的身份资料。

10.4 证券业监管

10.4.1 证券业监管概念

证券业监管指一个国家对本国证券业的监督管理，它以明确其监管的目的，通过维持公平、公正、公开的市场秩序来保护证券市场参与者的合法权益，并促进证券行业不断发展。我国的证券业监管机构是中国证券监督管理委员会（简称"证监会"），该机构依据《中华人民共和国证券法》等相关的法律法规及管理办法对证券业进行监管，而不是单纯地依赖于行政命令。证监会根据证券市场的实际情况，利用经济性手段管理经济事件。同时，证监会需明确监管范围，适度行使权力，避免影响证券市场的运行效率、打破证券市场的发展平衡。

10.4.2 证券业监管的原则

为保障证券市场高效、稳定、有序、顺利地运行，围绕证券业监管的各项目标，证券市场的有效监管必须确立监管原则。除了最基本的"三公"原则（指公平、公正、公开，这是证券业监管最基本的原则）外，证券业监管还有确保投资者信心、诚实信用、依法管理的原则。

1．公平原则

公平原则要求证券市场上的参与者拥有均等的投资机会、均等的交易机会和均等的竞争机会，不存在任何歧视或特殊待遇。市场经济条件下的市场公平，在本质上反映了商品交换的等价有偿性。证券市场上，要求建立统一的市场规则，提供均等的市场机会，实现平等的主体地位与待遇，建立以价值规律为基础的证券交易形式以体现公平。公平原则的前提是信息的完全性和对称性，即所有投资者拥有同质的及时信息；公平原则的内容涉及地位公平、税负公平、权利公平、利益公平；公平的对象主要是社会公众，也包括其他市场参与主体。机会均等和平等竞争是证券市场正常运行的前提。

2．公正原则

公正原则要求证券监管者公正无私地进行市场管理和对待市场参与者。公正原则的内容包括立法公正、执法公正、仲裁公正。公正原则是有效监管的生命，是监管者以法律框架实现市场所有参与者之间的平衡与秩序的关键，并构成对管理者、立法者、司法者权利的赋予与制约。

3. 公开原则

公开原则要求证券市场上的各种信息向市场参与者公开披露，任何市场参与者不得利用内幕信息从事市场活动。这里的信息包含各种财务信息、交易信息、行为信息、政策信息乃至监管信息等与市场参与者利益相关的所有信息。公开原则是实现市场公平和公正的必要条件，也是证券法律的精髓所在。而且，公开性与信息的透明度是证券市场监管与证券市场效率之间的微观结合点。信息的公开程度与市场效率的高低具有直接的关系。因此，"三公"原则是市场经济的三大原则，是证券监管活动必须奉行的基本原则，也是各国证券市场管理的核心。

4. 确保投资者信心原则

从资金来源看，证券市场发展的关键在于投资者对市场的信心。为确保投资者信心，证券市场必须切实保护投资者的利益。由于普通投资者一般在信息和资金方面处于劣势，为消除市场竞争中的不对称性，这要求监管者致力于消除证券市场上的欺诈、操纵、信息不对称等问题，保证投资者利益免受侵害。

5. 诚实信用原则

证券监管者在制定和实施各项法律法规及规章制度时，必须以要求市场参与者达到诚实信用为原则：作为证券市场筹资者，必须真实、准确、全面地公开财务信息；作为证券市场的中介机构，在提供市场信息与服务时不得存在欺诈或严重误导行为；作为证券市场投资者，不得散布虚假信息、垄断或操纵市场价格、扰乱市场正常秩序。

6. 依法管理原则

依法管理并非否定经济调控方式和行政管理方式在一定客观条件下的必要性，而是强调以法治市的管理原则。依法管理有两层含义：一是要求证券法律、法规、制度的完善与具体；二是要求执法严格有力。一个无法可依、执法不严或以人治代替法治的证券市场必然会出现动荡甚至危机。

10.4.3 内幕交易

内幕交易是指内幕人员根据内幕消息买卖证券或者为他人提供情报的行为，这一行为违反了证券市场"公开、公平、公正"的原则，严重影响证券市场功能的发挥。同时，内幕交易使证券价格和指数的形成过程失去了时效性和客观性，它使证券价格和指数成为少数人利用内幕消息炒作的结果，而不是投资大众对公司业绩综合评价的结果，最终会使证券市场丧失优化资源配置及作为国民经济"晴雨表"的作用。内幕交易行为必然会损害证券市场的秩序，因此，《中华人民共和国证券法》明文规定禁止这种行为。

根据我国《中华人民共和国证券法》第51条规定，证券交易内幕信息的知情人包括：发行人及其董事、监事、高级管理人员；持有公司5%以上股份的股东及其董事、监事、高级管理人员，公司的实际控制人及其董事、监事、高级管理人员；发行人控股或者实际控制的公司及其董事、监事、高级管理人员；由于所任公司职务或者因与公司业务往来可以获取公司有关内幕信息的人员；上市公司收购人或者重大资产交易方及其控股股东、实际控制人、董事、监事和高级管理人员；因职务、工作可以获取内幕信息的证券交易场所、证券公司、证券登记结算机构、证券服务机构的有关人员；因职责、工作可以获取内幕信息的证券监督管理机构工作人员；因法定职责对证券的发行、交易或者对上市公司及其收购、重大资产交易进行管理可以获取内幕信息的有关主管部门、监管机构的工作人员；国务院证券监督管理机构规定的可以获取内幕信息的其他人员。

内幕信息是指为内幕人员所知悉、尚未公开的、可能对证券市场价格产生影响的重要信息。信息未公开指公司未将信息载体交付或寄送给大众传播媒介或法定公开媒介发布或发表。如果信息载体交付或寄送传播媒介超过法定时限，即使未公开发布或发表，也视为公开。内幕信息：证券发行人订立重要合同，该合同可能对公司的资产、负责、权益和经营成果中的一项或者多项产生显著影响；证券发行的经营政策或者经营范围发生重大变化；证券发行人发生重大的投资行为或者购置金额较大的长期资产的行为；证券发行人发生重大债务；证券发行人未能归还到期债务的违约情况；证券发行人发生重大经营性或非经营性亏损；证券发行人资产遭受到重大损失；证券发行人的生产经营环境发生重大变化；可能对证券市场价格有显著影响的国家政策变化；证券发行的董事长、1/3 以上的董事或者总经理发生变化；持有证券发行人 5% 以上的发行在外的普通股的股东，其持有该种股票的增减变化每达到该种股票发行在外总额的 2% 以上的事实；证券发行人的分红派息，拉资扩股计划；涉及发行人的重大诉讼事项；证券发行人进入破产、清算状态；证券发行人章程、注册资本和注册地址的变更；等等。

10.5 保险业监管

10.5.1 保险业监管的概念

保险业监管指一个国家对本国保险业的监督管理。一个国家的保险业监管制度通常由两大部分构成：一是国家通过制定保险业的相关法律法规，对本国保险业进行宏观指导与管理；二是国家专门的保险监管职能机构依据法律或行政授权对保险业进行行政管理，以保证保险法规的贯彻和执行。保险监管的内容主要有市场准入监管、公司股权变更监管、公司治理监管、内部控制监管、资产负债监管、资本充足性及偿付能力监管、保险交易行为监管、网络保险监管、再保险监管、金融衍生工具监管等。

保险业是经营风险的特殊行业，是社会经济补偿制度的重要组成部分，在保障社会经济的稳定和人民生活的安定中发挥着重要作用。保险经营与风险密不可分，保险事故的随机性、损失程度的不可知性、理赔的差异性使得保险经营本身存在着不确定性，加上激烈的同业竞争和道德风险及欺诈的存在，使得保险业成了高风险行业。保险公司经营亏损或倒闭，不仅会直接损害公司自身的存在和利益，还会严重损害广大被保险人的利益，危害相关产业的发展，从而影响社会经济的稳定和人民生活的安定。因此，保险业具有极强的公众性和社会性。国家对保险业进行严格的监管，是基于有效地保护与保险活动相关的行业和公众利益的需要。

国家对保险业进行严格的监管，也是基于培育、发展和规范保险市场的需要。由买方、卖方和中介人三要素构成的保险市场，必须经历产生、发展到走向成熟的过程，它伴随着商品经济的发展而发展。国家对保险业的严格监管有利于依法规范保险活动，维护平等的竞争环境，防止盲目竞争和破坏性竞争，促进保险市场的发育和成熟。

保险必须集合为数众多的经济单位，才能有效地分散风险，这决定了保险业具有参保人数多、覆盖面积大、涉及范围广的特点。如前文所述，保险经营具有很强的专业性和技术性，从事保险业必须符合相关专业知识的门槛要求，参加保险的一般成员往往缺乏这方面的知识。因此，国家对保险业进行严格监管也是由保险经营和保险业的技术性与专业性特点决定的。

10.5.2 虚假保险

只有购买保险的人达到保险理赔的条件，才能申请保险赔付。如果投保人故意制造意外骗取保险，那么就可能会构成犯罪，这种骗取保险赔偿金的做法就是虚假保险。骗取保险达到法定数额的，会构成保险诈骗罪。保险诈骗罪是指投保人、被保险人、受益人以使自己或者第三者获取保险金为目的，采取虚构保险标的、保险事故或者制造保险事故等方法，骗取数额较大保险金的行为。虚构保险标的是指投保人违背《中华人民共和国保险法》规定的如实告知义务，虚构一个根本不存在的保险标的或者将不合格的标的伪称为合格的标的，与保险人订立保险合同的行为。

拓展阅读

对虚假入院骗保者不妨纳入黑名单

"病人是演的，诊断是假的，病房是空的。"2018年11月14日，央视《焦点访谈》曝光了沈阳市存在民营医院通过雇"病人"虚假住院、伪造病历来骗取医保基金的行为。随着这一事件被披露，医疗机构通过"挂床骗保"套取医保基金的地下交易进入大众视野。

沈阳市两家民营医院通过雇"病人"虚假住院、伪造病历来骗取医保基金的行为并非新事，这早已成为行业内心照不宣的"潜规则"。骗保案一再发生，医保基金被不法者想尽办法不断蚕食，其间有公立也有民营医疗机构，但在巨大的生存危机下，民营医疗机构的套取和骗保行为更为突出，逐利的冲动更为强烈。在医保基金收支结构发生重大变化、而支付压力不断增加的情况下，骗保所带来的资源浪费会加剧公众的焦虑情绪。

采取虚假住院骗保属违法犯罪行为，理应受到法律的惩戒。《中华人民共和国社会保险法》规定，"以欺诈、伪造证明材料或者其他手段骗取社会保险待遇的，由社会保险行政部门责令退回骗取的社会保险金，处骗取金额二倍以上五倍以下的罚款"。《全国人民代表大会常务委员会关于〈中华人民共和国刑法〉第二百六十六条的解释》明确，"以欺诈、伪造证明材料或其他手段骗取养老、医疗、工伤、失业、生育等社会保险金或者其他社会保障待遇的，属于刑法第二百六十六条规定的诈骗公私财物的行为"。近年来，全国查处并曝光了不少典型案例，一些主导骗保的人员和机构均受到了法律的制裁，却为何依然未能从根本上遏制此类现象的发生？

一个被业内外普遍认可的判断是，相比于违规逐利所带来的好处，不够严厉的监管无以形成强大的震慑效应。处以二倍以上五倍以下罚款的行政处罚，在力度上明显达不到应有的效果，骗保者自然无所顾忌，且不会心存敬畏。一些骗保金额较大、性质恶劣且影响极坏的案例，固然也采取了严厉的措施，但较之于骗保行为的总体数量和所形成的习惯而言，极低的入刑率根本无以达到震慑作用。更何况，骗保案件频发所暴露的医保制度漏洞和治理难题，以及监管过程中存在的失职、失察、失责问题，都还需要花大力气解决。

从现有的情况来看，如果单纯依靠行政罚款等法律手段还难以对骗保行为实现根本治理，还有待于在现有的措施上，补强对违法犯罪者的"道德惩戒"。对于首次违规违法的骗保行为，且情节并不严重者，可暂停其医保定点机构的资格，给予一定的整改观察期，若整改表现突出并运行良好则恢复其资格；对两次以上违规且情节严重，或者整改效果不佳者，则取消其医保定点机构的资格并纳入"黑名单"，并按照社会诚信体系的制度要求，对主导骗保的责任人员，采取失信惩戒措施，让其承受更大的成本，除了像治理失信被执行人一样限制其应有的权利，还可以取消其在全国范围内获得医保定点医疗机构的资格，对于其从事其他生产或者市场的行为，也要进行道德风险的评估，并纳入重点监控对象范围。

正如一些专家所言，对于大多数医疗机构而言，医保定点医疗机构的资格是一块含金量十足的金字招牌，甚至直接决定着一家医疗机构的生存状况。只有让那些以骗保为生者真正失去准入门槛，连违法犯罪的机会都没有，其才会珍惜来之不易的资格，像爱护自己的眼睛一样遵守规则，严格约束自己。否则，在监督还不够严格、惩戒威力还不强大之时，道德惩戒的缺失就会让骗保行为不断循环。

10.6 金融监管信息系统

10.6.1 金融监管信息系统结构

金融监管信息系统是指通过在线实时监控的方式，将各类机构业务数据自动上传，系统化地进行信息收集、审批、数字化保存、分析、评级、预警等操作，建立金融监管部门需要的统计分析和风险预警体系，同时辅以征信评估系统、风险评估模型及大数据系统等，实现各级部门对金融行业整体运营情况的动态监管，提升非现场监管的有效性。金融监管信息系统主要由金融机构上报系统、上级部门监管系统和第三方系统构成。

近年来，中国人民银行总行及各级分支行先后开发了具有不同特点、覆盖不同业务功能的多个版本的金融监管信息系统，这些系统覆盖了机构管理、非现场监管、现场检查等金融监管的主要方面和主要环节。这些系统的推广和应用，对提高监管效率和监管质量起到了很大的促进作用。同时，通过这些系统的开发，金融监管部门基本掌握了金融监管信息系统开发的特点、难点、核心技术与方法，初步摸清了金融监管信息系统的业务需求，为我国进一步开发、完善和更新现有的金融监管信息系统打下了坚实的基础。

10.6.2 金融监管信息系统的数据来源

金融监管信息系统的数据采集是技术监管的核心，风险评估和策略规划必须依赖于大量准确的数据。金融监管信息系统有很多不同的数据来源，其中包括中央银行的数据、现场监管的报表、非现场监管的数据、上市公司披露的数据等。金融监管信息系统欲实现有效的风险评估，必须在各部门之间进行积极有效的沟通，树立统一的指标体系，使得各系统的数据口径、会计科目、报送时点保持一致，从而实现各系统的信息共享，保证数据客观、真实。

通常情况下，大多数股民判断上市公司的经济状况仅能通过其对外公布的业绩获知。倘使上市公司的披露数据存在虚假成分，普通民众难以发现或辨别。因此，金融机构发布的数据需要政府、监管机构规范监督。

10.7 P2P

2011年以来，互联网金融中P2P快速兴起。P2P（peer to peer lending），也称"点对点网络借款"，是将小额资金聚集起来借贷给有资金需求人群的一种民间小额借贷模式。2020年11月27日，时任银保监会首席律师的刘福寿在财经年会上表示，全国实际运营的P2P网贷机构由高峰时期的约5000家逐渐压降，到2020年11月中旬完全归零。

从2013年开始，P2P随着中国的金融管制逐步放开，在中国巨大的人口基数、日渐旺盛的融资需求、落后的传统银行服务状况下，这种新型金融业务有望在中国推广开来，获得爆发式增长。但仅仅7年间P2P网贷机构就全部归零，可见其对我国金融体系所带来的冲击之大。P2P退出历史舞台，促进了我国金融监管向协调和统一的方向发展。近年来，P2P行业暴露不少弊端，频繁出现非法集资、卷款跑路的问题。综合P2P跑路案例来看，其存在的风险主要来源于资金池和假标两个方面。

10.7.1 资金池风险

P2P得以在短时间内得到蓬勃发展的优势在于其将大量需要资金的人和大量有闲散资金的人的信息进行对接，实现资金的高效流转。最初P2P在美国诞生时，许多企业利用这种方式获得资金以缓解资金流的压力，个人则通过这种方式将钱出借给他人获得一定收益。P2P 运营平台通过充当信用中介完成信息匹配，发挥金融市场聚敛和配置功能，将理财需求者和资金需求者进行对接。资金池指将资金汇集到同一处。P2P 平台初创时主要以大数据为手段分析个人和企业的信用，将风险和资金进行匹配，资金并不会经 P2P 平台之手，因此平台不存在资金池风险。

在 P2P 平台的资金池来源如下：第一，投资者的钱在流向借款者过程中，由于监管政策在当时尚未落地，资金并没有马上流向借款方，存在一部分资金在平台上逗留的情况，这形成一段时间内的资金池；第二，融资者获得的利息并不会实时结算，其中产生的利息时间差也会形成一定的资金池；第三，P2P 平台通过设置虚假借款项目获取投资人的资金，将其进行再投资或个人的物质享受，也会形成一定的资金池。由于当时关于 P2P 平台的监管政策尚未落地，许多虚假借款项目难以辨别、核实。

10.7.2 假标风险

假标风险指的是 P2P 平台通过设置不存在的虚假项目以谋求不法利益。假标设置的动机主要有 4 个。

（1）金融诈骗。如果一个平台通过谎称存在大量的需要资金的借款人以及所谓的借款项目的话，那么平台投资者的钱会因此失去保障。作为资金出借方，对平台上发布的资金需求方的身份证明、企业的法人证明以及贷款的理由都无法核实，仅能依靠信任平台的审核，这使得不少 P2P 平台打着借款人的幌子卷款跑路。例如，2014 年 2 月份上线、仅 4 个月后就发生跑路事件的 P2P 平台"网金宝"，即为金融诈骗类型的典型案例。

（2）庞氏骗局。庞氏骗局可简要理解为借新还旧。一般发生在对借款进行本息担保但不进行资金托管的平台，由于风控缺位或坏账率高的窘况使得平台只能以借新还旧的形式存续。平台为了借新往往采取虚构借款标的的方式，以防止出现资金链断裂的状况导致平台破产。例如，"东方创投"和"网赢天下"两家 P2P 平台，即为庞氏骗局类型的典型案例。

（3）假标自融。假标自融指 P2P 平台资金没有流向真实借款人，而是流向了平台本身或股东，用于平台、股东的自有企业或偿还债务等。通常来讲，自融的标的为虚假标的，利息高、期限短，标的信息不透明、相对简单或彼此雷同。假标自融是 P2P 网贷平台底层资产不透明的典型表现，如果 P2P 平台涉及假标自融，一旦资金链断裂，平台无法再继续经营下去，就会出现卷款跑路等问题。例如，"里外贷"的 P2P 平台，其自融的代收本息达到 9.34 亿元，为假标自融的典型案例。

（4）虚增人气。虚增人气主要是一种营销手段，一些平台为了维持或提升人气，在缺乏优质投资项目的情况下会设立假标，由此背负了偿还利息的压力。很多 P2P 平台通过在网站上设立虚假的标的，使平台呈现出经营状况良好、投资火爆的假象，以吸引那些不知情的投资者参与投资。

10.7.3 完善 P2P 平台的监管

针对 P2P 平台资金池风险和假标风险，我国开展了一系列专项整治工作。截至 2020 年 11 月中旬，全国实际运营的 P2P 平台已经完全归零。后续也还需要国家继续完善对网贷行业的监管，通过规范纠偏、正本清源，进一步净化市场环境，建立行业长效规范机制，最终形成规范创新兼顾发展的良性循环。

首先，P2P 平台的监管要明确一个原则，即设置准入门槛。金融业务具有的特殊性，决定了金融机构要有高效的准入门槛。此外，由于 P2P 平台的定位是一个中介平台，因此必须确保其具有良好的信誉度。我们可以从以下 3 个方面来评估其信誉度。

（1）明确 P2P 网络借贷企业的出资人资格。例如，平台出资人的身份筛选，平台财务状况的监控，平台的社会信誉、资产是否达标以及是否有违法记录。

（2）明确 P2P 网络借贷企业的注册资本要求。P2P 平台的注册资本应高于公司法的最低标准，并且要求应属于实缴资本，通过这种方式减少 P2P 平台卷款跑路的可能性。

（3）统一 P2P 网络借贷企业的法律地位。P2P 网络借贷平台必须统一注册身份，规范业务范围，从而禁止平台变相开展吸收公众存款、私募、小额借贷等业务，避免资金池被滥用。

其次，建立第三方托管的机制。例如，将 P2P 企业的自有资金和客户资金进行有效的剥离，双方之间建立起防火墙；也可以从美国最初的 P2P 平台那里学习经验，平台不经手资金，只进行信息的交换和匹配。但是信息的交换和匹配对技术提出了较高要求，因为需要第三方的大数据和完备的算法作为基础支撑。

再次，规范 P2P 平台的经营范围和行为。例如，禁止平台将自有资金进行放贷，使其不能成为自由放贷的主体，放贷资金仅来源于这个平台上注册的放款人。除此之外，也要禁止这类平台以自身作为担保。因为平台自身作为担保不能够保证兑付，一旦平台跑路，损失追回的可能性极低。

最后，建立网贷的征信系统。通过 P2P 网贷的行业协会组织打造征信体系，实时监测借贷双方的信用水平以降低坏账风险，维护良好的 P2P 信用环境。

10.8 互联网金融的风险

互联网金融的本质还是金融，金融是互联网金融的核心，互联网作为一个载体，能够加速金融业的进步和发展。互联网金融作为一种金融的创新，还同时伴随着金融的风险。互联网金融又由于其具有的创新性、综合性、复杂性等特征，使得这种风险被放大，从而变得更为复杂。

互联网金融主要存在以下 4 种风险。

1. 内部对风险的控制制度是否健全

第一种互联网金融风险来自部对风险的控制制度是否健全。不论非金融机构还是互联网金融机构，这些新兴的行业大部分仍存在内部对风险的控制不完备的情况。大量资金在机构里流动时，机构若缺乏完备健全的制度进行管理，容易导致风险积聚，增加机构财务状况的脆弱性。

2. 机构的法律定位不明

第二种互联网金融风险是机构的法律定位不明。大量的互联网金融机构由互联网企业拓展业务发展而来，这些互联网企业原本并不是金融机构。为大众所熟知的一个例子是支付宝，它建立的初衷是为解决支付和交易里信息不对称问题。但当支付宝的资金积累得越来越多，其体量足以跟一个金融机构相比的时候，它从事的业务开始转变为经营银行支付结算等业务。支付宝的金融风险同样不亚于一家传统的金融机构，由于互联网的特性，它的风险相较于其他的金融机构更难以把控。支付宝里面的资金流动游离于监管之外，并不一定受到反"洗钱"系统的监控，故而会产生额外风险。

3. 资金管理

第三种互联网金融风险是资金管理。例如，非存款金融机构的货币市场基金如余额宝、招财宝等金融产品，里面存在大量资金流动，它的体量与一个金融机构相当。我国最近几年颁布的一系列政策法规，包含非金融机构从事支付的管理办法，要求这些机构必须具备金融业务经营许可的牌照等，这就是对这些在传统金融机构之外的资金流动进行管理，防控风险。

4. 互联网金融的其他风险

首先，互联网金融存在技术层面的风险，例如信息泄漏、身份识别、信息掌控、信息处理等方面存在的风险。其次，互联网金融存在资金交给第三方存储托管时资金安全、资金风险两方面的问题。再次，互联网金融存在操作方面的风险。由于技术方面和系统方面的问题，操作也可能引发一系列风险。例如著名的光大证券"乌龙指"事件。若技术和系统方面存在潜在风险，容易进一步引发人为的操作和程序上的操作风险。

互联网金融并没有脱离金融的本质，因此它可能发生的风险不仅是互联网方面的风险，更有可能发生金融方面的风险。信用风险、流动性风险以及法律政策风险，这几个方面的风险是金融领域普遍存在的风险。信用风险牵涉到卷款潜逃的风险；流动性风险牵涉到金融机构之间资金运作，具体表现为是否具有足够的流动性，流动性过高会导致资金运作效率低问题，流动性过低会导致无法按时偿还到期债务引发破产的风险；法律政策方面的风险则是对金融的业务、互联网方面的业务存在管理风险。

金融行业简单来说是权衡管理时间、风险和收益之间关系的行业，所以风险在整个金融行业里是不可避免的。投资学中将风险进一步分为系统性风险和非系统性风险。系统性风险指国家因多种外部或内部的不利因素经过长时间积累没有被发现或重视，而在某段时间共振导致无法控制的风险，这种风险的发生使金融系统参与者恐慌性出逃，造成全市场投资风险加大。系统性风险对市场上所有参与者都有影响，无法通过分散投资加以消除，包括政策风险、经济周期性波动风险、利率风险、购买力风险、汇率风险。非系统性风险指发生于个别公司的特有事件造成的风险，由于个别公司的个股自身的因素引起个股价格变化，由于这种变化导致个股收益率的不确定性。

互联网金融的整体风险可控，尤其是系统性风险是可控的，且发生系统性风险概率较低。第一，互联网金融更多是在理念和思维模式层面上的变化，并不是业务模式或金融模式的改变。例如，众筹通过互联网将居民的储蓄聚集起来转换为企业的投资，在金融的本质上并无区别。第二，互联网金融正在起步阶段，整体的规模仍相当有限，其中各种具有代表性的业务模式对传统模式尚未形成较大的冲击，其整体的影响是有限的。第三，中央银行对互联网金融的监管仍在可控范围内。例如，规模较大的第三方支付，已经被纳入监管体系之中，风险得到了较好的控制。第四，互联网金融发展有特定基础，且长期看来，其具备的特殊性将逐渐弱化。随着各种金融行业的互联网化，互联网金融将不再是特殊的名词。

10.9 风险控制——征信

互联网风险和信用密切相关。金融机构贷款给借款人时，需要考虑还款意愿和还款能力。根据借款人的还款意愿和还款能力，金融机构会赋予借款人一定的信用额度，同样借款条件下，信用水平越高的个体拒绝还款的风险相对越低。但是，风险并非绝对的、单一的，信用是在一定条件下被评估的，征信则是为了将信用评估中的信息不对称性降低到最小。贷款方和借款方之间的信息通常情况下并不处于完全对称的状态，当存在信息完全对称时称为信用准确。

互联网征信对互联网金融风险控制具有十分重大的意义。互联网征信在贷前风险评估预测、贷后风险监测等流程中参与风险管理过程，不仅减少了互联网金融集中爆发危机的风险，而且还扩展了互联网金融的服务项目，为其更快发展提供了可能。

10.9.1 定性信用风险决策

征信的第一个阶段是定性信用风险决策。审贷过程是一种定性信用风险决策，根据放贷人的经验和对借贷人的了解，经由人工完成。这种定性的决策方式，缺乏客观统一的标准，发放贷款的决策权依赖于信贷员个人经验，而且决策效率低，审贷不具备客观性和科学性。

事实上，在中国的传统社会中，借钱与否往往是根据熟悉的程度和人情关系的亲疏。一方面，出借对象通过对借款对象基本情况的了解可以简单判断其偿债能力；另一方面，考虑到情理的因素，借钱的一方一般不会抵赖款项。

10.9.2 局部风险量化分析

1956年信用评估公司费埃哲（FICO）成立，来自斯坦福大学的工程师威廉·费尔（William Fair）和数学家厄尔·艾萨克（Earl Isaac）将数学分析模型与工程实现整合，开发了一个量化评分系统。利用FICO评分模型，银行等信贷机构可以进行自动化的批量审贷，增加了信贷的可获得性，减少了违约率，引领了消费信贷的第一次革命。

FICO 系统主要包含 5 类因素。第一类是客户的信用偿还历史，即客户过去是否存在借款记录以及还款情况；第二类是客户的信用账户数；第三类是客户的信用使用年限；第四类是客户使用的信用类型；第五类是新开立的信用账户。这 5 个要素的权重有所不同，例如，信用偿还历史占比最高，达到 35%，账户数占比 30%，使用年限占比 15%，而信用类型和新开的账户均是 10%。

FICO 的评分系统得出的分数在 300～850 分之间。银行出借贷款时，一般会将 FICO 评分作为决策的参考。事实上，利用 FICO 的模型，大量金融机构可以进行自动化的、量化的审批贷款，提高了信贷的可能性，也降低了违约的概率。目前，绝大部分的美国金融机构仍参考 FICO 模型作为发放贷款的依据，可见该模型的重要性。

但是，FICO 模型的参考变量只有不到 50 个，随着使用年限的增长和数据的积累，容易引发逆向选择的问题，即客户可通过对 FICO 变量的熟悉，利用这个模型进行套利，以增加自己的信用评分。其次，由于仅仅使用内部的数据建立 FICO 个人评分模型，FICO 模型在解决信贷交易双方信息不对称的问题上作用有限。

10.9.3 全局量化风险分析

征信的第三阶段起源于 20 世纪 80 年代，征信机构益博睿（Experian）收集了不同信贷机构个人消费者的信贷信息，形成了消费者的全局信息。不同的信贷结构之间可以共享全局信息，能够全面地了解不同消费者的信用状况，更好地解决了信息不对称问题，促成了信用风险管理的又一次革命。但也存在部分消费者由于信贷信息的缺失，无法享受信贷机构的正常服务的现象。该阶段的征信通过全局量化分析风险，也被称为大数据征信。大数据征信指利用海量数据分析个人的信用风险，通过分析大量的不同方面的数据，如行为数据、背景数据等，利用模型分析个人的用户画像，从而更全面地识别其信用风险。

目前，数据库技术、互联网技术、云计算与物联网技术的突飞猛进，使人类社会进入了大数据时代，更高维度的数据和不同层次的数据都用于信用评分模型建设，挖掘数据潜在的价值。各种机器学习的算法和模型被广泛地用于企业信用风险评估中，以全样本为对象进行如因素分析、判别分析、分群分析、决策树、类神经网络以及规则归纳等实验。高凌菁、邱志洲等将分类回归树模型应用于个人信用评估，准确率达到 92.9%，结果优于判别分析、Logistic 回归、SVM 等方法。奥尔特曼（Altman）使用人工神经网络（ANN）模型对企业信用进行评估，用于预测企业资金的窘迫程度，并与 Logistics 回归模型进行比较分析，结论是 ANN 模型以 92.8% 的判别度优于其他模型。

以美国金融科技公司 ZestFinance 公司为例，在 ZestFinance 的大数据模型中，包含 3500 个数据项。从中提取 70000 个变量，利用 10 个预测分析模型进行集成学习或者多角度学习，进而得到最终的消费者信用评分。ZestFinance 的数据源即大数据，进而生成数以万计的风险变量，将其分别输入不同的预测模型中，例如欺诈模型、身份验证模型、预付能力模型、还款能力模型、还款意愿模型以及稳定性模型等，每一个子模型都从不同的角度预测个人消费者的信用状况，克服了传统信用评估中单个模型考虑因素的局限性，使预测更为精准。

10.10 大数据征信的实践

大数据背景下，征信市场参与主体不断增加，市场竞争日趋激烈。传统的征信机构对于大数据征信的态度比较谨慎，以研发为主，逐步推进；而新兴的互联网金融公司较为激进，直接利用大数据技术替代传统征信技术进行信用风险评估。在传统征信机构方面，全球最大的个人征信机构益博睿已开发出跨渠道身份识别引擎，连接客户消费接触点。该公司多年前就投入研发社交关系数据，并探究互联网大数据对征信的影响。全球第二大征信机构艾克飞（Equifax）通过构建数据创新团队和收购中小型 IT 高科技公司来为大数据产品和服务的研发布局。

10.10.1 Kabbage 公司

Kabbage 公司于 2009 年成立，是第一家将社交网络的数据引入信用分析、评价的金融服务机构。它的平台业务对象主要是中小型企业，其中占比最高的是网商。这些网商在 eBay、雅虎、亚马逊等电商平台上开店，这类主体对于资金需求的特点为周期短、金额小、时间急。但是，这类主体往往运营时间短，还款能力和还款意愿模糊，同时对于承担抵押个人资产的风险存在抵触情绪，所以这类主体存在融资难的窘境。基于 FICO 存在的种种缺陷，Kabbage 公司很好地进行了补充。Kabbage 公司针对资金需求急且规模小的人群，通过分析相关的网络数据，更快地提供贷款，宣称"7 分钟能放贷"。

Kabbage 公司的成功很大程度上取决于数据来源。Kabbage 公司主要的数据来源可分为 4 类。第一类是信息流，来自 eBay、亚马逊等电商平台；第二类是现金流，来自 PayPal 在线支付平台；第三类来自物流，如美国联合包裹运送服务公司提供的物流数据；第四类为社交网络数据，同时，一些线下商家的小记账软件也可以囊括在内，如 QuickBooks 等。这些数据来源于第三方，通过共享授权关联的账户实现。通过数据标准化、时间序列化等手段，经过互联网传输到 Kabbage 数据分析中心，Kabbage 公司基于这些数据将用户进行分类、分析并进行信用评价。

Kabbage 公司信用分数的运算与传统的信用运算方法不同，使用 FICO 系统银行要求必须将所有的资料收集完备，而 Kabbage 公司不要求收集所有的数据。由于 Kabbage 收集的信息来源于多个方面，因此即使存在信息缺失仍然可以较好地描述个人的信用水平。描述信用水平的信息多元化及信息挖掘模型的深化，是 Kabbage 公司和传统的金融机构之间的主要差异。这种差异使得金融机构能在短时间内把资金出借给需要资金的人，对于中小企业的发展十分有益。

由于数据和算法的优势，Kabbage 公司信用分数的运算具有不可复制性。它具有网上拍卖和交易场所环境下提供流动性贷款方法的相关专利，通过独创的专利保护难以被其他机构复制。

Kabbage 公司的主要业务是提供规模较小的资金，大多是 500 美元到 4 万美元不等。多数贷款期限较短，最长的不超过 6 个月。因此，Kabbage 公司的资金具有周转速度快的特点。除上述优势之外，Kabbage 公司相比于传统机构还具有两大明显优势。第一，Kabbage 贷后管理能力强大。通过大数据挖掘之后，机构不仅可以对客户历史的数据进行分析，还可以对客户现在的数据进行实时分析，这是使用 FICO 的方法或者原来的方法不能实现的优势。Kabbage 公司贷后的管理能在把钱贷给客户之后，通过实时分析资金流向、销售情况等，在第一时间对资金紧张的客户做出预警。这是传统的模式很难做到的，也是大数据和互联网带来的巨大改变。第二，Kabbage 公司的运营状况相比传统征信机构更为健康。Kabbage 公司的坏账率只有 1% 左右，而同期的美国银行业整体坏账水平在 5% 到 8%。

10.10.2 芝麻信用分

我国最著名的征信机构是蚂蚁金服，芝麻信用分是蚂蚁金服旗下芝麻信用对海量信息数据的综合处理和评估。芝麻信用分是国内第一个个人的信用评分系统，其原理基于互联网的大数据、交叉复线的技术，通过多种数据模型来描述个人的信用状况。

芝麻信用分主要考虑的有 5 个方面。第一是个人的信用历史，包括还款记录及信用账户历史；第二是个人的行为偏好，芝麻信用分主要分析用户在购物、缴费、转账、理财等活动中的偏好及稳定性；第三是个人履行约定的能力，即是否具有稳定的经济来源和个人资产；第四是身份特质，在使用相关服务过程中留下的足够丰富和可靠的个人基本信息；第五是个人的人脉关系，与 Kabbage 公司类似，通过好友的身份特征以及跟好友互动程度对人脉关系评分。这 5 个维度构成了芝麻信用分的评分系统，将 5 个维度进行加工之后，通过模型分析，得到最终的个人信用分数。个人的信用分数除了运用在征信方面，也在其他方面有所作用，如购买保险的赔付额度等。

芝麻信用分的数据来源主要有以下几方面。

第一方面是阿里巴巴集团下面的交易平台的数据。淘宝、天猫等平台注册的实名用户超过 3 亿人，并且有超过 3700 万户的小微企业在平台进行交易。其中的交易额、交易频次对互联网、甚至实体经济具有相当大的影响，几乎涵盖了各个行业，而且它能够把业务遍及每个省、每个市、每个县、每个村，从而将用户的信用和整个国家所有行业中与用户有共同特征的人的信用进行横向比较。

第二个方面是蚂蚁金服采集到的互联网金融数据，包括支付宝、余额宝、蚂蚁微贷等平台采集到的个人信用数据，这些数据具有排他性，同时也极其优质，涵盖了大量资金需求者的借贷信息。

第三个方面是外部机构提供的数据，如公安机关、工商局、税务机关、法院等政府机构数据。此外，还有国内外一些主流平台同蚂蚁金服达成了数据交换的协议，也为芝麻信用分的计算提供了数据。

第四个方面是用户自愿提供的信用数据。如个人向平台提供的手机号、职业、年龄等信息。这些情况是用户自己提供的或者是通过授权平台传输给平台的，除此之外一些社交媒体访问的信息也包含在内。

以上数据是芝麻信用分计算的重要依据。芝麻信用分的数据来源广、种类丰富、时效性强，涵盖了个人在社会活动中的多个方面，如个人网购、信用还款、理财状况、租房，以及个人社交信息等，多方面的信息能够很好地描述个人的信用水平。

10.10.3 传统银行征信发展趋势

随着互联网的发展，网络上产生了大量与个人征信相关的数据，大数据征信的出现也减轻了征信体系不发达的问题。大数据征信利用互联网协助信用的判断，满足了互联网金融新业态身份识别、反欺诈、信用评估等多方面征信需求。传统银行征信与大数据征信具有较大差异，其征信发展趋势值得探讨。

一般而言，互联网征信的思维和传统金融机构征信的思维具有较大差异。前者是注重个人的历史交易记录和信用记录，即使在没有任何的资金、资产或者实物的情况下，个人也有可能借贷到一些资金。而后者是注重当前的实际拥有量、当前的资产和可变现的凭证，并以此为依据进行信用审核和放款。

传统的银行具有大量优质数据，因为银行运营时间长，积累了大量个人资产的数据，这能直观体现一个人的偿债能力。对于银行而言，虽然拥有庞大的客户交易数据库和资金数据，但是对于数据的使用仍需进一步探索。首先，银行的数据具有信用评价里面最核心的数据，即个人的资产状况及是否有不良记录，但是现在银行系统的瓶颈为原有的传统方法不及互联网金融的大数据征信方法有效率、风险低。其次，数据的比对分析及交叉验证能够使大数据征信更为完善。最后，银行试图提升在互联网金融领域的产品研发、布局基础性架构能力。银行、证券、保险是整个传统金融体系的核心，互联网金融虽在模式上有所创新，但是在根本上没有动摇金融的理论和业务的本质。

虽然 Kabbage 公司、芝麻信用分能很好地解决一些问题，但是一旦涉及大额资金的借贷，银行传统的方法更具优势。大额资金的借贷不能仅考虑描述某个人的状况，而需要考虑这个机构的整体状况。因此，传统的金融征信的方式或是 FICO 的方法，仍具相当大的应用价值。

传统的金融机构是整个金融业的主体，其多年积累下来的经验和数据被证明是行之有效的。同样，如今新兴的互联网金融开发的新兴风险控制方式、征信模型，也具有借鉴意义。传统金融机构与互联网金融机构之间不应是完全对立的关系，二者未来的发展方向很可能通过取长补短，最终走向融合。

拓展阅读

近年来，互联网金融在我国呈现出快速发展态势，对促进传统金融业务转型升级、解决小微经济体的融资难和融资贵问题、促进普惠金融发展以及金融民主化发挥了积极作用，同时也在当前复杂经济形势下暴露出许多问题和风险隐患。例如：一些平台销售理财产品不当，致资金链断裂、卷款跑路事件时有发生；部分小额贷款公司、民间借贷公司打着互联网金融的旗号进行"庞氏融资"等。因此这些金融机构要坚持初心使命，坚持合规经营，树立诚心意识，恪守职业操守，理性看待市场风险。我国对互联网金融的态度从鼓励到严格监管，在新一轮严格监管趋势下，我国互联网金融机构需要牢牢把握市场诚信、公平竞争和互联网金融消费者权益保护三大监管目标。

课堂练习

一、判断题

1. 狭义的金融监管是指金融监管机构，包括中央银行和其他金融监管部门，根据法律对整个金融业进行监管。（　　）
2. 金融监管的监管效率非常重要，我们要不惜一切代价去监管。（　　）
3. P2P平台的准入门槛不高，平台可以用自身提供担保。（　　）
4. 美国2001年的"安然事件"是运用舆论进行监督的经典案例。（　　）
5. 内幕交易的动机可以追溯到现代企业制度中的经理人制度。（　　）
6. "一委一行两会"指国务院金融稳定发展委员会、中国人民银行、中国证券监督委员会、中国银行保险监督管理委员会。（　　）
7. 内幕交易是指获悉未公开且后来证实足以影响股票或其他有价证券市价的消息后，进行交易，并有成比例的获利发生的行为。（　　）
8. "洗钱"是指将违法所得通过各种手段进行掩饰，比如隐藏它的来源、隐藏它的性质，进而把这些有问题、来历不明、不合法的资金变成合法收入的过程。（　　）
9. P2P平台的风险来源主要是资金池风险和假标风险。（　　）
10. "汪建中案"是国内关于"洗钱"的经典案例。（　　）

二、选择题

1. "汪建中案"中不涉及的金融监管手段是（　　）。

   A. 法律手段　　　　　　B. 行政手段
   C. 经济手段　　　　　　D. 文化手段

2. 以下属于证券业监管问题的是（　　）。

   A. "洗钱"　　　　　　　B. 内幕交易
   C. 虚假保险　　　　　　D. 资金池

3. 以下属于银行业监管问题的是（ ）。
   A. "洗钱"   B. 内幕交易
   C. 虚假保险   D. 资金池

4. 以下属于保险业监管问题的是（ ）。
   A. "洗钱"   B. 内幕交易
   C. 虚假保险   D. 资金池

5. 监管信息系统的数据来源不包括（ ）。
   A. 个人提交的数据   B. 现场监管的报表
   C. 非现场监管的数据   D. 上市公司披露的数据

6. P2P平台扩张需要资金支持，产生了向客户融资的动机，这属于假标风险动机中的（ ）。
   A. 增加客户对平台的信任   B. 自融
   C. 增加客户对平台的黏性   D. 虚增人气

7. 下列不属于金融机构行业监管的是（ ）。
   A. 证券业监管   B. 银行业监管
   C. 保险业监管   D. 经济发展监管

8. 在当前的市场经济下，金融监管的方式不包括（ ）。
   A. 中央银行的外部监管   B. 金融机构的自我管理
   C. 社会监督   D. 竞争对手举报

9. 资金池的来源不包括（ ）。
   A. 投资者充值   B. 融资者付息
   C. 假标及做市商模式   D. 平台自有资金累积

10. 不属于完善P2P平台监管的措施是（ ）。
    A. 设置准入门槛   B. 规范经营行为
    C. 放权平台自我监管   D. 建立网贷征信系统

三、材料分析题

陆金所，全称为上海陆金所信息科技股份有限公司，注册于2011年，是中国平安保险（集团）股份有限公司用来拓展互联网金融市场建立的第三方线上投融资平台。作为综合性网络投融资平台，陆金所建立以来，发展势头迅猛，注册用户突破了4000万人次，活跃投资用户达1117万，管理贷款余额3750亿元，累计借款人1028万人，可见在总交易量、平台总交易规模以及借贷人数方面，陆金所在整个P2P行业占有举足轻重的地位。中国平安保险集团发表的2017年经审计的业绩报告中数据显示，旗下陆金所控股首次实现全年整体盈利。该财报中并未披露2017年详细的盈利数据，但经专业人员分析，陆金所收益主要来源于信息服务费、担保费、债权转让费、广告收入。

陆金所风险管理状况：网贷天眼发布的《2018年网贷行业报告》中数据显示，2018年下半年网贷平台频发暴雷现象，并且相关监管部门加强管理力度等各种因素在很大程度上加速了网络借贷平台的洗牌，截至2018年底，存在跑路、提款难等问题的网贷平台累计6678家，2018年网贷行业交易规模呈下降趋势，打破了连续5年大幅上涨势头。2018年年底，业内预测，2019年网贷行业由于合规的持续深入会进一步缩小规模，P2P网贷平台想要安全挺过寒潮，提高自身的抗风险能力是首要之急。进入2019年，网贷平台逐步实现"去担保化"已是定数，借款人在选择投资平台时，相比于高回报高收益的诱惑，更看重的是能否保证财产安全，各个网贷平台之间的竞争已变成了风险控制的竞争。而陆金所的风险管理一直是国内绝大多数网贷平台的学习标杆。

思考并讨论，完成以下题目：
陆金所管理经营模式对于我国其他网贷平台的启示有哪些？

参考答案

一、判断题

1~5 √ × × √ √

6~10 √ √ √ √ √

二、选择题

1~5 BBACA

6~10 BDDDC

三、材料分析题

（1）提高自身金融产品的创新能力，更好地满足客户需求。

随着国人互联网金融理财意识的加强，投资者对网络借贷平台的金融产品多样性提出了更高要求。对此，各平台应该不断利用先进数据分析手段，着力在收集客户消费爱好、投资习惯风险承受能力等信息时，对金融产品进行全方面的细化，主动为各式各样的投资者设计专属金融产品，从而增强客户黏性，提高平台盈利能力。

（2）平台运作规范化，推进网贷平台合规发展。

当时我国各网贷台缺乏辨别融资者风险的行业标准。当融资者申请借贷时，大多数网贷平台由于经验、资金、时间不足，为了不影响盈利水平，就选择凭借自己的经验来决定是否放贷以及贷款金额。因为借贷双方之间的信息不平衡，投资者对于借款者的个人信息所知甚少，缺乏判断风险的能力，再加上这样主观性太强的平台决策结果，会增大投资者的坏账风险。对此，网贷平台应该建立一种良性运作体系，增强借贷双方信息透明度，让投资人可以对于投资收益进行自主判断并且能够及时识别、规避风险。同时，各平台应当根据自身业务特征，设计严谨的借款人审核标准，对借款人加大审核力度，从而推进整个网贷行业持续健康发展。

第 11 章

大数据、物联网、云计算在金融领域的应用

知识目标

（1）了解大数据的特点、发展趋势及应用。
（2）了解云计算的特点、技术、应用和发展趋势。
（3）了解物联网的特点、技术及在金融行业的应用。
（4）理解大数据、物联网和云计算之间的关系。

素质目标

树立合规经营的正确理念。

互联网金融

案例导入

大数据和物联网应用实例

大数据杀熟

"非常奇怪！明明使用同一款旅游应用程序搜索同一家酒店，我和女朋友的手机显示出的价格为什么会差这么多呢？"高先生向记者详细地讲述着他的遭遇。

原来，高先生经常使用某款旅游应用程序预订酒店，前几天他突然发现，使用不同手机搜索到的酒店价格也是不同的。他对记者说道："我老婆不常使用这款应用程序，前几天我试着用她的手机搜索了同一家酒店，却发现她搜索到的价格要比我搜索到的低很多。这分明就是平台知道我的使用习惯，所以故意利用'大数据杀熟'嘛！"

所谓"大数据杀熟"，是指同样的商品或服务，老客户看到的价格反而比新客户要贵出许多。

物联网：创建更智能、更高效的城市

据互联网数据中心预测，2025年全球物联网设备数量将达到1000亿台，超过70%的数据和应用将在边缘产生和处理，而智能边缘计算技术的最新研究、技术进展和产业应用，正在助推机器人、物联网、智能制造以及在线应用等产业实现智能变革。

物联网最有前景的用例之一是创建更智能、更高效的城市。这一应用可以优化公共能源网格，以平衡工作负载、预测能源激增，并更公平地向客户分配能源。密集城市环境中的交通系统也是如此，交通信号灯可以同步，以适应实时交通状况。在紧急情况下，急救人员可以与红绿灯进行通信，以改变信号灯颜色。其他应用会对停车场进行数字跟踪，将可用车位的信息自动推送给寻找停车位的驾驶员。

（资料来源：https://baijiahao.baidu.com/s?id=1678075189722829730&wfr=spider&for=pc、http://www.elecfans.com/d/1256777.html，有删改）

11.1 大数据的定义与特征

11.1.1 什么是大数据

大数据是一种规模巨大的数据集合，它的获取、存储、管理、分析方面的能力都远超传统数据库。

11.1.2 衡量大数据的6个指标

大数据有6个衡量指标。第一，容量大。数据容量的大小决定了数据本身的价值和它包含的潜在体系。第二，种类多，数据类型多样。大数据的数据来源有多个方向，如用户个人的交易特征和支付信息等，这些都是互联网金融里蕴藏的不同数据来源。第三，数据采集速度快。为了保证数据的实时性，大数据对于日常信息和交易数据的采集速度很快。第四，可变性。大数据的可变性直接妨碍数据的处理以及数据的有效管理过程，所以数据的可变性很大程度上能够衡量数据的有效性。第五，真实性。数据的来源必须真实，数据必须能够反映用户个体的特征、用户交互的特征、用户支付信息的特征等。第六，复杂性。大数据的数据量比较大，来源渠道广，因此需要对复杂的数据进行处理和分析等。

11.1.3 大数据的特征

大数据有4个特征。第一，数据规模大。第二，数据具有快速流转和存储的能力。第三，数据来源多样、类型丰富。第四，单位数据价值较低，数据的价值来自对数据的深度挖掘分析。

11.1.4 大数据的发展趋势

近年来大数据的发展速度很快，受到广泛关注。很多互联网金融的业务都来自大数据，它们的数据来自对用户个体信息和交易信息的收集分析与处理，以此得出对用户个人信息的判断。

大数据在逐步成熟的过程中有8个明显的发展趋势。

第一个趋势为数据资源化。数据是企业的固有资源和企业运营的保障。金融业和证券业每天都会产生大量交易，这些交易涉及的支付信息、个体信息等都会成为互联网金融的数据。

第二个趋势为大数据和云计算深度结合。大数据的来源和规模大，如果还依靠原有的技术架构，服务器的容量会远远不够，这种情况下大数据必须与云计算进行结合。因此，大数据和云计算从存储、计算到分析的各层面进行深度结合是大数据发展的第二个趋势。

第三个趋势为大数据需要配合数据挖掘。要完善这一步需要在数据收集、存储、分析和协同计算领域有所突破。

第四个趋势为数据联盟成立。在数据资源化的趋势之下，各个行业和供应链上下游的数据集合建立数据联盟，会更加突出数据的价值。

第五个趋势为数据泄露的风险增加。大数据的数据来源多样，对数据进行处理时，其中任何一个环节都有可能出现数据泄露的危险。大数据的安全越来越成为各个研究部门和技术部门关注的问题。

第六个趋势为数据管理成为核心竞争力。对于资源化的数据，管理和利用数据的能力将会成为企业活力与核心竞争力的重要象征。

第七个趋势为数据质量成为商业智能（BI）成功的关键。因为大数据的数据来源和类型多，所以规划存储这些数据的方式一定程度上代表了数据质量，也代表了数据的价值。

第八个趋势为数据逐步整合或为一个新的生态系统。从网络上获取的数据可能会反映出这些数据之外的信息。从收集得到数据到分析发掘数据的过程将被视为一个完整的生态系统。

11.2 大数据的应用

11.2.1 大数据在银行业的应用

大数据在银行业的应用大体上可以分为以下4种。

第一个应用为客户画像。大数据可以对银行客户进行个性化刻画，即对银行的客户形成基本的描述，包括个人基本信息、用户特征、产品关注、收入状况、理财状况等，客户画像就是对以上信息进行基本刻画得出的结果。

第二个应用为精准营销。银行利用大数据收集用户的基本特征，为客户匹配到适合的银行理财产品、投资方式及适当的贷款额度等，根据用户信息进行个性化推荐的过程即为精准营销。银行也可以对用户使用资金的全过程进行管理，在各个阶段精准地为其推荐个性化的产品。

第三个应用为风险控制。银行对个人交易信息和信用数据进行分析的过程存在一定风险。以往数据分析的数据来源是银行内部、证券内部或其他公用部门的内部交易数据，而进入大数据时代之后，则是通过互联网采集更多方面的数据，来提升对于用户的分析水平，如退货率、差评率等，这从一定程度上反映出用户个人的收入水平和性格特征。由此看出，信用评估风险控制能够利用大数据，其中包括对个人信用的评估、对企业贷款风险的评估、对实时交易中欺诈风险的评估及对于某些重点账户进账出账业务的监管等。

第四个应用为银行的运营方面。目前银行各部门的多级定价规则，是银行对其用户使用习惯进行数据分析后，对不同用户总结制定的不同的定价规律。这是利用大数据指导银行对市场、渠道、用户、产品进行分析优化，进而对银行的整个运行过程优化，提升银行运营能力的应用。

11.2.2 大数据在保险业的应用

大数据在保险行业也有许多应用。首先，大数据可以对保险产品进行精细化的营销，包括用户的细分、潜在用户的挖掘、用户流失原因的分析、保险用户社交群体的关联以及对其客户精准的营销等方面。其次，大数据还可以促进保险行业的运营。大数据通过收集大量用户数据帮助保险行业分析运营情况，以进行产品优化和对代理人、经纪人进行科学有效的分级管理。最后，大数据可以帮助保险业进行欺诈分析。理赔是保险行业日常业务中非常重要的模块，防止保险欺诈是保险业的重要工作。保险公司通过收集大量数据进行连续分析，最终降低保险欺诈的发生概率。这就是大数据在保险业的应用。

11.2.3 大数据在证券业的应用

大数据时代，券商们也认识到了大数据的重要性。目前大数据在证券业的应用主要体现在几个方面：第一是对股价进行预测分析；第二是客户关系管理；第三是用户投资方面的引导，包括投资的景气程度、市场的活跃程度等方面的分析。目前证券业在大数据的应用方面做得还不是特别充分。虽然证券业每天产生的数据量也非常大，但仍需要证券行业的相关技术人员考虑如何利用好这些数据资源。

11.2.4 大数据在其他行业的应用

大数据在其他行业也得到了广泛的应用，其中应用最广泛的行业是 IT 行业，这得益于 IT 行业强大的收集和利用数据的能力。除 IT 行业之外，金融行业每天也有大量的数据产生，这是金融行业独有的能力。因此，金融行业是整个信息化过程中最早利用网络技术对其业务处理系统进行改进的行业。大数据中的客户关系管理、商业智能、数据仓库等技术，最早都是在 IT 行业和金融行业中使用。现代金融行业是 IT 行业和金融行业相结合的模式，大数据在金融行业的应用在整个数据运用方面走在前列。综合来看，IT 行业和金融行业是最早利用大数据相关技术对已有的业务改进和技术创新的行业。

11.3 物联网

11.3.1 什么是物联网

物联网就是通过射频识别技术结合互联网技术，再结合传感器、全球定位系统，还有一些其他的感应设备，最后通过激光扫描对标签进行识别得到信息的一种网络。它可以按照约定的协议把物品和互联网连接起来，进行信息的交换和通信，以实现智能化的识别、定位、跟踪、监控、管理。从这个定义上来看，将来的物联网就是将每一样物品都连到网络上来，我们简称这个物物相连的互联网为物联网。

物联网和金融结合会产生物联网金融，甚至会产生"无处不金融、无处不物联"的效果。

11.3.2 物联网的关键技术

物联网涉及几种关键技术。第一种是电子标签技术，即 RFID 标签。物联网中的每一件物品上都有一个 RFID 标签，标签里面储藏了很多物品的关键信息。第二种是传感器技术，RFID 标签出现后要及时通过传感器识别 RFID 标签，得到 RFID 标签里面的信息。第三种是嵌入式系统技术，物品嵌入 RFID 标签以后要和相关设备协作运行，才会使得物品连上网络。也就是说物联网需要嵌入式系统把控网络和物品信息的传输。物联网产生以后，通用的网络就开始以物品运行为核心代替以人为核心。

11.3.3 物联网金融具有的特性

物联网金融具有以下 4 个特性。第一，金融服务从原本的以人为核心变成了以物品为核心的金融服务。第二，物联网金融技术和理念使商品社会的各类商品可以更加精细化地为人类提供智慧的金融服务。第三，物联网金融可以借助物联网技术，整合商品经济的各类经济活动，实现金融的自动化和智能化。目前的金融电子化很大程度上还只能够让人更加方便、快捷地享受服务，远远没有达到智能化的要求。第四，物联网金融和金融服务会创新融入整个物理世界。未来一把椅子、一张桌子、一套茶具都可以体现其价值，都能够进行金融服务，有可能会产生一些新的商业模式。

11.3.4 物联网的应用和趋势

随着射频识别技术和传感器技术的普及和智能化，物联网将会成为下一个热点。在 2011 年到 2013 年期间，物联网概念曾经在社会热门过一段时间，但之后又慢慢冷淡下来。随着技术的发展，我们期待着下一次物联网技术在社会上掀起浪潮。

11.4 云计算

11.4.1 什么是云计算

云计算是将硬件、软件、服务等资源通过互联网提供给用户以完成信息计算、处理、存储、共享等任务的服务方式，是传统计算机和网络技术发展融合的产物。

11.4.2 云计算的特点

云计算有以下 8 个特点。

第一，云计算要处理超大规模的数据，对计算能力要求很强。因此，云计算在设计服务器、硬盘、存储时就已经将其规划到海量的规模。

第二，云计算具有虚拟化的特点。具体来讲，就是超大规模的云计算平台可以划分为大量小模块，其中每一个小模块可以虚拟成为一个行业性的平台。

第三，高可靠性。计算能力和存储能力强大的云计算平台必须具有高可靠性。

第四，通用性。云计算平台需要应用在各种不同的行业场景和应用系统中，因此必须具有兼容各种不同的应用系统的能力，也就是说具备通用性。

第五，高扩展性。云计算平台建设完毕后，随着应用的增加和各方面的扩展，初建时的能力会显得不足。此时无论是增加一个新的云平台还是将旧的云平台推倒重建一个更大的云平台，在投资和数据应用的稳定性角度来看，都是不可取的。因此这个系统是具备高扩展性的，以便后续扩展。

第六，按需服务。云计算平台可以按照不同的需求划分成不同容量的模块，为客户提供定制服务。

第七，费用低。云计算的单位成本比较低，一般可以通过扩展规模降低云计算的成本。

第八，云计算平台具有潜在的风险。云计算平台具有大规模应用和大量数据，分散的资源汇集起来高效率运转，必然存在潜在的风险。

11.4.3 云计算发展现状

近几年，大众对云计算平台和应用有了一定了解。用户可以通过申请一个云盘以获得云端的内存空间，利用云计算平台将个人的数据放在云端，之后只要连接到互联网就可以下载存储到云端的文件，这就是云服务。

云计算平台现在已经发展到一定程度，很多地方政府建设平台和部门系统时，不再会去购买服务器，而是选择租用一个云计算平台的服务器，使整体数据集中在一起。

11.4.4 云计算的发展趋势

现在云计算仍处于应用的初步阶段，但它的技术在不断地发展。我们可以预见到云计算的 5 个发展趋势。

第一，投资价值扩展。云计算平台建成之后为很多客户提供相应的服务，因此也集中了大量资源。我们可以预见到，如此庞大的云计算资源具有很高的投资价值。

第二，混合云计算出现。云计算平台有助于某一个行业建设纵向云计算平台，也有助于地方政府建设横向云计算平台。这些横向和纵向的不同云计算平台将来进行混合，就会出现混合云计算。

第三，以云计算为中心的设计理念。很多情况下，不同行业和地方在建设应用系统和信息系统的时候都要考虑其复用性，建设一种基于云服务的平台为多个部门和行业复用。因此，设计这个信息系统的时候要考虑以云计算为中心的设计理念。

第四，移动云计算和云服务的出现。随着移动服务的扩展，基于移动终端的服务越来越多，这些移动云服务可以为客户提供相应的服务。目前移动云服务平台在几个大的运营商中已经建设了很多，这种服务将来必然会成为大家熟知的一种服务。

第五，平台的安全问题会成为考虑重点。整个信息系统建成后，行业的发展进步会存在一些安全隐患。研究云安全会成为将来在提供云计算服务时很重要的一个环节。

11.4.5 基于云计算的金融业

云计算对金融业有很大影响，这些影响主要体现在 3 个方面。

第一，从客户角度来看，金融机构一些比较年轻、优质的客户对于互联网资源——网页、图像、音频、视频和相应的信息服务——有较高的体验方面的要求。使用云计算来提供服务的金融机构能够轻易满足这些客户特殊的需求。

第二，从竞争角度上讲，互联网运营商和电信运营商通过 IT 模式的创新会渗透到金融领域。现在已经有了支付宝和微信等第三方支付平台，还有网络银行、网络保险等纯互联网金融业，这些对传统金融业的 IT 系统会造成很大冲击。因此，金融业需要借助云计算技术提升自身能力。

第三，从监管角度看，金融机构要向提高自身效能和降低成本两个方向努力，主动贴近市场，把握实体经济对金融服务的需求。金融行业只有更好地利用云服务平台对实体经济和个体客户的需求进行数据挖掘分析，才有可能提高自身的效能，降低相应的成本。

互联网金融从一开始就是以云计算和大数据为基础的一种全新的金融模式。互联网金融需要借助云计算、大数据、移动支付甚至物联网，才能为客户在资金方面提供更高效、更低成本的服务，形成一种把互联网和金融联合起来的互联网金融模式。这在金融业是一种创新，可以促使金融业革新。金融业和云计算、大数据、移动支付等技术相关的行业跨界融合可以发展新的金融产品和金融服务。

11.5 大数据、物联网和云计算的关系

大数据、物联网和云计算三者互相渗透。物联网是将来互联网大脑的感觉神经，它把很多"触角"伸到网络的各种物品中。云计算属于互联网大脑的中枢神经，它能控制整个系统，让它们更好地结合起来。大数据是物联网智慧和意识产生的基础。当前阶段是云计算和大数据共处的阶段，互联网大脑的中枢神经物联网的智慧和意识的基础都已经满足，未来会有更多的金融业务和其他具有智慧的产品在金融行业产生。

拓展阅读

大数据、云计算、物联网作为我国金融科技发展的代表，在我国推动产业结构转型升级、实现经济的高质量发展过程中发挥着举足轻重的作用。在中国人民银行2018年发布的《金融科技（FinTech）发展规划（2019—2021年）》中，金融科技被定义为技术驱动的发展创新。金融是现代经济的核心，金融安全是国家安全的重要组成部分，金融行业资源风险集中，风险传染性、隐蔽性强。在科技与金融的深度融合及快速发展过程中，金融科技企业对信用风险、法律风险、信息安全风险认识不够，会产生一系列风险隐患。因此，我们在学习和从业过程中，应坚持合规经营的正确理念，培育规则意识，传承诚实守信的优良美德，恪守职业道德。

课堂练习

一、判断题

1. 射频识别的工作原理是通过标签发出无线电波，阅读器接受无线电波读取数据。（　　）

2. 物联网数据融合原理是把多个传感器在空间和时间上冗余或互补的信息根据某种规则进行组合，以获得一致性。（　　）

3. 对于大数据而言，最基本、最重要的要求就是减少错误、保证质量。因此，大数据收集的信息要尽量精确。（　　）

4. 物联网将大量的传感器节点构成监控网络，通过各种传感器采集信息。所以传感器发挥着至关重要的作用。（　　）

5. 云计算平台提供了计算服务、数据库服务和存储服务等。（　　）

6. 传感器属于物联网产业链的标识环节的内容。（　　）

7. 射频识别技术不能同时识别多个对象。（　　）

8. RFID 技术是一种目前比较先进的接触式识别技术。（　　）
9. 在物联网体系架构中，各层之间的信息是单向传递的。（　　）
10. 云计算可以为各种不同的物联网应用提供统一的服务交付平台。（　　）

二、单选题

1. 大数据技术的基础是由（　　）首先提出的。
   A. 微软　　　　　　　　B. 百度
   C. 谷歌　　　　　　　　D. 阿里巴巴
2. 智慧城市的构建，不包含（　　）。
   A. 数字城市　　　　　　B. 物联网
   C. 绿化环境　　　　　　D. 云计算
3. 作为物联网发展的排头兵，（　　）技术是市场最为关注的技术。
   A. 射频识别　　　　　　B. 传感器
   C. 智能芯片　　　　　　D. 无线传输网络
4. 1995年，（　　）首次提出物联网概念。
   A. 沃伦·巴菲特　　　　B. 史蒂夫·乔布斯
   C. 保罗·艾伦　　　　　D. 比尔·盖茨
5. 射频识别技术是一种射频信号通过（　　）实现信息传递的技术。
   A. 能量变化　　　　　　B. 空间耦合
   C. 电磁交互　　　　　　D. 能量转换
6. 大数据的发展，使信息技术变革的重点从关注技术转向关注（　　）。
   A. 信息　　　　　　　　B. 数字
   C. 文字　　　　　　　　D. 方位
7. （　　）与SaaS不同，这种"云"计算形式把开发环境或者运行平台也作为一种服务给用户提供。
   A. 软件即服务　　　　　B. 基于平台服务
   C. 基于WEB服务　　　　D. 基于管理服务
8. （　　）是最大的云计算的使用者。
   A. Salesforce　　　　　B. Microsoft
   C. Giwell　　　　　　　D. Google
9. （　　）反映了数据的精细化程度，越细化的数据价值越高。
   A. 规模　　　　　　　　B. 活性
   C. 关联度　　　　　　　D. 颗粒度
10. 数据清洗的方法不包括（　　）。
    A. 缺失值处理　　　　　B. 噪声数据清除
    C. 一致性检查　　　　　D. 构建特征工程

三、材料分析题

金融科技（FinTech）最早是花旗银行在1993年提出的，由Finance和Technology两个英文单词合成而来。在金融稳定理事会2017年发布的《金融科技对金融稳定的影响》中，金融科技被定义为"由技术驱动的金融创新，这些金融创新可能会产生新的商业模式、应用、流程或产品，从而对金融服务的提供方式产生重大影响。"在中国人民银行2018年发布的《金融科技（FinTech）发展规划（2019—2021年）》中，金融科技被定义为"技术驱动的金融创新""旨在运用现代科技成果改造或创新金融产品、经营模式、业务流程等，推动金融发展提质增效"。

（资料来源：https://www.sgpjbg.com/news/30840.html，有删改）

思考并讨论，完成以下题目：

1. 谈谈你对金融科技的理解。
2. 结合金融科技的发展，阐述金融科技对我国金融发展的影响，提出对未来金融监管政策的建议。

参考答案

一、判断题

1~5 × × × √ √

6~10 √ × √ × √

二、选择题

1~5 CCADC

6~10 ABDDD

三、材料分析题

1. 根据中国人民银行的定义，金融科技为技术驱动的金融创新，旨在运用现代科技成果改造或创新金融产品、经营模式、业务流程等，推动金融发展提质增效。金融科技的基础设施为4个底层科技变量：人工智能、大数据、云计算和区块链。

2. 随着金融科技的发展，以蚂蚁金服为代表的一类金融企业对我国金融发展产生了重要影响。

（1）优势：解决信息不对称问题，金融科技应用的大数据技术增加了市场上的有效信息，有助于解决信息不对称问题；服务便利，金融科技的应用使得经济主体获取金融服务更加便利，特别是结合互联网的特性，极大地方便了金融服务；普惠金融，借助互联网的普遍性与广泛性，金融科技的应用有助于帮助更多的投资者获得平价金融服务，实现普惠金融的作用。

（2）对银行业的冲击：增加了银行面临的竞争压力，出现"脱媒"现象。由于竞争压力，金融企业的发展一方面有助于激励银行提高服务质量，但另一方面也会促使银行风险提高。

监管建议：金融科技和伴生的金融自由化加速了混业经营的趋势，因此提出以下监管建议。

（1）促进监管体系向功能监管转变。在当前机构监管的背景下，对于金融科技公司存在监管真空的问题，下一步国家应着力于构建功能监管的监管体系，完善对于金融科技公司的监管。

（2）加强消费者保护。金融科技公司存在利用互联网和大数据的特性，因此，国家对金融行业下一步的监管应关注消费者隐私保护和数据产权的问题。

第 12 章

互联网金融企业运营与营销：入口和中心节点

¥ 知识目标

（1）掌握互联网金融与传统金融的优劣势对比。
（2）了解互联网金融的监管政策。

¥ 素质目标

树立行业自律意识，坚持可持续健康发展。

案例导入

2021年12月，证监会会同有关部门组织起草了《国务院关于境内企业境外发行证券和上市的管理规定（草案征求意见稿）》及其配套规则《境内企业境外发行证券和上市备案管理办法（征求意见稿）》，向社会公开征求意见。文件明确要求对境内企业境外上市活动实施备案管理，将法律法规和有关规定明确禁止上市融资的，威胁或危害国家安全的，存在重大权属纠纷的，境内企业及其控股股东、实际控制人最近三年内存在违法犯罪行为的，等等，列为不可境外上市情形，在遵守境内法律法规的前提下，满足协议控制（VIE）结构的企业备案后可赴境外上市。

上市监管是近年来中美竞争的焦点，多起中企海外上市重大事件接连发生。中国概念股既要遵守境内法律法规，站稳中国企业立场，又要应对美国监管部门严格的财务审计要求，并可能面临美国《外国公司问责法案》导致的全面退市风险，较大打击了投资者对中国概念股的信心。新规明确了境外上市活动"不可为"领域，有利于提升中国企业境外上市合规水平，以稳定可预期制度环境，保护投资者合法权益，充分展现了我国坚持规范和发展并重推进资本市场扩大开放的坚定决心。

（资料来源：http://leaders.people.com.cn/n1/2021/1227/c58278-32317503.html，有删改）

12.1 互联网金融和传统金融业的对比

12.1.1 互联网金融的优势

互联网金融企业相比于传统金融业具有很多优势。

第一个明显优势是互联网金融具有快捷、高效、方便的参与方式。开展互联网金融业务的企业具有互联网技术、互联网思维和互联网的各种平台，这些是互联网金融的优势所在。例如，移动支付、云计算、社交网络、搜索引擎都是能够促使资金、信息互相快速匹配的工具和媒介，这些媒介往往绕开了银行、券商和交易所等传统金融机构，它们的存在使资金交易更便捷、高效。

互联网金融的第二个优势在于成本低。通常大数据可以解决借贷双方信息不对称的问题，在信息对称的情况下，互联网金融企业的成本非常低廉。以银行业为例，传统的柜台、人力物力、线下渠道需要定期管理维护，因此，传统金融业的成本压力非常大。互联网金融平台的每一笔业务成本相较于传统金融业就显得非常低廉。由于互联网金融低廉的成本，它能做到一些传统银行很难做到的业务。例如小额贷款业务，这种业务能够为中小型企业甚至微型企业提供无须担保抵押的纯信用贷款，这对于刚刚起步的有短期资金需求的中小微企业而言，信贷门槛大大降低。这是传统银行很难做到的一个市场领域。

第三个优势是互联网金融企业在战略层面上做到了更广的覆盖。原来的银行、股份制银行等金融企业和大型国有银行相比，客群基数和资本规模都很小，只能集中优质资源面对城市市场和高端客户市场。互联网金融的覆盖范围比传统金融广阔得多，其业务可覆盖许多小城市的小企业、乡村企业、初创期的企业等。对于这些有"短小频急"需求的企业来说，互联网企业有着无可比拟的先天优势。传统银行卡虽然也能做到小额贷款，但是审核成本过高。互联网金融使这些操作的便捷性大幅度放大了。

12.1.2 传统金融业的优势

传统金融业也有自身强大的地方，具体表现在以下几点。

第一个优势，传统金融业的风控能力很强。风险控制需要经验积累和技术沉淀，如雨后春笋般冒出来的P2P平台的工作人员往往缺少训练、经验不足，风险很大。传统银行业有中国人民银行的征信系统作为依托，有信息共享的机制。银行内部几十年的风控系统是传统金融业不可动摇的根基，因此传统金融业在风险控制范围的优势明显。

传统金融业的第二个优势是技术成熟。互联网金融虽然拥有很好的技术，但技术是一把双刃剑。光大"乌龙指"事件在程序化的量化交易里面出现崩盘式的错误操作就是技术带来的缺陷。虽然人为操作会带来一些问题，但技术也有技术自身的问题。在很多国家和地区都发生过由于计算机系统出错而导致股市出现问题的情况。黑客攻击、木马病毒也会对企业的信息系统造成非常大的损害，使投资人利益受损。技术在不断地向前发展，完善技术的过程任重道远。

传统金融行业的第三个优势是监管和法律。互联网金融处在起步阶段，监管政策、法律法规和行业准入门槛、行业的规范都存在各种问题。如何保护消费者的权益、杜绝违规违法的事件发生成了难题。互联网金融给很多违法犯罪提供了有利的条件，不法分子通过互联网"洗钱"和操纵股价的问题，在互联网和信息化技术的环境下被放大了，专家学者正在考虑利用大数据识别这些违法操作。

互联网数据传输速度非常快，数据量也非常大，传统金融监管方法难以适应互联网金融的需求。未来会考虑用数据化的方式完善互联网金融的法律。

12.2 互联网金融的宏观政策

12.2.1 互联网金融的现状：功能融合

互联网金融包含多种业务。比较传统的业务是网络银行，而众筹融资、网络基金销售、信托等是比较新的业务。互联网金融已经渗透到千家万户，各种硬件设施也逐渐齐备，可以适应互联网金融的新业务。具体来讲，互联网已经深入到每个家庭：智能手机通过各种应用程序，可以实现许多功能和应用；各种应用场景也开始使用互联网。互联网应用的便捷性吸引了很多人使用，也因此催生了新的互联网应用。互联网操作的便捷性对于互联网金融的扩张十分有利，线上、线下的融合使得金融网络化走进民众的日常生活，并发挥了很大作用。大众的"钱包"开始逐渐电子化，网络理财和证券业网络化也在蓬勃发展。但是互联网金融同样也面临着一系列安全问题和信用问题。

互联网金融是传统金融行业与互联网融合的模式，一种新的互联网金融产品往往具有多种传统金融行业混合的特征。这类似于传统的银行保险，它就融合了保险行业的保险产品和银行的广大客户群，而在互联网金融产品里面，这种融合更加突出。这也意味着互联网金融产品需要与时俱进的监管模式。

12.2.2 互联网金融的相关政策

全世界金融业的整体发展过程中，电子化是一个不可逆转的趋势，一些国家（如瑞典）的电子货币替代率已达到97%以上。面对互联网金融的发展，国家有各种政策和文件出台，但是不能过分干涉，以至影响这个蓬勃向上的创新产业。在金融业向电子化发展的过程中，我国的政策、管理、监管和风险控制需要与时俱进地管理现阶段的互联网金融产品。国家同样不能无限制地放纵互联网金融发展，放任不理容易导致大量问题出现。经过行业持续发展，目前我国金融业监管方面已经明确了金融领域"一致性""持牌经营"的监管原则，并且继续加强对传统金融机构的互联网业务规范整理，以及对涉及金融业务领域的互联网平台进行整改。近年来互联网金融相关的政策如表12-1所示。

表12-1 互联网金融相关政策汇总

时间	政策	主要内容
2015.07	中国人民银行等十部委《关于促进互联网金融健康发展的指导意见》	首次定义了互联网金融的概念，确立了互联网支付、网络借贷、股权众筹融资、互联网基金销售、互联网保险、互联网信托和互联网消费金融等互联网金融主要业务的监管职责分工。落实了监管责任，明确了业务边界，并正式将互联网金融纳入监管框架
2015.08	中国证券监督管理委员会《关于对通过互联网开展股权融资活动的机构进行专项检查的通知》	规范了通过互联网开展股权融资活动的行为，同时部署对通过互联网开展股权融资中介活动的机构平台进行专项检查
2015.12	中国人民银行《非银行支付机构网络支付业务管理办法》	根据支付机构的分类评级情况和支付账户实名制落实情况，对支付机构实施差别化管理，采用扶优限劣的激励和制约措施，引导和推动支付机构既要合规经营，又要勇于创新
2016.08	工业和信息化部等四部委《网络借贷信息中介机构业务活动管理暂行办法》	对业务经营活动实行负面清单管理，明确了十三项禁止行为，对网贷机构第三方资金存管提出了要求
2016.10	国务院办公厅《互联网金融风险专项整治工作实施方案》	重点整治P2P网络借贷、股权众筹、互联网资产管理、第三方支付业务、互联网金融领域广告等问题，具体规定了专项整治的分工和负责部门，并规定区域内整治报告在2017年1月底前完成
2016.10	原银监会等十五部委《P2P网络借贷风险专项整治工作实施方案》	明确网贷机构的信息中介定位，将网贷机构划分为三类，并实施分类处置。异化为信用中介的网贷机构按要求整改，整改不到位与涉嫌非法集资活动的坚决实施市场退出
2016.10	中国人民银行等十七部门《通过互联网开展资产管理及跨界从事金融业务风险专项整治工作实施方案》	对缺乏资产管理业务资质或者业务不规范的互联网企业进行排查和整治，计划于2017年月底完成验收

续表

时间	政策	主要内容
2016.11	原银监会等六部门《关于进一步加强校园网贷整治工作的通知》	要求从事校园贷款业务的网贷机构一律暂停新发校园网贷业务标的，制定明确的退出整改计划。鼓励商业银行和政策性银行进一步针对大学生合理需求研发产品
2016.11	原银监会《网络借贷信息中介机构备案登记管理指引》	对全部网络借贷信息中介机构进行登记和分类处置
2017.02	原银监会《网络借贷资金存管业务指引》	明确开展网络资金存管业务的基本规则，明确各方责任
2018.03	互联网金融风险专项整治工作领导小组办公室《关于加大通过互联网开展资产管理业务整治力度及开展验收工作的通知》	未经许可，不得依托互联网公开发行、销售资产管理产品，以该方式公开募集资金的行为应当明确为非法金融活动，具体可构成非法集资、非法吸收公众存款、非法发行证券等
2018.04	中国人民银行等四部委《关于规范金融机构资产管理业务的指导意见》	资产管理业务作为金融业务，属于特许经营行业，必须纳入金融监管。非金融机构不得发行、销售资产管理产品，国家另有规定的除外
2018.12	各监管部门《关于做好网贷机构分类处置和风险防范工作的意见》	坚持以机构退出为主要工作方向，能退尽退，应关尽关，加大整治工作的力度和速度
2019.09	中国人民银行《金融科技（FinTech）发展规划（2019—2021年）》	金融科技的顶层设计方案与规划
2020.09	银保监会《关于加强小额贷款公司监督管理的通知》	明确小额贷款公司业务范围、经营领域、贷款用途；对小额贷款管理公司的经营管理提出要求；明确各地监管责任等

12.2.3 "一委一行两会"的监管格局

2018年3月，国务院发布金融监管改革方案，设立中国银行保险监督管理委员会，加上2017年新成立的国务院金融稳定发展委员会（简称"金融委"），形成了国务院金融稳定发展委员会、中国人民银行、中国证券监督管理委员会、中国银行保险监督管理委员会的"一委一行两会"的新监管格局。中国人民银行负责管理金融业的金融机构和第三方支付机构从事的互联网支付行为。2010年发布的《非金融机构从事支付服务管理办法》规定中国人民银行负责《支付业务许可证》的颁发和管理，此外，原银监会、原保监会拟订银行业、保险业重要法律法规草案和审慎监管基本制度的职责也划入中国人民银行。此前，原银监会职责在于监督管理银行、金融资产管理公司、信托投资公司及其他存款类金融机构等；原保监会履行行政管理职能，依法监督管理保险市场。如今，银保监会继承了原银监会和原保监会的原有职能，对银行业及保险业进行统一管理。国务院金融稳定发展委员会的成立意味着金融监管和金融改革等方面更能统筹各方面的利益和职能，改变目前分业监管、各部门分别推进改革等现状。

12.3 支付行业的运营与竞争

12.3.1 非金融机构从事支付服务的管理方法

支付行业有非金融机构从事支付服务的管理办法，我们将分开来看互联网金融各个行业从事支付行业的情况。《非金融机构从事支付服务管理办法》是为促进支付服务市场健康发展、规范非金融机构支付服务行为、防范支付风险、保护当事人的合法权益，根据《中华人民共和国中国人民银行法》等法律法规制定的文件。由中国人民银行于 2010 年 6 月 14 日发布，自 2010 年 9 月 1 日起施行。

截至 2022 年 6 月，一共有 250 家企业获得了支付业务许可证。如互联网巨头旗下的支付宝、财付通，百度的百付宝、新浪支付，还有各个地方的银联、三大电信运营商等都拿到了支付业务许可证。这些企业整体的交易规模在 2012 年就已经突破了 10 万亿元，而且每年都以非常高的速度增长，是一个巨大的市场。支付业务许可证一方面规范了行业运行，另一方面这些企业有了支付许可证之后运营更加有可信度。通过观察支付行业在领到支付业务许可证前后的变化，我们也能观察到这个行业的运营情况。

另外，很多行业开始走向支付领域。最初有城市公交系统，例如地铁、公交车、电车、轮渡等业务，这些业务都由一种叫做城市交通卡公司的便捷支付公司办理。城市交通卡公司对于传统支付有非常大的冲击。后来，电信运营商也开始进入支付领域，现代人出行基本上已经离不开手机，此种情况下，电信运营商以手机作为载体，借助手机和网络这两个有利条件从事支付业务。再后来，互联网企业也开始进入支付行业，互联网有优越的应用程序和客户群资源，可以帮助它实现支付功能，例如传统的微信、支付宝等。现在电子钱包、二维码支付等各种应用都在抢占支付市场。它们正在寻找自己的特点领域，以期在市场竞争中占据优势。

广州羊城通有限公司是城市交通卡公司的典型。羊城通公司建立在广州，而后逐渐把业务拓展到广东省，又成立了岭南通公司。岭南通公司不干涉各个市地公交公司的利益，只是建立一个联盟，只负责数据的沟通和对接。很快，羊城通又往北拓展各个省的城市通卡连接，实现全国通用，即实现行业内部的整合，以抵御从其他方面而来的种种冲击。互联网金融企业也在不断进行各种业务的创新，如传统银行的信用评价体系也正在受到芝麻信用分的冲击。虽然传统银行的信用评价体系目前也很好用，但是它的数据来源没有芝麻信用分完整和多样化，计算速度也更慢一些。电信行业也有各种竞争，比如安卓手机的电池可以加一个外置的硬件，实现 RFID 无线射频的支付，手机就变成了支付载体。

12.3.2 银行支付面临的问题

银行业面临的问题是核心业务受到动摇，银行开始空心化。银行业原本的存贷业务、信用卡业务、信用评价体系都受到了强烈的冲击，在这种情况下，银行业也在进行各种创新。银行有大量客户且客户有大笔资金，客户又缺乏对互联网金融的了解，这给银行发展各类新业务提供了便利，如中国银行的活期宝、工商银行的薪金宝。原来银行的效率相对比较低，现在互联网金融的出现对市场起到了激活作用，这对商业银行也是有利的，中国传统银行在面临国际金融巨头的冲击之前就加强了自身实力。从另一个方面来讲，如果互联网金融造成的压力过大，传统银行业、证券业或保险业可能会无法承受如此巨大的冲击。这是考验传统金融行业的时候。无论如何，传统银行业、证券业和保险业需要不断提升自己的服务水平和技术水平，推出各种新的产品和服务，这对消费者和它们自身的发展都有好处。

12.3.3 共存与竞争

传统商业银行和互联网金融不一定是对立关系，它们也可以互相合作。传统商业银行可以学习和运用互联网金融组织的新模式；传统金融行业有大量金融数据，质量也相对较好，这是互联网金融企业无法从第三方获得的。传统金融行业具有的金融内部网的数据，是所有金融行业里最好的数据，这是它的优势所在。互联网金融机构和传统商业银行合作是一种非常好的选择，互联网金融机构对数据的积累和挖掘很有敏感性，又可以帮传统银行降低交易成本，拓展客户群。传统金融机构有风险控制和原始数据的优势，还有各方面的政策优势等。

整个行业的争夺都来自中心节点的争夺。中心节点就是指大家竞争的中心，作为中心可以辐射出各种应用，其他的企业会围绕在中心节点周围。所有企业一开始都应该先提升自身吸引力，成为一个中心节点，有了流量后再连接其他应用，就可以搭建起自己的盈利模式。很多互联网金融企业可以组成一个庞大的互联网金融生态圈。在这个生态圈里面，各个企业都能找到自己的位置，贡献不可替代的力量。

拓展阅读

互联网金融的创新在不断的发展当中，在为整个经济市场带来活力的同时，许多问题也一并出现。资本家对资本的变相积累、年轻一代超前消费的行为都值得人们深思，国家相应监管体系也正在不断完善，以维护市场经济的正常运行。2021年年初，银保监会工作会议提出，要切实加强对互联网平台金融活动的监管，依法将金融活动全面纳入监管，对同类业务、同类主体一视同仁，并加强对银行保险机构与互联网平台合作开展金融活动的监管。

这要求企业坚持树立行业自律意识，定期进行信息披露，以增加债权人和债务人对互联网金融平台的公信力，从源头上更有效地降低互联网金融的信用风险。企业还要积极承担起社会责任，履行义务，在获取收益的同时兼顾社会总体的稳定与发展，回馈社会，实现经济的绿色可持续健康发展。

课堂练习

一、判断题

1. 网络银行是一种传统的互联网金融形态。（　）
2. "三马卖保险"实质上是将金融业的数据、社交的数据和商业交易的数据整合在一起。（　）
3. 传统金融和互联网金融在风险控制方面各有优势和短板，不可一概而论。（　）
4. 传统银行受到了来自京东白条、蚂蚁花呗等互联网金融透支业务的冲击。（　）
5. 互联网金融发展使银行业核心业务受到动摇，银行开始空心化。（　）
6. O2O 指的是从线上到线下的单向融合。（　）
7. 第三方支付机构必须获得中国人民银行颁发的支付业务许可证，才能从事支付业务。（　）
8. 互联网金融的出现使交易成本和信息交换成本上升。（　）
9. 互联网金融在提升人们生活便利性的同时，也带来了更多的风险。（　）
10. 对传统金融业而言，互联网金融只带来了活力，没有带来竞争压力。（　）

二、选择题

1. 下列选项中与腾讯有合作的不包括（　）。
   A. 京东　　　　　　　　B. 易迅
   C. 高德地图　　　　　　D. 大众点评
2. 互联网金融直接运用到的主要技术不包括（　）。
   A. 机器学习　　　　　　B. 大数据
   C. 云计算　　　　　　　D. 虚拟现实
3. 互联网金融运营的核心不包括（　）。
   A. 社区建设　　　　　　B. 支付方式
   C. 信息处理　　　　　　D. 资源配置
4. （　）在线支付方式不是我国本土产生的。
   A. 支付宝　　　　　　　B. Apple Pay
   C. 华为支付　　　　　　D. 京东白条
5. （　）是互联网金融企业中心节点的优势。
   A. 规模效应　　　　　　B. 成本高
   C. 无风险　　　　　　　D. 利润率低
6. 作为全球最大的中文搜索引擎，（　）着手建立 P2P 行业"白名单"，对互联网理财平台进行风险控制和管理。
   A. 谷歌　　　　　　　　B. 360
   C. 搜狗　　　　　　　　D. 百度

7. ( )是由平安保险、阿里巴巴和腾讯三大商业巨头一起打造的平台。

　A. 中民保险　　　　　　　B. 众安保险

　C. 惠择保险　　　　　　　D. 京东保险

8. ( )规定未经中国人民银行批准,任何非金融机构和个人不得从事或变相从事支付业务。

　A.《非金融机构从事支付管理办法》

　B.《支付业务许可证》

　C.《关于促进互联网金融健康发展的指导意见》

　D.《中华人民共和国中国人民银行法》

9. 互联网金融行业的运营主要涉及的监管部门不包括( )。

　A. 财政部门　　　　　　　B. 金融部门

　C. 电信主管部门　　　　　D. 住建部门

10. 下列不属于21世纪互联网金融新型支付方式的是( )。

　A. 支付宝　　　　　　　　B. Apple pay

　C. ATM 转账　　　　　　 D. 微信支付

三、材料分析题

P2P 是英文 peer to peer lending(peer-to-peer)的缩写,意为个人对个人(伙伴对伙伴),又称点对点网络借款,是一种将小额资金聚集起来借贷给有资金需求人群的一种民间小额借贷模式,属于互联网金融产品的一种。

2021年1月15日,时任央行副行长的陈雨露在国新办新闻发布会上表示,2020年防范化解金融风险攻坚战取得重要阶段性成果,P2P 平台已全部清零,各类高风险金融机构得到有序处置。他还称,影子银行规模缩减,资管产品风险明显收敛,同业关联嵌套持续减少。我国 P2P 网贷发展历史不过十几年,自 2007 年至今历经萌芽期、野蛮扩张期及整顿规范和清退期。互联网金融的蓬勃发展使得 P2P 平台多次成为金融监管的重灾区。

思考并讨论,回答以下问题:

1. 我国针对 P2P 平台的问题出台了什么规范性文件?

2. 第一问中的规范性文件有什么影响?

参考答案

一、判断题

1~5 √ √ √ √ √

6~10 × × × √ ×

二、选择题

1~5 DCABA

6~10 BBAAC

三、材料分析题

1.《关于规范金融机构资产管理业务的指导意见》(简称《资管新规》)。

2.《资管新规》的影响：《资管新规》规定金融机构要坚持严控风险的底线思维，按照产品类型统一监管标准，强化金融机构的勤勉尽责和信息披露义务，禁止资金池，防范影子银行风险和流动性风险，坚持防范风险与有序规范相结合，确保金融市场的稳定运行。中长期看有利于规范资管业务的发展，减少金融体系风险；短期来看存在阵痛，冲击社会融资规模，金融体系对实体经济的支持力度下降。

第 13 章

互联网金融相关法律法规

¥ 知识目标

（1）了解互联网金融各项法律法规。
（2）了解大陆法系和英美法系的不同。
（3）了解互联网金融的一些经典案例。

¥ 素质目标

树立互联网金融合规意识。

案例导入

警方抓获"炒外汇"骗局团伙

2020年6月19日，湖南省安化县公安局平口派出所接到群众苏某琪报警称，其在微信上遭遇了跟单炒外汇电信网络诈骗，被骗金额高达16万余元。受害人苏某琪称，她被朋友拉进了炒外汇的交流群，并在名为"宝富国际"的虚假外汇交易平台炒外汇。由于被虚假小利诱惑，动心后的她在平台大量炒虚假外汇，损失惨重。

接警后派出所高度重视，立即利用相关平台对涉案银行卡进行止付，并在立案侦查后对关联银行卡进行冻结。经过一段时间的调查取证，该诈骗团伙的作案情况、人员情况、资金流向已基本被民警掌握。

2020年7月16日，安化县公安局从刑侦大队、巡特警大队、城南派出所、平口派出所抽调精干力量奔赴广东韶关开展抓捕工作。在当地公安机关的大力支持下，成功查获一个电信网络诈骗窝点，抓获严某波、严某鹏、刘某良等6人，收缴作案手机37台、笔记本2台、POS机1台、银行卡电话卡数张。经审讯，犯罪嫌疑人如实供述了自己的犯罪事实。

经查，2020年5月至7月，犯罪嫌疑人严某鹏等3人，在网络上购买虚假外汇投资平台，大量购买微信账号、添加好友、建立炒外汇群。在炒外汇群里，犯罪嫌疑人专挑女性下手，通过角色扮演（自己当"托"）、小单返利、操作虚假平台外汇涨跌、修改后台提现规则等方式，大量骗取受害人钱财，得手后便拉黑受害人。

截至2020年7月27日，严某鹏、严某波、刘某良等3人因涉嫌电信网络诈骗，已被公安机关依法刑事拘留，受害人涉及该案的4.5万元赃款已被全部追回，案件侦破和追赃工作已在进一步进行之中。

（资料来源：https://www.sohu.com/a/413811351_175528，有删改）

13.1 互联网金融相关法律法规

13.1.1 网络银行和虚拟货币相关法律法规

关于互联网金融，大众比较熟悉的一部法律法规是2015年7月由中国人民银行等十部委联合发布的银发〔2015〕221号文件，全名为《关于促进互联网金融健康发展的指导意见》。它对整个互联网金融做了全面的总结梳理和概念确认。

首先它确认了互联网金融这个行业，这个行业第一次有了明确的概念，它也是未来监督整个政策落地的纲领性、指导性文件。这个文件影响最大的主要是3个行业，第一个是第三方支付，第二个是P2P，第三个是股权众筹，这三个行业是非常典型的互联网金融行业。除了这些互联网金融行业之外，文件也提及了很多与传统金融结合的相关法律法规的问题。比如网络银行的法律法规问题，网络证券、虚拟货币，以及一些保险业的法律法规。

第一，网络银行相关法律法规。2001年，中国人民银行发布了《网上银行业务管理暂行办法》，2007年该办法废止。2006年，中国原银行业监督管理委员会颁布了《电子银行业务管理办法》。网络银行的相关法律法规会牵涉到几个方面：一是和银行相关的法律法规；二是参与银行业务的当事各方相关的法律法规。如和银行签订合同时需要遵循的合同法，还有电子合同里面的规定、电子签名方面的规定。《电子银行业务管理办法》还有一系列配套的相关文件，例如ATM机、POS机、银行卡等相关的法律法规的文件。

第二，虚拟货币相关的法律法规。2009年中华人民共和国文化和旅游部同中华人民共和国商务部发布了《关于加强网络游戏虚拟货币管理工作的通知》，这个文件把虚拟货币纳入了监管中，游戏里面的虚拟货币是一种虚拟的电子货币，与之相似的还有被称为超主权货币或去中心化的电子货币——比特币。中国人民银行等五部委联合出台了《关于防范比特币风险的通知》，文件对虚拟货币和去中心化的电子货币的监管问题作出了规定，它是确定这种货币的法律属性和今后走向的政策性、纲领性文件，规定大众不能用比特币进行实质性的交易。文件具体表述为"各金融机构和支付机构不得以比特币为产品或服务定价，不得买卖或作为中央对手买卖比特币，不得承保与比特币相关的保险业务或将比特币纳入保险责任范围，不得直接或间接为客户提供其他与比特币相关的服务"。也就是说，这份文件把比特币和现有的银行体系、保险体系、证券体系隔离开，这是对比特币的压制，也是现行的金融管制体系下规避风险的必要规定。

13.1.2 第三方支付和P2P方面的相关法律法规

关于第三方支付有许多法律法规，2010年央行发布的《非金融机构支付服务管理办法》，规定了支付业务许可证的相关事宜，将第三方支付机构纳入了支付行业。这对第三方支付机构形成了一种界定，也就是说虽然第三方支付机构正在从事和金融相关的一些业务，但它并不是金融机构。它们的参与各方都有一些相应的法律关系。例如，第三方支付机构大量的交易记录和中国人民银行反洗钱系统联系在一起，其中非法操作的可能性就被大幅度降低了。到了2015年12月28日，中国人民银行又发布了一个新的管理办法，叫作《非银行支付机构网络支付业务管理办法》，对互联网金融界支付的法律进行了总结，形成了一个纲领性的文件，不同的支付机构在开展网络支付业务的过程中找准了自己位置。

P2P业务可以理解为信贷的中介业务，它在几年前发展很快，但是也出现了很多法律问题。P2P业务需要很多法律法规来规范它的发展。关于P2P的法律法规，早在2011年原银行业监督管理委员会就发布了名为《关于人人贷有关风险提示的通知》的文件。2013年九部委处置非法集资部署联席会议上，中国人民银行对P2P的法律问题进行了清晰的界定，对于资金池、不合格的借贷人、庞氏骗局这三个比较明显的问题都作出了规定。第一个风险是资金池的问题，资金池会导致一系列的法律问题和纠纷，比如资金的使用方法和风险的防范措施等。第二个风险是不合格的借贷人导致的非法集资的风险。第三个风险是庞氏骗局。庞氏骗局指拿到了第一期投资人的钱，然后把这笔资金作为回报，发给第二期的投资人，不停循环，拿新投资人的投资去作为上一批投资人的利息。

2015年的12月28日，原银行业监督管理委员会还出台了叫作《网络借贷信息中介机构业务活动管理暂行办法》的文件，它是一个征求意见稿，公开征求大家的意见。它明确了P2P的信息中介定位，同时设置了12项网络借贷信息中介机构不得参与的活动。

（1）利用本机构互联网平台为自身或具有关联关系的借款人融资。

（2）直接或间接接受、归集出借人的资金。

（3）向出借人提供担保或者承诺保本保息。

（4）向非实名制注册用户宣传或推介融资项目。

（5）发放贷款，法律法规另有规定的除外。

（6）将融资项目的期限进行拆分。

（7）发售银行理财、券商资管、基金、保险或信托产品。

（8）除法律法规和网络借贷有关监管规定允许外，与其他机构投资、代理销售、推介、经纪等业务进行任何形式的混合、捆绑、代理。

（9）故意虚构、夸大融资项目的真实性、收益前景，隐瞒融资项目的瑕疵及风险，以歧义性语言或其他欺骗性手段等进行虚假片面宣传或促销等，捏造、散布虚假信息或不完整信息损害他人商业信誉，误导出借人或借款人。

（10）向借款用途为投资股票市场的融资提供信息中介服务。

（11）从事股权众筹、实物众筹等业务。

（12）法律法规、网络借贷有关监管规定禁止的其他活动。

13.1.3 众筹和互联网保险方面的相关法律法规

2010年最高人民法院发布了名为《最高人民法院关于审理非法集资刑事案件具体应用法律若干问题的解释》的文件，针对非法吸收公众存款、集资诈骗等非法集资的犯罪活动进行刑法方面的有关界定。众筹恰好在此时出现并接近这条红线，所以从一开始就给人一种灰色地带的感觉。一些未经许可通过网站公开推荐、向不特定对象承诺一定回报并吸收资金的方法，很可能构成了非法集资的行为。中国证券监督管理委员会通报了一些公司在淘宝非法发行自己股票的行为，将其视为非法集资行为。国务院发布了严厉打击这种非法发行股票和非法经营证券业务的有关通知，它规定任何公司股东自行或委托他人以公开向社会公众转让股票的方式是不被允许的。这种通过互联网，让股票开始在市场上流通的活动叫做非法证券活动，也是不被允许的。

2014年12月18日，中国证券监督管理委员会发布了《私募股权众筹融资管理办法（试行）》(征求意见稿)，私募股权是投资者投资非上市的股权，也就是不在二级市场上流通的公司股票的一种方式。这个法规作为股权式众筹这个法律的补充，对股权式众筹的性质、股权众筹平台的条件、权利和义务、合格投资者条件和投资者的相关管理办法等各方面的法律、事务进行了规范。

此外互联网保险也有一些相关法律法规。互联网保险出现得比较晚，但它的立法2011年就开始出现了。2011年9月20日，中国原保险监督管理委员会印发了《保险代理、经纪公司从事互联网保险业务的监管办法（试行）》。它关注的对象是一些保险代理，包括保险经纪公司和被保险人、投保人、权益人的合法权益。到了2015年原保险监督管理委员会发布了名为《互联网保险业务监管暂行办法》的文件，对这些业务进行进一步的法律界定，在经营条件、经营区域、信息披露、相关规则，包括一些监管方面都提出了明确的要求。

13.2 大陆法系对比英美法系及相关案例

13.2.1 大陆法系与英美法系对比

我们国家的法律体系和世界上一些国家的法律体系相似，和另一些国家的法律体系则不同，这是因为它们分属不同的法系。法系主要分成两大类：大陆法系和英美法系。英美法系是以英国和美国为代表的一套法律系统，而中国的法律属大陆法系。这两种法律体系在面对互联网金融的法律问题的时候是不一样的。

2012年的5月19日，英国媒体报道英国汇丰银行的一台ATM机发生了故障，顾客去取钱的时候会拿到双倍的现金，整个故障持续了两个多小时，有两百多个用户去取了现金。事后银行承认了自己的错误并且不要求顾客退钱。

为什么这种情况下，银行不要求退款呢？在英国的法律体系里，顾客在公共场所ATM机上取钱并不属于秘密行为，而银行也承认自身的失误，因此顾客占有这些钱属于不当得利，但不属于侵占。英国的法律规定，这并不构成盗窃罪，所以这种行为不属于盗窃金融机构的行为。

英美法系的这套方法制度和法律是慢慢积攒起来的，这与我国不同。英美法系的国家里面没有专门关于不当得利的制度，他们承认物权行为的无因性理论，他们把这个契约当成了物权的基础。在大陆法系的国家，基于物权行为独立性的理论规定，不管是恶意还是善意的不当得利都应该归还。所以在这种情况下，中国和在英国面对类似的事件会出现不同的判决。虽然两种法律体系没有更好或更加人性化的差别，但可以看出一些问题。

第一个是大陆法系在互联网方面比较不健全，出现新的问题无法迅速找到相关的法律法规解决问题，只能在已有的法律体系里面套用一个原有的、设定的法律去解决问题。这个方式值得商榷。第二个问题是在不同的法律体系之下，对类似案件的判罚方式有很大不同，互联网金融的问题一旦跨国，它的法律问题将变得非常复杂。

13.2.2 许霆案

1．案例描述

许霆案是大陆法系的一个经典案例。许霆23岁来到广州打工，一次他在广州黄埔大道边的广州市商业银行的 ATM 机上取钱。当时许霆的银行卡里面只有 100 多元钱，他在 ATM 机上输入 100 想要提出这 100 元，但 ATM 机却吐出了 1000 元。许霆查询余额后发现余额仅少了 1 元钱。于是许霆重复操作了好几次，当天一共在这台 ATM 机上取出了几万元。许霆回去之后和与他同住的郭安山商量，决定再回去取钱。他总共取过三次钱，一共获利超 17 万元。许霆在获取这样一大笔资金之后迅速逃离广州，一年多后在陕西宝鸡被公安机关抓获。

许霆被捕后，怎么量刑成了一个问题。

2. 法院判决

我们的法律体系叫作大陆法系。大陆法系依照的是成文法，量刑一定要有依据的法律条文。之前从未出现过 ATM 机出错被他人取得了这么多钱的情况。这种情况应当使用什么法律为许霆量刑呢？法律专家讨论后，最终以"盗窃金融机构罪"为许霆量刑。但是这个罪名听起来应该是潜进国家金库盗窃，而 ATM 机算不算金融机构在法律界引起了很大争议。因为许霆获得的金额在 10 万元以上，属于作案金额特别巨大，所以法院按照"盗窃金融机构罪"判了许霆无期徒刑。社会因为这个判决结果炸开了锅，大家一边倒地认为判得太重，因为这件事情本身不是许霆一个人的错，许霆利用了机器出错获取资金，这不仅是许霆的责任，而且这个行为的后果当时尚无先例。最终因为社会舆论压力太大，广东省高级人民法院以事实不清为由把此案打回广州市中级人民法院要求重审。最终，广州市中级人民法院仍然依照"盗窃金融机构罪"来定罪，但是降低了情节，判定社会危害较低，许霆的无期徒刑被降为 5 年有期徒刑。

3. 思考讨论

本案再一次将法律与道德的冲突摆上议案，以及对如何制定好的法律并且更好地执行法律引发思考。在漫长的法治建设过程中，难免会出现一些牺牲个体利益的现象，但法治的脚步不会停顿，问题的关键在于我们所奉行的法律是否称得上好的法律。从时间上看，现行刑法典是在 1997 年制定的，当时自动取款机的普及程度恐怕还不及计算机，即便是在今天，取款机的使用者仍以青少年为主，所以取款机和金融机构两者的联系的确是立法者始料未及的。但我们不能因为法律的滞后性就忽视相关配套制度的建设，尤其是法律解释工作，作为一座中间桥梁，我们所做的工作是十分被动的，应该说，对许霆案的讨论已经超过了案例本身，如何透过本案的思考去叩响法治的钟声显得任重道远。许霆案也因此成为我们国家一个有关互联网金融的经典判例。

13.3 互联网金融业务遇到的法律问题

13.3.1 余额宝和 P2P

1. 余额宝被盗刷案件

余额宝牵涉到 4 个方面的法律主体，第一个是用户，或者叫作投资者，第二个是基金公司，第三个是银行，第四个是支付宝。它们之间存在基金购买的法律关系、合作的法律关系、服务的法律关系、托管的法律关系，这些法律关系都会影响余额宝运营。

2016年1月，兴业银行有一位叫作陈先生的储户，他在余额宝存放的5万元一夜之间被人盗刷，一并被盗刷的还有绑定支付宝账户的兴业银行卡上原有的5300元钱。在银行和支付宝未达成赔偿协议的情况下，陈先生把兴业银行和支付宝一起告上了法庭，请求这两家单位赔偿自己的损失。当时法院判决银行和支付宝均不承担责任。法院认为，按照余额宝提现的流程，这笔钱需要输入登录密码登录支付宝的账户，支付时还要输入支付密码才可以从余额宝提现到兴业银行的银行卡上，而支付宝的账户名和登录密码、支付密码都由原告设置并加以保管，按照支付协议的规定，支付宝公司只有接受指令后才会接受陈先生绑定的银行卡的支付行为，陈先生并没有证据证明支付宝公司在这个过程中违约了，因此支付宝不应该赔偿。法院还认为，从网上银行和手机银行转账支付需要银行卡卡号、密码和短信验证码，这一系列东西都由陈先生自己掌控，银行已尽到了各方面提醒通知的义务，不应该承担赔偿责任。

2．P2P

P2P的法律主体一般有4个，第一个是借款人，第二个是贷款人，第三个是P2P平台，第四个是第三方的托管机构或被叫作第三方的支付平台。

典型的P2P平台非法集资案例是e租宝。e租宝2014年7月上线，截至2015年12月，在一年半时间里面，它涉嫌以高利息为诱饵，虚构融资租赁的项目，采用借新还旧、自我担保的方式接收非法吸取的总计700多亿元资金，最终被查封。e租宝的做法是非法的，它吸收的资金一部分用于还本付息，还有相当一部分钱被公司高管用来挥霍以维持巨额运行成本，投资不良债权和广告炒作。

e租宝最终的结果是公司倒闭，公司高层被抓。

13.3.2 众筹行业

众筹行业也有一些法律案例。众筹模式一般牵涉到筹资人、出资人和众筹平台这三个主体。筹资人具有富有创意的项目但缺少资金支持；投资人愿意提供资金促使项目完成。

1．留学生众筹白血病治疗费

在德国留学的谢同学因为患上了白血病，通过众筹平台筹钱治病，在此期间，谢同学大幅修改了筹款金额，他把筹款金额从最初的500万元改为50万元。这个举动引起了大家的疑问并导致民众关注谢同学的各种信息。大家开始好奇他是否享受德国医保，他的筹款资质是否受到众筹平台审核，众筹平台收取的手续费是否合理等。

这个众筹案例，引起了民众关注众筹背后的各种资质审核问题和法律问题。

2．有医药费承担能力的家庭众筹女儿医药费

在广东佛山，有一个11个月大的小女孩洁洁不幸身患重病，她的父母通过网络众筹，短短的时间内筹到了15万元医药费。虽然她的父母很快拿到了钱，但洁洁仍然宣告不治去世。洁洁的父亲卢先生悲痛于女儿去世的同时，也对网上众多好心人的帮助感动不已，他承诺把余下的善款捐出去。但是接下来网友发现，在小女孩去世后不久，她的母亲在朋友圈里晒出了出国旅游和各式美食的照片。根据这些图片可以看出洁洁家人的生活条件很好，并不需要通过网络求助去治疗洁洁的病。

通过这个事件，大众发现网络众筹存在许多问题。虽然网络众筹可以体现社会爱心，解决一些问题，但也存在监管难题，了解众筹款项的收集方法和使用去向成了民众的需求。我国民法规定，如果受助者得到的资金远超实际需求，可能会被认定为诈骗罪。2016年的3月，有一部名为"慈善法"的关于慈善的综合法律法规出台了，这部法律法规可以规范慈善众筹行为，当然众筹不只是慈善方面的众筹，还有很多其他方面的众筹。

综合以上案例，我们了解了虽然互联网金融的相关的法律法规在各个行业里都有，但是整体法律体系不够健全。每当有新问题出来时，法律体系的反应相对迟缓，立法相对滞后。政府相关机构在努力去解决这些问题，社会每天都有新问题，同样法律法规也会与时俱进。

我们期待法律更加健全，政策更加公开的透明，而且希望互联网金融在更加健全更加规范的体系下进行发展。

拓展阅读

随着互联网的迅速发展，第三方支付模式的互联网金融、融资平台模式的互联网金融以及大数据金融模式的互联网金融充斥着我们的生活，随之也有各种互联网金融相关法律法规的出台。但目前我国的互联网金融风险监管还存在着一定的问题，如互联网金融法规缺失与不明晰，互联网金融监管体系不健全等。对于传统金融来说，互联网金融是一种新兴事物，它有很多创新的地方，如果想要实现对互联网金融风险的监管，就必须要对现行法律中不匹配互联网金融监管的部分进行修改和完善，而且政府应该出台相关法律法规，使得互联网金融监管有法可依，让整个体系的运行更加完善。

对于同学们而言，我们有必要去学习了解互联网金融相关法律法规，在平时进行互联网金融相关消费时能够做好一定的风险防范，且遵守国家互联网金融相关法律法规，成为一名遵纪守法的时代好青年。

课堂练习

一、判断题

1. 2015年十部委发布的《关于促进互联网金融健康发展的指导意见》既是对近几年互联网金融行业的全面总结、梳理和确认，同时也是未来监管政策落地的纲领性、指导性文件。（ ）

2. 在《关于促进互联网金融健康发展的指导意见》中，第三方支付、P2P和股权众筹是重点研究对象。（ ）

3. 2015年12月28日，中国人民银行发布《非银行支付机构网络支付业务管理办法》，该办法对网络支付机构和账户实行分类分层监管。（ ）

4. 2014年12月18日，中国证券业协会发布了《私募股权众筹融资管理办法（试行）》（征求意见稿），从股权众筹的性质、股权众筹平台的条件、权利和义务，合格投资者条件，投资者保护，众筹平台的监管等多方面对进行了初步的界定。（　）

5. 互联网金融业务违反相关法律法规，或者交易主体在互联网交易中没有遵守有关权利义务的规定，这类风险与传统金融业务有着本质的区别。（　）

6. 根据规定，互联网金融从业机构应选择符合条件的银行业金融机构作为奖金存管机构。（　）

7. 互联网金融立法相对落后和模糊，现有的银行法、证券法、保险法等法律法规都是基于传统金融业务制定的，以致对互联网金融的监管不足，且不适应互联网金融业的发展。（　）

8. 大陆法系实行的是案例法，而英美法系主要是成文法。（　）

9. 基金公司和支付宝之间构建的是货币市场基金合作关系，支付宝为基金公司吸纳资金和提供云计算，基金公司以支付宝为其特定产品的直销推广平台并负责该货币基金的市场运作和保障资金稳健。（　）

10. 网络借贷平台是撮合借款人及贷款人达成借贷协议的服务商，也就是P2P网络借贷公司。（　）

二、选择题

1. （　）是与互联网金融相关的法律法规。
   A.《中华人民共和国刑法》　　　　B.《中华人民共和国电子签名法》
   C.《中华人民共和国反洗钱法》　　D. 以上都是

2. 2015年12月28日发布的《非银行支付机构网络支付业务管理办法》中，评为"A"类的支付机构个人支付账户余额付款单日限额，从之前征求意见稿的5000元放宽至（　）。
   A. 7500元　　　　　　　　　B. 10000元
   C. 15000元　　　　　　　　D. 20000元

3. 在2013年11月25日举行的九部委处置非法集资部际联席会议上，中国人民银行对P2P网络借贷行业非法集资行为进行了清晰的界定，不包括（　）。
   A. 收取中介服务费
   B. 资金池模式
   C. 不合格借款人导致的非法集资风险
   D. 庞氏骗局

4. 2015年12月28日，原银行监督管理委员会关于《网络借贷信息中介机构业务活动管理暂行办法（征求意见稿）》公开征求意见，明确了P2P的信息中介定位，设定了（　）条红线，并指出由地方金融办承担具体监管职能。
   A. 6　　　　　B. 8　　　　　C. 9　　　　　D. 12

5. "许霆案"中，许霆最终被定为（   ）。
   A. 盗窃金融机构罪　　　　　B. 不当得利
   C. 侵占罪　　　　　　　　　D. 破坏金融管理秩序罪
6. 余额宝涉及四个法律主体，即用户、银行和支付宝和（   ）。
   A. 保险公司　　　　　　　　B. 基金公司
   C. 证券公司　　　　　　　　D. 投资公司
7. 以下不属于余额宝四个法律主体之间的关系的是（   ）。
   A. 购买法律关系　　　　　　B. 担保关系
   C. 服务合同关系　　　　　　D. 托管与监督关系
8. 一般的P2P网络借贷的法律主体主要有四个：借款人、贷款人、网络借贷平台和（   ）。
   A. 保险公司　　　　　　　　B. 基金公司
   C. 银行　　　　　　　　　　D. 第三方托管机构
9. （   ）是典型的P2P平台非法集资案例。
   A. e租宝　　　　　　　　　 B. 余额宝
   C. 人人贷　　　　　　　　　D. 宜人贷
10. 以下不属于众筹的三方主体的是（   ）。
    A. 筹资人　　　　　　　　　B. 出资人
    C. 第三方托管机构　　　　　D. 众筹平台

三、材料分析题

2018年3月28日，中国人民银行召开2018年全国货币金银工作电视电话会议。会议强调2018年要推进货币金银工作深度转型，进一步加大改革创新力度，扎实推进央行数字货币研发，从严加强内部管理和外部监管，开展对各类虚拟货币的整顿清理。此前，中国人民银行前行长周小川在人大会议记者会上也表示，中国人民银行在2014年就组织了数字货币的相关研究。未来对于虚拟货币的监管是动态的，取决于测试实验的结果、评估的情况；在考虑新技术的同时，在服务方向上要清楚。不是创造一种可投机的产品，让人有一夜暴富的幻想，而是要强调服务实体经济；要考虑给消费者带来服务低成本和隐私的保护；不能跟现行的金融稳定和金融秩序相冲突，要比较慎重地研究论证后再出台政策。

（资料来源：https://news.cnstock.com/news,bwkx-201803-4204610.htm、http://www.gov.cn/xinwen/2018-03/09/content_5272690.htm，有删改）

思考并讨论，完成以下题目：

1. 请结合上述监管态度，谈谈你对数字货币的认识。
2. 请结合"1+3"监管框架体系的要求，阐述你对P2P网络借贷机构监管合规性的认识。

参考答案

一、判断题
1~5 √ √ √ √ √
6~10 × √ × × √

二、选择题
1~5 CBADA
6~10 BADAD

三、材料分析题

1. 如今，更多人倾向于网上购物和使用非接触式的支付手段，随着全球央行数字货币竞争日趋激烈，中国人民银行研究会的数字货币是新一代信息技术革命发展的产物，也是数字经济高度发展的必然结果，是我国未来货币变革的重要方向。数字货币有助于推动国际贸易发展、有助于满足群众生活需要、有助于维护金融秩序稳定，同时对数字货币的监管也十分重要。我们需要完善法律法规体系，修订相应的货币领域基础法律，明确数字人民币的法律地位，填补法律空白和监管漏洞，并且要尽力填补数字鸿沟，关注人民群众和老年人等特殊群体的支付要求，同时也要创新金融监管方式，提高监管效率，着力构建更多部门多层级立体化数字货币监管体系。

2. 2016和2017年是互联网金融监管关键的两年。全年监管层共计下发20余份政策文件，其中大部分都与P2P网络借贷有关，涉及合规、整改、备案等方面。陆续出台的《网络借贷信息中介机构业务活动管理暂行办法》《网络借贷资金存管业务指引》《网络借贷信息中介机构业务活动信息披露指引》《网络借贷资金存管业务指引》共同组成网贷行业"1+3"制度体系。随着专项整治工作稳步推进，问题平台频发的态势得到有效的遏制，不合规、不合法的平台得到较好规范。总的来说，P2P网络借贷行业基本告别乱象丛生的旧时代，迈向合规发展的新时期。

良好的监管是P2P网络借贷健康发展的关键因素。P2P网络借贷行业的发展历程具有"先发展，后规范"的典型特征。这是"摸着石头过河"的典型思维，在面临着前所未有的金融创新局面时，这种思维模式是明智的选择。但随着行业的迅速发展，监管介入势在必行。由于时间短、任务重，"1+3网贷体系"还存在不完善的地方，还不能完全适应P2P网络借贷监管的要求。

（1）法律制度体系不健全。

目前互联网金融立法在全国与地方层面均为空白，而现有金融管理类法律法规是以传统金融机构和金融业务为适用对象制定的，在P2P网络借贷领域，难免存在适用上的不匹配，且P2P网络借贷行业监管缺乏上位法。具体到监管政策层面，虽然P2P网络借贷行业监管体系框架在宏观层面基本完成搭建起来，但具体的实施细则和配套方案还有待完善。

（2）监管体制不完善。

分业分段式监管难以适应互联网金融行业跨界混业经营、贯穿多层次市场体系的业务特征，容易产生监管套利。监管部门之间及中央地方之间在互联网金融监管方面的责任分工也有待进一步细化和明确。

（3）监管手段与技术不足。

作为创新行业，P2P 网络借贷行业具有创新速度快、技术水平高、风险复杂多样、跨区域经营等明显特征，这无疑给现有监管资源和技术带来了巨大挑战。分业监管、机构监管、人工监管等传统金融监管手段与技术远不能适应这种新兴业态的发展。现阶段 P2P 网络借贷行业监管上存在严重的"重事后，轻事前"、"重机构，轻行为"、监管标准"一刀切"等现象，在很大程度上制约了行业的进一步发展。

参考文献

[1] 周虹. 电子支付与网络银行 [M]. 北京：中国人民大学出版社，2006.

[2] 张宝明. 电子金融学 [M]. 上海：立信会计出版社，2011.

[3] 付佳，张燕. 互联网金融弄潮儿：第三方支付 [M]. 北京：电子工业出版社，2015.

[4] 马梅，朱晓明，周金黄等. 支付革命：互联网时代的第三方支付 [M]. 北京：中信出版社，2014.

[5] 何平平，车云月. 互联网金融 [M]. 北京：清华大学出版社，2017.

[6] 谢平，邹传伟，刘海二. 互联网金融手册 [M]. 北京：中国人民大学出版社，2015.

[7] 欧阳日辉. 中国互联网金融创新与治理发展报告（2018）[M]. 北京：社会科学文献出版社，2018.

[8] 顾炯炯. 云计算架构技术与实践 [M]. 北京：清华大学出版社，2014.

[9] 曹红辉. 中国电子支付发展研究 [M]. 北京：经济管理出版社，2008.

[10] 姜建清. 金融高科技的发展及深层次影响研究 [M]. 北京：中国金融出版社，2000.

[11] 岩崎和雄. 明日货币：电子理财的时代 [M]. 沈边，译. 北京：中国轻工业出版社，1999.

[12] 张劲松. 网络金融理论与实务 [M]. 杭州：浙江科学技术出版社，2007.

[13] 胡玫艳. 网络金融学 [M]. 北京：对外经济贸易大学出版社，2008.

[14] 周光友. 电子货币与货币政策有效性研究 [M]. 上海：上海人民出版社，2009.

[15] 赵娟. 从产品、服务以及营销方式三方面浅谈我国保险的创新 [J]. 山西农经，2019(01)：15-16.

[16] 关沂钒. 互联网保险创新发展模式与路径选择：基于众安在线典型案例研究 [J]. 现代商贸工业，2016，37(34)：145-147.

[17] 异和. 互联网保险进入 3.0 阶段 [J]. 中国战略新兴产业，2016(26)：88.

[18] 夏梅风. 论保险创新能力是保险公司的核心竞争力 [J]. 保险研究，2003(07)：2-5.

[19] 王静. 我国互联网保险发展现状及存在问题 [J]. 中国流通经济，2017，31(02)：86-92.

[20] 杨爽. 我国互联网保险发展现状及商业经营模式研究：以众安在线为例 [J]. 华北金融，2018(09)：45-50.

[21] 修永春. "网联"时代第三方支付的三元监管模式探析 [J]. 上海金融，2018(11)：87-91.

[22] 谢平，邹传伟，刘海二. 互联网金融模式研究 [J]. 新金融评论，2012(01)：3-52.

[23] 李博，董亮. 互联网金融的模式与发展 [J]. 中国金融，2013(10)：19-21.

[24] 谢平，邹传伟，刘海二. 互联网金融的基础理论 [J]. 金融研究，2015(08)：1-12.

[25] 曹凤岐. 互联网金融对传统金融的挑战 [J]. 金融论坛，2015(01)：3-6+65.

[26] 陈一稀. 互联网金融的概念、现状与发展建议 [J]. 金融发展评论, 2013(12): 126-131.

[27] 刘生福. 数字化支付对货币政策的影响: 综述与展望 [J]. 经济学家, 2018(07): 88-95.

[28] 郑超愚, 蔡浩仪, 徐忠. 外部性、不确定性、非对称信息与金融监管 [J]. 经济研究, 2000(09): 67-73.

[29] 姜波, 冯华. 互联网金融: 本质、模式、风险与监管 [J]. 人民论坛·学术前沿, 2017(20): 78-81.

[30] 李安渝, 张昭, 曾蔚, 等. 互联网金融与电子商务、网络安全市场关联性研究 [J]. 价格理论与实践, 2014(10): 99-101.

[31] 吴涛, 蒋光高, 李平, 等. 移动支付崛起背景下强化支付账户监管的路径探索 [J]. 西南金融, 2019(08): 89-96.

[32] 孔栋, 孙凯, 张明祥. O2O 企业如何利用线上线下整合改善顾客体验: 合作关系视角下的概念模型 [J]. 中国流通经济, 2017, 31(06): 45-52.

[33] 罗倩, 李琰. O2O 电子商务企业商业模式分类、解构与典型案例分析: 以江苏苏宁易购为例 [J]. 经济研究导刊, 2018(18): 7-11.

[34] 王妍昕. 我国移动金融发展趋势及其思考 [J]. 全国流通经济, 2017(26): 54-55.

[35] 卜文娟. 支付大战中, NFC 能否逆袭?[J]. 中国战略新兴产业, 2017(37): 26-28.

[36] 张瑞林, 李林. 熊彼得创新理论与企业家精神培育 [J]. 中国工业评论, 2015(11): 94-98.

[37] 熊斌. 互联网众筹模式的现状与分析 [J]. 新经济, 2014 (z2): 30-31.

[38] 于萍. 混业经营背景下金融保险基金的研究 [J]. 全国流通经济, 2019(25): 166-167.

[39] 朱建平. 谈谈大数据的那点事 [J]. 中国统计, 2017(04): 18-20.

[40] 郝杰. 传统行业遭遇互联网 [J]. 中国经济信息, 2014(02): 76-77.

[41] 高连周. 大数据时代基于物联网和云计算的智能物流发展模式研究 [J]. 物流技术, 2014, 33(11): 350-352.

[42] 何清. 物联网与数据挖掘云服务 [J]. 智能系统学报, 2012, 7(03): 189-194.

[43] 童昱清, 杨尧均. 阿里商业生态系统及平台运作模式探究 [J]. 科技管理研究, 2019, 39(11): 254-260.

[44] 杨晓丽. 新闻舆论对刑事司法的影响 [J]. 政治与法律, 2018(03): 149-160.

[45] 吴晓求. 互联网金融: 成长的逻辑 [J]. 财贸经济, 2015(02): 5-15.

[46] 吴泽勇. "正义标尺"还是"乌托邦": 比较视野中的民事诉讼证明标准 [J]. 法学家, 2014(03): 145-162+180.

[47] 尹海员, 王盼盼. 我国互联网金融监管现状及体系构建 [J]. 财经科学, 2015(09): 12-24.

[48] 肖永平. 论英美法系国家判例法的查明和适用 [J]. 中国法学，2006(05)：115-122.

[49] 段学华. 互联网金融模式研究 [J]. 财经界（学术版），2015(15)：10.

[50] 宫晓林. 互联网金融模式及对传统银行业的影响 [J]. 南方金融，2013(5)：88-90.

[51] 舍恩伯格，周涛. 大数据时代：生活、工作与思维的大变革 [J]. 人力资源管理，2013(3)：136.

[52] 刘倩. 互联网金融背景下商业银行竞争策略研究 [J]. 中国国际财经（中英文），2017(11)：146.

[53] 赵渊博. 银行网点转型，路在何方 [N]. 中国城乡金融报，2018.

[54] 包丽红. 我国第三方支付的监管问题研究 [D]. 南京：南京师范大学商学院，2017.

[55] 刘丹阳. 第三方支付平台法律问题研究 [D]. 广东：广东财经大学法学院，2017.

[56] 李栋. 互联网金融平台的战略选择以及竞争优势构建研究 [D]. 江苏：东南大学经济管理学院，2017.

[57] 田奇聪. 第三方支付与商业银行的竞争合作关系研究 [D]. 黑龙江：黑龙江大学经济与工商管理学院，2017.

[58] 张益群. 中国电子商务第三方支付的市场结构研究 [D]. 北京：北京邮电大学经济管理学院，2018.

[59] 许庆华. 互联网金融之第三方支付研究 [D]. 上海：上海交通大学经管学院，2015.

[60] Friedman B M. The Future of Monetary Policy：The Central Bank as an Army With Only a Signal Corps[J]. Blackwell Publishers Ltd，1999(3).

[61] Al-Laham，Mohamad，Al-Tarawneh，et al.Development of Electronic Money and Its Impact on the Central Bank Role and Monetary Policy[J].Issues in Informing Science & Information Technology，2009.

[62] Popovskakamnar N. The use of electronic money and its impact on monetary policy[J]. Skopje：Ss. Cyril and Methodius University in Skopje, Faculty of Economics，2014(2).

[63] Hulisi，Ogiit. The configuration and detection strategies for information security systems[J]. Computers & Mathematics with Applications：An International Journal，2013，65(9)：1234-1253.